한국인의 에너지, 민족주의
종족에서 시민으로

피어나

역동적 한국인 총서
3

한국인의 에너지, 민족주의

종족에서 시민으로

김정훈 지음

피어나

서문

민족주의는 우리의 일상과 무관해 보이지만 우리의 행동을 결정짓는 중요한 이념이다. 최근에 일어난 두 가지 사건, 즉 2018년 평창 동계올림픽의 여자아이스하키 단일팀을 둘러싼 논쟁과 2019년의 일본상품 불매운동은 그 중요한 예가 될 것이다. 민족주의의 해체 혹은 변화를 보여주는 두 사건을 통해 민족주의, 그리고 한국 민족주의에 접근해 보자.

2018년 평창올림픽 여자아이스하키 단일팀을 둘러싼 논쟁은 한국 민족주의가 해체되고 있는 게 아닌가 하는 질문을 낳은 사건이었다. 북한의 2018년 평창 동계올림픽 참가는 당시 악화일로로 치닫던 남북관계와 북미관계를 일거에 반전시키는 획기적인 사건이었다. 여자아이스하키 남북단일팀 구성은 한반도의 전쟁 위기를 넘어 평화체제로의 이행을 위한 정치적 기획이었고, 과거에도 남북화해를 위해 자주 활용되던 방식이었기에 정부나 체육계는 별생각 없이 관행적으로 단일팀 구성을 시도했을 것이다. 그러나 단일팀 구성에 대한 반응은 예상 밖이었다. 특히 젊은 층을 중심으로 단일팀 구성에 부정적인 의견이 터져 나왔고 이는 민족주의에 대한 근본적인 질문을 낳았다.

단일팀에 반대하는 사람들은 민족의 화해라는 대의보다는 올림픽이라는 꿈을 위해 달려왔던 여자아이스하키 대표팀 선수 개개인에 주목했다. 그들은 민족의 이익을 위해 개인의 꿈을 희생하는 것은 공정하지 않다고 편든했다. 2014년 소치 동계올림픽에서 러시아로 귀화한 안현수를 응원했던 것처럼 민족의 이익보다 개인의 행복을 더 소중하게 여기는 사람들이 꾸준히 늘어나고 있었던 것이다.

평창올림픽 단일팀 사건은 한국 민족주의에 두 가지 질문을 던졌다. 먼저, 거시적으로 민족주의라는 집단적 정체성이 여전히 유효한가 하는 의문을 낳았다. 단일팀 구성에 반대했던 사람들은 분명 집단의 이익보다는 개인의 이익이 우선함을 주장했다. 이는 민주화, 정보화, 세계화라는 구조적 변화 속에서 1990년대 이후 가속화된 개인화가 이제 민족주의마저 해체하는 것이 아닌가 하는 추론을 낳기에 충분했다. 또한, 이 사건은 한국 민족주의의 핵심인 단일민족신화가 해체되는 것인지 의문을 제기했다. 단일민족신화, 그리고 그 연장선에 있는 남북한 민족 동질성이라는 믿음에 균열을 냈기 때문이다. 북한 주민을 한민족으로 느끼는 사람들이 1996년 90.5%에서 2016년 68.9%로 20년 사이에 21.6%나 줄어들었다는 문화체육관광부의 '한국인의 의식·가치관 조사'에서 알 수 있듯이 남북한의 민족 동질성은 서서히 해체되고 있었고, 단일팀 사건은 이를 단적으로 보여 주었다.

민족주의도, 한국형 민족주의도 해체되는 것일까? 하지만 2018년의 충격이 가시기도 전인 2019년에 나타난 일본제품 불매운동은 역으로 한국 민족주의가 여전히 강력함을 보여주었다. 2019년 7월 1일 일본이 한국에 반도체, 디스플레이 관련 소재 3종의 수출을 규제하면서 시작된 한일 간 무역 갈등은 정부 측 대응을 넘어서 범국민적인 일본상품 불매운동을 낳았고 불매운동은 무역 갈등이 해소되지 않는 한 중단되지 않을 만큼 지속적으로 이루어졌다. 이 불매운동은 한편으로 그 규모와 지속성에서, 다른 한편으로는 운동의 내용이라는 점에서 놀라운 운동이었다

먼저 규모와 지속성이란 측면에서 볼 때 이 불매운동은 2019년 7월에 사건이 발생한 뒤 국민 절대다수의 참여 속에서 꾸준히 벌어졌다. 불매운동의 일환이었던 일본 관광 불매운동이 일본의 지방경제를 휘청거리게 할 만큼 영향력이 대단했다는 사실은 민족주의가 여전히 대다수 한국인의 행위양식을 규정하고 있다는 점을 명확히 보여 주었다. 다음으로, 이 불매운동은 일본 정부와 일본 국민을 나누어 따로 대응했다는 점에서 한국 민족주의의 새로운 측면을 보여 주었다. 불매운동 처음에 일본에 대한 반대를 표현하는 '노 재팬(No Japan)' 구호를 사용하다가 곧 일본 정부에 반대하는 뜻의 '노 아베(No Abe)' 구호로 바꾸어 사용했던 것이다. '노 아베'로의 구호 전환은 일본상품 불매운동이 일본 민족에 대한 감정적 반대가 아니라 아베 정부의 반인륜적 역사 인식과 불공정한 무역 보복에 대한 반대라는 점을 명확히 한 것으로, 이는 현재 한국의 민족주의가 혈연과 같은 객관적 조건에 바탕을 둔 종족적 민족주의에서 보편적 인권에 기반한 시민적 민족주의로 바뀌고 있음을 명확히 보여 주었다.

최근 한국 민족주의의 성격을 드러내는 두 사건은 민족주의가 지속

적으로 변화함을 보여준다. 주지하다시피 한국의 민족주의는 저항적 민족주의에서 출발했고, 그로 인해 종족적 민족주의의 성향을 갖고 있었다. 순혈주의, 폐쇄성에 대한 지적은 한국 민족주의에 대한 전형적인 비판 가운데 하나다. 그런데 위 두 사건은 한국 민족주의가 더 이상 순혈적, 폐쇄적이지 않으며, 나아가 민족주의의 해체 가능성까지 보여 준다. 이렇게 민족주의는 고정된 실체가 아니라 변화하는 것이다.

민족주의를 변화하는 것으로 인식하면, 민족주의는 만들어진 것이며 게다가 수많은 사람에 의해 지금도 형성되고 있는 것으로 이해할 수 있다. 민족주의는 근대에 형성되었으며 한 집단이 아니라 민족 내의 다양한 집단에 의해 형성되었다. 예를 들어 일본상품 불매운동을 이 책은 '보편적 민족주의'의 표현이라고 인식하지만, 일부 사람들은 '반일종족주의'라고 주장한다. 이렇게 한 민족의 정체성을 규정하는 담론으로서 민족주의는 반드시 규범적으로 올바른 이념이 아니라, 다양한 세력에 의해 정치적으로 구성되고 활용되는 담론이다. '반일종족주의'를 주장하는 사람들은 우리 민족을 근대적 민족이 되지 못한 '종족'으로 정의하지만, 이 책에서는 네트워크 세상의 '보편적 민족'으로 정의하는 데에서 알 수 있듯이 민족주의는 정치적 담론이며 갈등하는 담론이다. 전근대 '종족'의 시대에 사는 사람들은 일본의 세례를 받기 위해 '반일종족주의'를 주장하지만, 탈근대 '민족'의 시대에 사는 사람들은 따로 또 같이 잘살기 위해 '보편적 민족주의'의 형성을 발견하는 것이다.

민족주의는 하나가 아니라 다양하며 역사적으로 변화한다. 이 책은 바로 이런 관점에서 한국의 다양한 민족주의가 때론 갈등하며 때론 접합되면서 역사적으로 형성, 변화되는 과정을 추적했다. 특히 한국 민족주의가 왜 현재와 같은 민족주의가 되었는지를 밝히고자 했다. 다시 말해서 저항적 민족주의로 출발한 한국 민족주의가 어떻게 종족적 민족주의적 성격을 극복하면서 현재와 같은 시민적 민족주의로 성장했는가를 밝히려 했다. 한국 민족주의는 그 태생부터 종족적 민족주의와 시민적 민족주의의 갈등과 접합을 통해 형성되었으며 그래서 세계사적으로 유례없는 빠른 민주화와 산업화를 이룰 수 있었고, 또한 세계사적으로 유례없는 평화로운 촛불시위로 민주주의를 공고화할 수 있었던 것이다.

사실 이 책은 단순한 의문에서 출발했다. "어떻게 우리는 전쟁의 폐허 속에서 세계에서 유례없는 산업화와 민주화의 동시 성장을 이룰 수 있었을까?"라는 질문이 출발점이다. 예를 들어 많은 학자가 4.19혁명을 미국식 교육의 효과로 설명했지만 전쟁과 가난, 이승만 시기의 교육 내용으로 볼 때 4.19혁명의 원인을 단순히 교육의 효과로 보는 것은 만족스러운 해석이 아니었다. 4.19혁명 이전에 우리의 역사에 각인된 민주주의의 도도한 흐름이 있지 않을까 하는 질문이 좀 더 합리적인 의심이었고, 이러한 질문에서 출발해 한국 민족주의가 민주주의의 거대한 뿌리의 중심에 있음을 보여주려 했다. 한국 민족주의가 시민적 민족주의, 즉 민주주의를 내장하고 있었기에 산업화와 민주화를 동시에 이룰 수 있었고, 나아가 개인과 보편적 인권에 입각한 민족주의로 진화하는 것이다.

작업을 마칠 때마다 항상 아쉬움이 남는다. 개인적으로는 이 책이 다루지 못한 시기인 1980년대 이후의 민족주의를 추적하지 못한 것이 아쉽다. 물론 다루었던 시기도 더 잘할 수 있었을텐데 하는 아쉬움 역시 지울 수 없다. 부족함은 다음을 기약할 수 밖에 없지만, 이 책이 한국민족주의를 이해하는 데 조그마한 도움이라도 되기를 바란다.

  책을 준비하면서 개인적인 사정으로 작업이 늘어질 때가 한두 번이 아니었다. 작업이 지지부진할 때마다 다그쳐 주신 성공회대 민주주의연구소 김동춘 소장님을 비롯한 선배님들이 아니었다면 책을 마치지 못했을 것이다. 지면을 빌려 깊은 감사를 드린다. 또한, 따끔한 조언과 치밀한 교정으로 책의 완성도를 높여준 기획자 이건범 님과 출간에 애를 쓰신 김명진 대표께도 깊은 감사를 드린다. 이 책은 한국학 중앙연구원의 연구지원으로 쓸 수 있었다. 연구지원에도 깊은 감사를 드린다.

2019년 12월 27일
김정훈

차례

서문 … 5

Ⅰ. 서론: 근대, 개인, 민족주의 … 13

Ⅱ. 민족주의란 무엇인가? … 29
   1. 민족과 근대 … 37
   2. 야누스의 얼굴을 한 민족주의 … 49
   3. 민족주의와 식민주의 … 55
   4. 한국 민족주의와 행위양식 … 66

Ⅲ. 저항적 민족주의와 민족의 형성 … 73
   1. 민족의 형성 혹은 수입 … 78
   2. 민족의 전통과 사명 만들기 … 90
   3. 역동적 민족주의의 형성 … 97
     (1) 식민지적 공론장과 연고주의, 실용주의의 발명 … 104
     (2) 민족적 공론장과 민주주의, 평등주의의 형성 … 114

Ⅳ. 공식 민족주의의 탄생과 식민지 행위양식의 재생산 … 125
   1. 동양과 서양의 권위주의적 만남 … 134
   2. 민족의 이익으로서 반공민족주의 … 144
   3. 민족의 사명과 분단민족주의 … 152

V. 발전민족주의와 동도서기론 … 159

    1. 동도서기론과 연고주의 및 한국적 실용주의의 재생산 … 168
    2. 민족의 이익과 반공발전주의 … 178
    3. 통일을 위한 사명, 민족중흥 … 186

VI. 새로운 주체의 발견과 민중민족주의 … 195

    1. 민족주의의 주체, 민중의 발견 … 201
    2. 민중민족주의의 성공과 빠른 소멸 … 217

VII. 보편적 인권과 공존에 기반한 민족주의를 위하여 … 227

    참고 문헌 … 241
    찾아보기 … 251

I. 서론: 근대, 개인, 민족주의

인류는 오랜 시간에 걸쳐 특정한 죽음을 정당화해 왔다. 왕을 위해 죽는 것, 부모를 위해 죽는 것, 의리를 위해 죽는 것, 그리고 신을 위해 죽는 것 등 이타적 자살이라고 할 수 있는 다양한 죽음을 선택하는 행위를 충, 효, 의리, 신의 뜻 등으로 정당화해 왔다. 그런데 근대 사회가 되면서 이러한 다양한 형태의 이타적 죽음들은 모두 부정되었다. 그 어떤 것도 인간이라는 목적에 선행할 수 없다는 근대적 주장이 보편화되면서, 이제 개인의 행복만이 모든 판단의 준거가 되는 사회가 되었다.

우리가 사는 근대 혹은 현대는 누가 뭐라 해도 개인의 시대이다. 근대는 세상을 바라보는 관점을 신 중심적 세계에서 인간 중심적 세계로 바꾼 '코페르니쿠스적 전환'과 함께 시작되었고, 근대적 인간은 세계의 중심으로서 세상을 바꾸는 주체이자 누구도 간섭할 수 없는 보편적 개인이 되었다. 근대의 주인은 인간이었고, 이 인간은 바로 개인이었다. 근대는 누구도 부정할 수 없는 합리적 개인의 시대라 할 수 있다.

그런데 근대가 시작된 지 수백 년이 지난 지금도, 근대를 넘어 탈근대를 주장하는 현재에 이르러서도 '집단을 위한 개인의 희생'을 장려하고 미화하는 이데올로기가 여전히 맹위를 떨치고 있다. '조국과 민족을 위한 죽음', 즉 민족주의가 그것이다. 민족주의는 뉴스, 영화, 드라마 같은 수많은 대중매체에서 재현될 뿐 아니라, 개천절, 광복절, 현충원과 같은 다양한 국가 제도를 통해 재생산되고 있다. 우리의 일상은 우리가 의식하지 못하는 사이에 어느새 '민족', 더 정확하게는 '민족 담론'으로 가득 차 있다. 이런 의미에서 민족은 수많은 노래와 드라마의 단골 소재인 사랑만큼이나 중요한 행위 동기일지 모른다. '조국과 민족을 위한 죽음'은 '사랑하는 사람을 위한 죽음'과 똑같이 감동적일 수 있지만, 적어도 많은 경우 전자는 후자보다 더 존경스러운 선택으로 인정받는다.

참 아이러니한 일이 아닐 수 없다. 개인의 시대인 근대에 민족이라는 집단적 정체성이 매일매일 재생산될 뿐 아니라 존경받는 일은 대단히 이율배반적인 일이 아닐 수 없다. 개인과 민족의 공존, 다시 말해서 개인주의와 집단주의의 공존은 어떻게 가능할 수 있었을까? 그리고 이러한 공존은 이제 그 수명이 다한 것일까? 아니면 계속해서 유지될까?

근대는 야누스적이다. 근대는 개인주의를 핵심원리로 주장하면서도 다른 한편으로 민족과 계급 같은 집단적 정체성 혹은 사회적 정체성으로 구성했다. 근대라는 동일한 공간에서 개인주의와 집단주의, 더 정확히 개인주의와 민족주의는 어떻게 공존하게 되었을까?

베버가 주장했듯이 근대의 핵심적 특징은 분화이다. 전근대 사회가 왕 혹은 종교를 중심으로 한 '단일 논리 사회'였다면, 근대 사회는 권력의 분화, 공간의 분화, 진리의 분화가 이루어진 '다신교 사회'라 할 수 있다. 왕 중심의 단일 왕국은 국가와 시민사회로 분리되었고, 모든 것을 설명했던 단일 원리인 왕권 혹은 종교에 의해 통제되었던 일원론적 사회는 정치, 경제, 사회로 권력 및 공간이 분화함에 따라 왕권과 종교는 점차 정치와 사회로부터 분리되었다. 다시 말해 왕은 상징적인 존재가 되거나 사라졌고, 종교는 정치 및 사회와 완전히 분리되었다. 근대 사회는, 적어도 이념적으로는, 정치는 정치의 논리가, 경제는 경제의 논리가, 사회는 사회의 논리가, 스스로 통치하고 스스로 규율하는 분화된 사회로 형성되었다.

분화는 다층적으로 이루어졌다. 서구 중세의 예를 들면, 기독교라는 단일 논리와 라틴어라는 단일 문자를 가졌던 거대한 제국은 민족국가와 민족어로 분화되었고, 개별 민족국가 내에서는 국가와 시민사회가 분화되었다. 근대의 발명품인 주권 개념은 이러한 분화를 잘 보여 준다. 주권은 대외적으로는 일정한 영토 내의 최고 권력을 의미하지만, 대내적으로는 인민주권을 의미한다. 즉 분화는 제국으로부터 민족국가의 분화와 민족국가 내부에서 국가와 시민사회로의 분화라는 이중적 과정을 통해 주권 개념을 탄생시켰다.

제국에서 분화된 민족국가 내의 분화 역시 다층적으로 이루어졌다. 정치와 시민사회의 분화를 넘어, 경제가 분화되었을 뿐 아니라 다양한 영역으로의 분화는 결국 개별적 개인으로의 분화를 낳았다. 세상의 주인으로서 개인은 개인의 진리 및 각 영역의 진리를 주장했고 사회는 '만인과 만인의 투쟁'이 벌어지는 '다신교 사회'가 되었다.

민족주의는 이 분화된 사회, 만인과 만인의 투쟁이 일어나는 사회를 묶어줄 필요 또는 다른 국가에 대항하여 자신의 국가를 지킬 필요에 따라 만들어졌다. 다시 말해서, 서구에서 민족주의는 다층적으로 분화된 사회를 새롭게 통합하는 현대 종교로서 형성되었다. 민족주의를 지배층의 입장에서 본다면, 베스트팔렌 조약 이후 수많은 국가로 분리된 신생 국가들이 강한 국가를 만들기 위해 국민의 충성심을 끌어내는 지배 이데올로기이다. 반대로, 피지배층의 관점에서 본다면 지배 계급의 억압과 착취로부터 피지배 계급의 연대와 통합, 그리고 해방을 위한 이데올로기라 할 수 있다. 어떻든 민족주의는 개인으로 분화된 근대 사회가 사회적 연대를 위해 새롭게 발명한 이데올로기 혹은 사회적 정체성인 것이다.

근대 사회에서 개인은 독자적이고 독립적인 개인으로 출발했지만, 항상 집단적 정체성에 다시 포섭되는 존재라 할 수 있다. 이러한 재포섭의 과정은 민족주의에 국한되는 것이 아니다. 근대적 개인은 다양한 사회적 정체성, 예를 들면 계급적 정체성에 포섭되기도 하고, 지역적 정체성에 포섭되기도 한다. 이렇게 근대의 개인은 개인주의적인 동시에 집단주의적이다.[1]

사회적 동물인 인간은 개인적인 동시에 사회적이기 때문에 근대적 개인은 근대에 만들어진 새로운 정체성에 의해 사회화된 존재이고, 이런 의미에서 집단적 공통의식을 개인적으로 행위하는 존재라 할 수 있다. 따라서 근대에 생성된 사회적 정체성을 이해한다는 것은 근대적 개인의 행위양식을 이해한다는 것을 의미한다.

민족주의는 바로 이러한 근대적 개인의 행위를 이해하는 데에 가장 적합한 이념이자 가치이다. 앞에서 언급했듯이 근대 이후 많은 사람이 조국과 민족을 위해 스스로 죽음을 선택하거나 죽음보다 더한 고통을 겪었기 때문이다. 물론 이러한 개인의 선택은 억압과 차별, 혹은 생존의 위협에 대한 대응과 깊은 관계가 있다. 하지만, 중요한 점은 많은 사람이 자신에게 일어난 직접적인 차별이나 위협에 대응한 것이 아니라, 추상적인 우리, 다시 말해 일면식도 없는 남이지만 자신이 '우리'라고 생각하는 사람들을 위해 스스로 행동했다는 점이다. 이런 점에서 민족주

---

1. 근대의 원리를 개인화로 파악하고, 개인주의와 집단주의 관계를 파악하는 논의에 관해서는 울리히 벡, 『위험사회: 새로운 근대(성)를 향하여』(홍성태 옮김), 새물결, 1997 참조. 개인주의와 민족주의의 관계에 대해서는 Calhoun, C., *Nationalism*, Minneapolis: Univ. of Minnesota Press, 1997, 2장.

의는 근대적 개인의 행위양식을 보여 주는 전형적인 이념 중의 하나라고 할 수 있다.[2]

서구와 마찬가지로 우리 역사에서 근대의 형성 과정은 근대적 개인의 발생 과정이면서 동시에 민족 혹은 민족주의의 발생 과정이라 할 수 있다. 이는 근대화 과정을 통해 근대적 개인 즉 합리적 개인이 발생하는 한편, 세상 그 어디에도 존재하지 않는 독특한 한국적 개인이 발생했다는 것을 의미한다. 더 정확히 말하면, 합리성과 전통이 결합한 대단히 독특한 한국적 개인이 발생했다는 것이며, 이는 우리 역사에서 형성된 개인이 서구적 개인을 반복하지 않았으며, 동시에 한반도에서 발생한 민족주의가 서구의 민족주의를 모방한 것이 아님을 의미한다.

우리의 근대는 누구나 인정하듯이 자생적으로 형성된 것이 아니라 서구의 압도적인 영향 속에 형성되었다.[3] 한편으로는 서구의 압도적인 영향 아래에서, 다른 한편으로는 서구와 우리, 혹은 근대와 전통을 독특하게 접합하여 한국적 근대 또는 한국적 개인을 만들어 냈다. 이러한 근대화 과정 혹은 근대적 개인의 형성 과정은 서구적 전례를 그대

---

2. 개인이 민족의 구성원이 되기 위해 가족, 공동체, 종교, 계급 등의 다른 매개물이 필요하지 않다는 의미에서 민족성은 개인의 속성으로 이해되어야 한다. 신기욱, 『한국 민족주의의 계보와 정치』(이진준 옮김), 창비, 2009, 서문.
3. 한국에서 형성된 근대가 식민지적 근대라는 사실은 우리나라가 자발적 근대화를 이룰 수 있었느냐 없었느냐의 문제, 혹은 내재적 발전이 있었느냐 없었느냐의 문제와는 전혀 무관하다. 또한, 그것은 식민지적 상황 혹은 식민제국이 현실적으로 존재할 수 없는 이상적인 '근대화'에 기여했느냐 혹은 기여하지 않았느냐의 질문과도 무관하다. 현실은 한반도 내부의 근대적 발전 정도와 무관하게 서구의 압도적인 힘, 정확하게는 일제의 식민지화를 통해 근대화가 이루어졌고, 일제에 의한 식민지화로 인해 한반도는 서구적인 경로 혹은 다른 식민지적 근대와는 다른 방식으로 근대화가 이루어졌다, 따라서 문제는 이러한 식민지적 근대화 과정을 통해 어떤 근대적 개인, 즉 한국적 개인이 형성되었느냐 하는 것이다.

복사한 과정이 아니고, 그렇다고 서구와 무관한 그 어떤 전통적인 것을 유지한 과정도 아니다. 그 과정은 모방과 저항의 과정이고, 그 결과는 어디에도 존재하지 않은, 독특하게 서구와 우리가 결합한 '혼종적(hybrid)'인 것이나.

서구적 의미에서 근대적 개인은 합리적 개인이다. 다시 베버를 빌리면 근대란 합리화의 과정이고 이런 의미에서 근대인이란 탈주술화의 과정을 통해 마법의 세계에서 깨어난 합리적 인간이다. 그런데 중요한 점은 우리에게 이런 근대적 인간은 '주어졌다'는 사실이다. 따라서 우리에게 합리적 개인은 적극적으로 닮아가야 하는 이상이기도 하지만 다른 한편 닮아서는 안 될 무언가 이질적인 어떤 것이었고, 그런 의미에서 근대적 개인의 형성 과정을 통해 만들어진 한국적 개인은 근대적 개인이기는 하지만 서구의 그것과는 다른 어떤 개인이었다.

이러한 복합적인 근대적 개인의 형성 과정은 민족주의의 형성 과정과 밀접한 관계가 있다. 서구 민족주의 역사가, 아래로부터의 형태든 위로부터의 형태든, 국가가 민족을 만들어 나가는 과정이었고 그런 의미에서 자기 완결성을 띠는 근대의 자기발전 과정이었다면, 우리의 민족주의 역사는 대부분 비서구 국가의 민족주의와 마찬가지로 민족 만들기를 통해 국가를 건설하는 과정이었다. 이런 의미에서 한국 민족주의 형성 과정은 항상 서구적 정체성과 대결하는 과정이었고, 한편으로 '서구'를 특정하게 규정하고, 다른 한편으로 '우리'를 규정하는 쌍방향적인 구성 과정이었다.

서구의 침략을 당할 수밖에 없는 민족 혹은 정치공동체들은 서구의 침략에 대항하기 위해 서구를 규정함과 동시에 자신을 규정해야 했다.

19세기 말 한·중·일 3국에서 동시에 나타났던 동도서기, 중체서용, 화혼양재의 사상은 이를 잘 보여 준다. 서구의 압도적인 물리력 앞에서 서구를 본받아야 하지만, 다른 한편으로는 자신의 정체성을 정립해야 하는 존재로서 비서구 사회의 민족들은 서구와 자신을 동시에 규정해야 할 운명에 놓였다.

이러한 운명은 다양한 민족주의를 만들 뿐 아니라 다양한 개인을 만들어낸다. 서구를 기술, 동양을 정신으로 규정한 '동도서기'의 예를 활용한다면, 이러한 민족주의는 한편으로 과학 기술이라는 측면에서 실용주의를 강조하여 효율성만을 대단히 강조하는 인간을 형성하지만, 다른 한편으로는 전통적인 충효 정신을 가진 혹은 연고주의적 행위양식을 강조하는 인간을 재생산하게 된다. 그 결과, 한편으로 관료제적 효율성이라는 행위양식과 다른 한편으로 가족주의, 연고주의라는 행위양식이 한 인간에게 갈등 없이 존재하는 식민지적 근대적 개인이 형성된다.

물론 이러한 행위양식의 접합이 식민지적 근대의 유일한 개인 혹은 행위양식이라고 할 수는 없다. 한편으로 서구를 무엇으로 규정하는지에 따라, 다른 한편으로 우리 혹은 전통을 무엇으로 규정하는지에 따라 다양한 근대적 개인 혹은 복합적인 행위양식이 나타날 수 있기 때문이다. 예를 들어 서구를 민주적 개인 혹은 합리적 개인으로, 우리를 민주적이고 평등주의적인 전통을 가진 것으로 상상했다면, 식민지적 근대화에도 불구하고 우리는 민주주의적이고 합리주의적인 새로운 개인을 탄생시킬 수 있었을 것이다.

근대의 특징이 분화이고 그 분화의 핵심에 개인이 있다면, 즉 근대의 과정이 개인주의의 발전 과정이라면, 개인주의는 근대적인 포섭 과정을 끊임없이 극복한다. 다시 말해서 근대 초기 혹은 1차 근대에 개인주의는 계급적 정체성 혹은 민족주의적 정체성이라는 집단주의적 정체성에 포획되었고, 1960년대 이후에 나타나는 탈근대 혹은 2차 근대 사회에서 근대의 특징인 개인화는 계급적 정체성을 벗어나 다양한 정체성을 보여 주고, 민족주의적 정체성을 벗어나 새로운 혼종적 정체성을 보여 준다.

이런 지속적인 개인화 과정의 끝이 어디인지는 알 수 없다. 그것이 초기 근대에 꿈꾸었던 민족과 계급 등의 다양한 집단적 정체성의 종말, 즉 집단적 차이가 없는 보편적 개인이라는 이상을 실현하는 방식일 수도 있고, 아니면 사람 수 만큼이나 많은 다양성이 존재하는 완전히 새로운 사회로의 이행일 수도 있으며, 다시 한번 개인화하는 과정이 새로운 집단적 정체성에 포섭되어 사회적 정체성 혹은 새로운 사회적 연대에 재포섭되는 방식일 수도 있다.

한편으로 민족국가 간 갈등이 지속되면서, 다른 한편으로 세계화로 인해 민족적 정체성이 변화해 가는 현재 시점에 우리가 미래를 예측하기는 대단히 어려운 일이다. 그러나 가장 세계화된 미국에서 트럼프의 '미국 우선주의'가 나타나고 이로 인해 국가 간 갈등이 심화하는 현실을 감안하면, 당분간 모든 세계인을 관통하는 보편적인 인간이 형성되기는 대단히 어려울 것으로 보인다. 적어도 당분간은 다양한 민족적 정체성이 공존할 것으로 생각되며, 이런 의미에서 한국에서도 또 다른 한국적 정체성이 형성될 것이다.

21세기 한국의 민족주의는 20세기 한국의 민족주의와 다를 것이다.

그러나 우리 근대의 민족주의가 전통과 근대를 독특한 방식으로 접합했듯이, 21세기에도 우리는 20세기에 존재했던 우리의 것과 새롭게 유입되는 외부의 것을 새롭게 접합하여 혼종적인 전통을 새롭게 정의하고 그것을 통해 우리를 형성할 것이다.

현재의 전통은 19세기에 우리가 발명한 전통이 아니고, 현재의 서구 역시 그러하다. 하지만 19세기가 만들어 낸 우리의 전통 혹은 우리의 근대라는 조건 안에서 현재의 우리가 새로운 전통을 발명할 수밖에 없다는 점에서 그 이전에 우리가 우리를 '어떻게 상상'해왔는지를, 더 정확히는 우리가 우리를 어떻게 만들어 왔는지를 탐구하는 일은 대단히 중요한 일이다. 이는 민족주의를 이해하는 것임과 동시에 근대적 개인을 이해하는 일이고, 현재의 우리를 이해하는 일임과 동시에 미래의 우리를 새롭게 상상하는 일이라 할 수 있다.

이 책은 19세기 말 이후 한반도에서 발생한 '민족주의'라는 담론과 그 담론으로 형성된 민족 정체성, 그리고 그것이 만들어 낸 '행위양식'을 분석한다. 민족주의는 담론이며 정체성이다. 다시 말해서 민족주의는 고정된 이념이 아니라 다양한 이념이 접합된 담론이다. 민족주의는 민주주의, 독재, 자본주의, 공산주의 등 다양한 이념뿐만 아니라 집단주의, 평등주의, 연고주의 등 다양한 행위양식과 결합해서 존재한다. 따라서 민족주의 담론을 분석한다는 것은 한 민족이 공유하고 있는 다양한 특성을 분석하는 것이며, 또한 민족의 구성원이 공통으로 행위하는 방식, 다시 말해서 익숙한 행위양식을 분석하는 것을 의미한다. 이런 의미에서 민족주의 담론은 특정한 정체성과 행위양식을 구성하는 실질적인 힘이라 할 수 있다.

근대 정치의 핵심 개념인 '주권'처럼 민족주의 역시 대내적 의미와 대외적 의미로 구별될 수 있다. 민족주의는 한편으로 다른 민족에 대별되는 '우리 민족'의 정의 혹은 구성을 의미한다면, 다른 한편으로는 내적 동질성이 이유를 설명하거나 그 실현을 추구한다. 전자를 민족주의의 수직적 측면이라고 한다면 후자를 민족주의의 수평적 측면이라고 할 수 있다.

행위양식이라는 관점에서 본다면, 특정 정치공동체가 추구하는 민족주의가 어떤 측면을 강조하는지에 따라 민족주의는 다양한 행위양식, 혹은 다양한 이데올로기와 접합된다. 민족주의의 수직적 측면이 강조될 때, 민족주의는 권위주의, 연고주의, 집단주의와 쉽게 결합한다. 외부의 적에 대해 우리를 강조하는 민족주의는 내적 차이를 강조하기보다는 외적 차이를 강조하고, 전통과 언어 같은 외적 차이를 통해 내적 동질성을 확보하려 함으로써 전통적 가치를 재생산하고 집단주의적 가치를 재생산한다.

민족주의의 수평적 측면을 강조하면, 민족주의는 평등주의, 나아가 개인주의와 결합한다. 민족이 구성원들 간의 신분, 지역, 풍습, 심지어 종족 및 언어도 다른 내부의 차이가 있어도 '우리 의식'을 갖기 위해서는 이 차이를 뛰어넘는 무언가의 원리가 필요하고, 이를 가능하게 하는 최고의 원리는 '평등주의'일 수밖에 없기 때문이다. 우리는 동일한 권리와 의무를 가졌기에 '우리'가 될 수 있다는 것이다. 나아가 이러한 측면은 우리 모두가 보편적 인권을 가졌다는 점에서 근대적, 합리적 개인주의와 결합한다. 근대가 발명한 보편적 개인은 민족주의의 수평적 측면의 논리적 근거라 할 수 있다.

민족주의 이론의 분류법에 따르면, 민족주의의 수평적 측면과 수직적 측면을 시민적 민족주의와 종족적 민족주의로 구분할 수 있다. 일반적으로 한국의 민족주의는 외부의 적을 상정하는 저항민족주의에서 출발했기 때문에 종족적 민족주의의 성향이 강하다고 말한다. 그러나 앞으로 살펴보겠지만 한국 민족주의는 시민적 민족주의 성향을 동시에 가지고 있고, 한국 민족주의의 역사는 종족적 민족주의에서 시민적 민족주의로의 발전사라 할 수 있다. 한국 민족주의는 종족적 민족주의에서 출발했지만, 일제 식민 시기를 거치면서 '민주주의적 민족주의', 즉 시민적 민족주의를 발전시켜 왔다. 또, 해방 이후 오랜 권위주의 시기에 정권이 종족적 민족주의 담론을 생산했지만, 일제의 식민 이전부터 형성된 시민적 민족주의가 민주화의 동력이 되었으며, 민주화 이후 시민적 민족주의가 대세가 되었기 때문이다. 한국 민족주의를 이렇게 파악하면, 민주화 이전에는 집단주의, 연고주의의 행위양식이 주를 이루었다면, 민주화 이후에는 평등주의 및 개인주의가 확산하는 과정이라고 이해할 수 있을 것이다.

이 책은 한국 민족주의를 종족적 민족주의와 시민적 민족주의의 갈등과 접합의 관점에서 검토한다. 이는 한편으로 종족적 민족주의를 강화했던 위로부터의 민족주의와 시민적 민족주의를 추구했던 아래로부터의 민족주의의 갈등을 검토하는 작업이면서, 다른 한편으로는 위로부터 민족주의가 만들어냈던 연고주의, 가족주의, 집단주의 행위양식과 아래로부터의 민족주의가 만들어 낸 민주주의, 평등주의, 개인주의 행위양식의 접합과 혼종을 검토하는 작업이기도 하다. 다시 말해 한국 민족주의에는 종족적 민족주의와 시민적 민족주의가 갈등, 공존하고 있고, 한국인의 행위양식에는 연고주의, 집단주의의 행위양식과 평등주의, 개인주의의 행위양식이 혼재하고 있음을 밝히는 작업이다. 물론 이러한 갈등과 혼종은 극적인 역사의 수레바퀴 아래서 시민적 민족주의가 일반화되고 평등주의 및 개인주의적 행위양식이 뚜렷해지는 방향으로 귀결되었다.

이를 위해 먼저 2장(Ⅱ)에서 민족주의가 무엇인지를 검토한다. 민족 및 민족주의가 무엇인지를 검토함으로써 민족주의가 근대의 산물임을 살펴보고, 민족주의가 규범적으로 올바른 것인가를 검토하여 민족주의의 양면성을 밝혀 낸다. 또한, 비서구 사회의 민족주의가 과연 서구를 모방만 한 것인가를 검토함으로써 비서구 사회의 민족주의가 서구 민족주의의 복사가 아니라 비서구 사회에서 만들어 낸 독특한 '혼종'적 민족주의임을 주장한다. 이러한 이론적 검토하에서 '혼종'으로서의 한국 민족주의를 밝히고 한국 민족주의가 만들어 낸 행위양식에 대한 개략적 검토를 한다.

3장(Ⅲ)은 한국 민족 및 한국 민족주의의 형성사이다. 조선 말부터 일제 식민지 시기까지를 분석대상으로 하여 민족 개념이 어떻게 발생했는지를 살펴보고, 식민지적 근대화 과정에서 복합적으로 형성된 한국 민족주의와 행위양식의 원 형태를 발견한다. 이를 통해 한국 민족주의는 출발에서부터 다양한 민족주의 및 행위양식의 쟁투장이었고, 그럼으로써 대단히 역동적이었음을 밝힌다. 4장(Ⅳ)과 5장(Ⅴ)에서는 위로부터의 민족주의를 검토한다. 이승만과 박정희의 민족주의를 검토하면서 한국의 지배 세력들이 규범적으로 올바르지는 않았지만, 정권의 재생산을 위해 민족주의를 적극적으로 활용했음을 주장할 것이다. 6장(Ⅵ)

에서는 아래로부터의 민족주의를 검토한다. 이를 통해 식민 시기부터 형성된 아래로부터의 민족주의가 민주화를 추동하는 핵심적인 담론이었음을 주장할 것이다.

　민족주의는 복잡하다. 더구나 이 책은 '민족주의는 무조건 정당하다'는 규범적 의미의 민족주의 개념과 거리를 두면서 민족주의를 다양한 이념의 복합체인 담론구성체로 정의하기 때문에 더욱 복잡하게 느낄 수 있다. 그러나 민족주의를 비규범적인 담론구성체로 바라보는 관점은 우리의 삶을 규정하는 정치공동체와 우리가 당연시하는 집단적 정체성에 대해 질문하게 함으로써 우리의 생각과 행동을 다시 한번 생각해 보는 계기를 제공한다. 그리하여 민족주의에 대한 맹목적 관점에서 벗어나 민족주의가 민족의 이름으로 민족 구성원에게 피해를 줄 수도 있다는 사실을 인식하고, 민족 구성원과 나아가 다른 나라 사람들과 어떻게 같이 잘 살 수 있을지에 대해 고민하는 시각을 제공한다. 이제 민족주의를 통해 지금 우리가 가진 생각과 행동을 되돌아보는 여행을 시작해 보자.

II. 민족주의란 무엇인가?

사전적 정의에 따르면, 민족주의는 "민족과 국가를 최우선에 두는 이념"이다.『두산백과』에 따르면, 민족주의는 "민족에 기반을 둔 국가의 형성을 지상 목표로 하고, 이것을 창건(創建)·유지·확대하려고 하는 민족의 정신 상태나 정책 원리 또는 그 활동"으로 정의되고,『한국민족문화대백과』는 민족주의를 "근대 세계의 대표적 정치공동체 단위인 민족을 구성하고 통합하며 민족 단위의 국가 형성을 위한 이데올로기이자 운동"으로 정의한다.『다음백과』역시 "민족주의는 역사적으로는 자기 민족을 다른 민족이나 국가와 구별하고 그 통일·독립·발전을 지향하는 사상 혹은 운동이며, 정치적으로는 민족을 사회공동체의 기본단위로 보고 그 자유의지에 의하여 국가적 소속을 결정하려는 입장"이라고 정의하는 데에서 알 수 있듯이 민족주의는 민족을 사고 및 행동의 기본단위로 생각하는 이념이고, 국가라는 정치공동체와 뗄 수 없는 개념이다.

우리가 무의식적으로 생각하는 민족주의, 혹은 일상의 민족주의 역시 이와 다르지 않다. 이는 우리가 배운 민족주의가 민족과 국가를 최우선으로 여기고, 민족과 정치공동체를 일치시키는 민족주의이기 때문이다. 우리는 정치공동체를 위해 목숨을 바친 사람들의 이야기, 즉 이순신 장군과 같은 영웅들의 이야기 또는 의병과 같은 민초의 이야기를 교과서, 소설, 영화를 통해 접한다. 또한, 우리는 삼일절, 제헌절, 광복절, 개천절 등의 국가기념일을 통해 민족의 중요성을 주기적으로 기억한다. 우리가 민족 혹은 민족주의를 주기적으로 접하게 되는 이유는 민족주의가 겔너(E. Gellner)의 말처럼 '민족적 단위와 정치적 단위를 일치시키려는 노력[4]이고, 민족의 독립, 통일, 발전을 추구하는 이념이기 때문이다.

민족주의를 조국과 민족을 위한 이념으로 인식하면, 민족주의는 분명히 조국과 민족에 필수적일 뿐만 아니라 민족의 구성원에게도 도움이 되는 이념으로 인식될 수 있다. 일제에 의해 이루어진 비인간적인 탄압과 우리 민족 구성원의 비참했던 삶을 돌이켜 본다면, 조국과 민족을 위한 이념으로서 민족주의는 신성불가침이고 규범적으로 올바른 이념으로 인식되지 않을 수 없다. 그러나 식민의 아픈 기억이 점점 엷어짐에 따라, 다시 말해서 민족을 억압하던 구조적인 외부의 적이 사라짐에 따라 조국과 민족을 위해 산다는 것이 반드시 개인에게도 도움이 되는지, 또는 조국과 민족의 이익이 개인의 이익과 꼭 일치되는지는 의문이 생길 수 있다. 외부의 적이 없을 때 민족은 하나가 아니라 다양한 계층, 다양한 정체성을 가진 집단, 혹은 개인들의 집합체이고, 개개의 구성원은 외부의 적보다 내부의 갈등에 더 민감하게 반응할 수 있기 때문이다. 더구나 요즘 같이 세계화되고 개인주의화된 시대에 과연 동일한 문화 혹은 가치를 가진 민족이 존재하는지, 또는 민족 동질감을 느끼는 것이 가능이나 한지, 이런 본질적인 질문에 이르면 조국과 민족을 중요시하는 것이 현실적으로 의미가 있는 일인지 나아가 민족주의가 정당한 이념인지에 대해 근본적인 회의가 들기도 한다.

한 정치공동체, 혹은 국가의 경계가 되는 일정한 영토 내에는 참으로 이질적인 많은 사람이 살고 있고 그들 모두를 하나로 만드는 것은 대단히 어려운 일이다. 그런데 현재 세계에는 수많은 민족이 있고, 사람

---

4. Gellner, E., *Nations and Nationalism*, Oxford: blackwell, 1983, p.1.

들은 특정한 구성원들을 같은 민족이라 규정하고 있다. 이처럼 민족주의는 생면부지의 수많은 사람이 말 한마디 섞지 않고도 '우리는 같은 민족'이라는 생각을 하게 하는 마치 마술과도 같은 이념이다. 그러나 마술이 대단히 환상적이지만 아주 세밀하고 복잡한 눈속임으로 완성되듯이, 민족주의 역시 이질적인 수많은 사람을 동질적인 우리로 만드는 기적을 이루었지만 그 과정은 대단히 복잡하고, 때론 폭력적이기까지 했다.

민족은 민족주의라는 마술이 벌어진 후 만들어진다. 그리고 민족주의가 마술을 부리는 데에 있어 핵심적인 것이 바로 '우리'를 규정하는 것이다. 민족주의는 특정한 범위의 사람들을 '우리'로 구성하는데, 이를 위해서 가장 중요한 것은 '우리는 누구인가'를 규정하는 것이라 할 수 있다. 특정한 집단의 구성원들이 공유하는 그 어떤 것이 규정되어야 생면부지의 사람들도 그 어떤 것을 통해 우리가 될 수 있기 때문이다.

'우리'를 규정하는 데 있어 가장 중요한 요소를 꼽으라면 그것은 '민족의 전통, 이익, 사명'이라고 할 수 있다. 전통은 역사적 경험의 공통성을 통해 민족을 하나로 만든다. 언어, 관습, 문화가 같아서 같은 민족이고, 따라서 이러한 공통성을 가진 집단은 동일한 운명을 가진 집단이다. 또한, 찬란했던 민족의 역사 혹은 민족을 구한 영웅의 이야기는 현재의 비참함이나 굴욕을 극복하게 하는 민족적 의지와 자존감을 한껏 끌어올린다. 이렇게 민족은 전통을 재구성함으로써 하나의 민족이 되고 자신들의 집단적 정체성을 확립한다.

민족주의는 또한 민족의 이익을 규정함으로써 다양한 이해관계를 가진 민족 구성원을 통합한다. 민족주의는 대내외적 환경 속에서 외부의

적을 규정하고 내부 구성원의 이익을 규정한다. 이 과정에서 특정 집단의 이익이 모두의 이익으로 전환되면서 민족주의는 특정 집단이 다른 집단을 억압하는 이념으로 전환되기도 하지만, '우리'는 지금 무엇을 해야 하고 그것이 '우리'에게 어떠한 이익을 가져다준다는 식으로 민족의 이익을 규정함으로써 민족 구성원의 의식과 행위양식을 구성한다.

민족의 이익이 민족과 현재를 잇는다면 민족의 사명은 민족을 미래와 이어 준다. 선민사상, 문명화 사명, 대동아공영권과 같이 민족주의는 역사적이고 세계사적인 사명감을 민족에게 부여한다. 이렇게 민족주의는 민족에게 사명을 제시함으로써 현실의 비참함 혹은 영광을 정당화하고 현재의 이익을 위해 민족을 동원한다. 이렇게 특정한 영토 내의 집단은 그들의 전통, 이익, 사명을 공유함으로써 드디어 민족으로 통합되는 것이다. 이런 의미에서 민족주의는 '민족의 전통, 이익, 사명을 구성하는 담론'으로 정의될 수 있다.[5]

이렇게 민족주의가 민족의 전통, 이익, 사명을 구성함으로써 '우리'가 만들어지면, 민족 구성원들은 민족주의적 정체성에 따라 행동한다. 개인이 한 사회의 가치와 규범을 내면화하는 과정인 사회화 과정을 거치며 민족의 구성원들은 민족주의적 정체성을 갖게 되고, 민족주의적 정체성은 개인의 행동을 결정하는 중요한 원칙으로 작동하는 것이다. 따라서 민족주의는 한편으로 문화 전승을 통한 사회통합의 기제지만 다른 한편으로는 지배 이데올로기가 된다. 예를 들어, 민족주의가 '남존

---

5. 마루야마 마사오, 『현대정치의 사상과 행동』(김석근 옮김), 한길사, 1997, 330-334쪽. 민족주의를 담론으로 정의한다는 것은 민족주의가 정해진 내용을 가지지 않은 우연적 구성물임을 의미한다. 신기욱은 민족이 우연적이고 경쟁적으로 만들어졌지만, 역사적 각인으로 인해 생명력을 갖게 되었다고 주장한다. 신기욱, 앞의 책.

여비' 사상을 민족의 전통으로 규정할 때, 전통을 배우고 그것에 따라 행동하는 것은 한편으로 문화 전승의 과정이지만, 다른 한편으로는 전통의 이름으로 남성지배를 재생산하는 지배의 이데올로기가 된다.

민족주의를 이렇게 해석할 때 민족주의는 두 가지 의미를 갖는다. 민족주의는 한편으로 사회적 상호작용과 통합을 가능하게 하는 행위양식이면서 다른 한편으로 특정 세력의 이데올로기라는 의미다. 다시 말해서 민족주의는 한편으로 '우리'라는 마술을 통해 사회 구성원들 개개인에게 '마음의 습관'[6]을 만들고, 이것은 한 개인이 사회의 구성원이 되어가는 사회화의 한 과정으로 이해될 수 있다. 다른 한편, 민족주의는 지배 관계를 재생산하는 기능을 한다. 왜냐하면, 사회화 과정을 통해 형성된 '마음의 습관'은 '자연화'라는 이데올로기적 효과를 발생시켜 억압적인 사회적 관계를 피지배 집단이 자발적으로 재생산하기 때문이다.

이상의 이야기를 통해 민족주의는 민족이라는 거대한 집단을 형성하는 동시에 민족 내부의 개인의 행위양식을 구성하는 개념임을 알 수 있었다. 다시 말해 '우리 민족은 효도를 중시하는 전통'을 가졌다고 민족의 전통을 규정한다면, 민족 구성원은 가정이라는 아주 일상적인 공간에서 효도를 배우고 행하게 된다. 민족주의는 바로 이러한 과정을 통해 한 민족의 문화를 전승하고 다양한 사회 구성원을 통합하는 것이다. 그러나 다른 한편, 효라는 전통은 전근대적 가족주의와 연고주의를 근대에 재생산하는 기능을 하고, 이는 민족 내부의 기득권 집단의 연고주

---

6. Bella, R. N. et al., *Habits of the Heart—Individualism and Commitment in American life*, Berkeley: University of California Press, 2007.

의적 행태를 정당화함으로써 기득권을 재생산하는 이데올로기적 효과를 낸다. 결국, 민족주의는 사람들의 마음을 지배함으로써 사회를 통합하는 한편 피지배 집단을 지배하는 이데올로기인 것이다.

민족주의는 이렇듯 대단히 복잡하다. 거시적이고 집단적인 이념인 듯하면서도 개인의 행동을 제어할 만큼 개인적이고 미시적인 이념이며, 보편적으로 사회를 통합하는 이념인 듯하면서도 특정 집단의 지배를 정당화하는 이데올로기적 역할도 한다. 민족주의의 복합성은 여기에 머무르지 않는다. 민족주의가 민족의 전통, 이익, 사명을 구성하는 이념이라고 할 때, 민족주의는 개별 민족마다 각각의 민족주의가 있을 만큼 대단히 다양하다.

여기서는 대단히 다양하고 복잡한 민족주의를 먼저 이론적으로 검토한다. 이를 통해 우리의 상식과 일치하는 민족주의와 우리의 상식과는 상당히 다른 민족주의를 만나게 될 것이다. 이러한 과정을 통해 한국 민족주의를 더욱 복합적으로 이해하는, 그리하여 그 실상을 제대로 이해하는 통찰력을 얻을 수 있을 것이다.

1. 민족과 근대

먼저, 민족이 무엇인지에서부터 출발해 보자. 『표준국어대사전』을 찾아보면, 민족은 '일정한 지역에서 오랜 세월 동안 공동생활을 하면서 언어와 문화상의 공통성에 기초하여 역사적으로 형성된 사회 집단'으로 정의된다. 민족에 대해 우리가 상식적으로 갖는 생각을 잘 반영한 개념 정의라 할 수 있는 이러한 정의를 학자들은 민족주의에 대한 객관주의적 정의라 한다. 객관주의란 언어, 혈통, 영토, 그리고 역사적이고 문화적인 공통성, 그리고 논자에 따라서는 경제적 공통성까지를 포함하여 열거된 객관적인 조건이 충족되는지 그렇지 않은지에 따라 민족을 규정하는 관점을 말한다.

민족에 대한 이러한 정의는 우리의 상식이나 우리의 역사 인식에서 보면 너무나 당연해 보인다. 그러나 이러한 우리의 상식은 말 그대로 우리만의 상식이다. 민족주의 연구자로 저명한 홉스봄(E. Hobsbawm)[7]에 따르면, 우리와 같이 전근대 사회 때부터 오랜 시간 동안 정치적, 문화적 통일성을 갖고 그것에 기반해 민족을 구성한 경우는 한국, 중국, 일본의 동북아시아 3국에 불과하다. 즉 우리의 상식은 전 세계의 사례에 비교해 볼 때 대단히 예외적이고, 유구한 역사를 가진 단일민족만을 민족으로 규정하는 경우는 지구적 경험과 의미에서 상식이 아니라 할 수 있다.

세계사적으로, 더 정확하게 서구의 일반적인 경험은 먼저 국가를 만들고, 국가를 만드는 과정에서 국가 구성원에게 소속감 혹은 정체성

---
7. 에릭 홉스봄, 『1780년 이후의 민족과 민족주의』(강명세 옮김), 창작과비평사, 1994.

을 부여하기 위해 민족주의를 통해 민족을 만든 것이다.[8] 따라서 서구적 경험에 따르면, 민족 만들기(nation-building)는 국가 만들기(state-making)의 일환이었고, 이러한 서구적 경험에 따라 이론화된 민족 이론에 따르면 객관주의적 민족, 혹은 주어진 민족은 역사적으로 존재하지 않거나 대단히 예외적인 사례로 인식된다.

우리의 경험과 달리 서구적 경험에서는 민족은 만들어졌다는 것이 상식이다. 이러한 서구적 상식을 이론화한 관점을 주관주의적 관점이라 한다. 이 관점에 따르면 민족은 만들어진 것이고, 이러한 민족 형성에서 가장 중요한 것이 바로 '우리 의식'이다. '민족은 매일 매일의 국민투표이다'라는 르낭(J. Renan)의 주장[9]에서 잘 나타나듯이, 민족은 그 구성원들이 자신들을 민족으로 느낄 때 민족이 된다. 생면부지의 사람들이 왜 특정한 조건을 가진 사람들만을 '우리'라고 생각하게 되었느냐에 대해서는 다양한 의견이 있지만, 어쨌든 민족은 '우리 의식'을 가질 때 만들어지는 것이고, 그런 의미에서 민족은 '우리 의식을 가진 집단'으로 정의될 수 있다.

프랑스의 소설가 알퐁스 도데의 작품 가운데 '마지막 수업'은 우리에게도 잘 알려져 있다. 이 소설은 독일에 점령된 알자스 로렌 지방의 학교에서 마지막으로 하는 프랑스어 수업을 그리고 있다. 일제 시기에 우리말 수업을 할 수 없었던 우리의 아픈 역사와 겹쳐지면서 우리에게도 많은 공감을 일으켜 한때는 교과서에도 수록되었던 소설이다. 그런데 아주 흥미로운 점은 알퐁스 도데의 프랑스 애국주의에도 불구하고 알

---

8. 찰스 틸리, 『국민국가의 형성과 계보』(이향순 옮김), 학문과사상사, 1994.
9. 에르네스트 르낭, 『민족이란 무엇인가』(신행선 옮김), 책세상, 2002.

자스 로렌 지방의 사람들은 혈통적으로, 언어적으로 독일계라는 사실이다. 결국, 알자스 로렌 지방 사람들 역시 프랑스의 민족 만들기 과정에서 프랑스 민족으로 동화되었던 것이며, 나아가 알퐁스 도데의 '마지막 수업'은 프랑스의 국민 만들기를 위한 중요한 이데올로기적 장치였던 것이다.

물론 알자스 로렌 지방에서의 프랑스 민족 만들기가 성공했는가에 대해서는 여전히 논란이 있고, 그런 의미에서 '민족 만들기' 혹은 '우리 만들기'의 과정이 항상 성공적인 것은 아니다. 일본 제국주의가 우리를 동화시키지 못했던 것처럼, 민족 만들기는 성공을 장담할 수 없는 불확실한 기획이다. 그럼에도, 주관주의적 관점에 따르면 민족은 언어나 혈통 등의 객관적 조건이 아니라 '우리 의식'이 있을 때 존재할 수 있다.

민족에 대한 객관주의적 관점과 주관주의적 관점은 다 약점이 있다. 객관주의는 세계사적으로 사례가 너무 적고, 주관주의는 민족에 대해 사후적 설명만을 제공하기 때문이다. 다시 말해서 전 세계의 역사적 경험에 비추어 보면, 주관주의가 일반적이긴 한데 주관주의적 정의만으로는 왜, 어떻게, 어떤 '우리 의식'을 갖게 되었는지를 설명하지 못한다는 것이다.

우리가 알고 있는 민족에 대한 정의, 즉 교과서에 나오는 민족에 대한 정의는 두 관점을 적절히 절충한 것이다. 이를 절충주의적 정의라 한다. 따라서 민족이란 '언어, 혈통, 영토, 역사, 문화, 경제 등의 객관적 조건 중 특정 조건들을 공유하면서, 동시에 같은 민족이라는 우리 의식을 가진 집단'이라 정의된다.

절충주의적 관점에도 불구하고 중요한 것은 '우리 의식'이다. 세계사적으로 민족을 구성하는 객관적 조건의 공유 정도 혹은 각 조건의 구성비는 다 다르지만, 적어도 모든 민족은 그 구성원들이 스스로 특정 민족에 속한다고 생각하기 때문이다. 그리고 '우리 의식'이 없다면 여러 객관적 조건의 공통성에도 불구하고 특정 집단 내 구성원은 자신을 민족이라고 생각하지 않기 때문이다.

민족의 정의에서 '우리 의식'이 중요하다면, 우리 의식이 왜 어떻게 형성되었느냐의 질문으로 넘어가는 것이 자연스러운 일이다. 왜 사람들은 '민족'이라는 단위를 '우리'로 만들었을까? 친밀하게 대면 접촉할 수 있던 지역 공동체에 묶여 살던 사람들이 어떻게 '민족'이라는 생면부지의 '우리'가 될 수 있었을까? 이 문제를 해명한다는 것은 '민족주의란 무엇인가'에 대해 답하는 것이라 할 수 있다. 다시 말해서 왜 우리는 우리가 되었을까? 어떻게 우리는 특정 객관적 조건을 우리의 공통 요소라고 생각하게 되었을까 하는 질문에 대한 답은 민족주의를 해명함으로써 얻을 수 있기 때문이다. 홉스봄의 말처럼 어느 쪽도 만족스럽지 못한, 민족에 관한 객관주의적 주장과 주관주의적 주장 중에서 어느 하나를 택하기보다는 민족주의의 개념에서 출발할 때 민족을 더 잘 이해할 수 있다.[10]

민족주의는 민족을 규정한다. 앞에서 언급했듯이 민족주의는 민족의 전통, 이익, 사명을 구성함으로써 민족을 만들어낸다. 한국의 경우, 우리는 단군 이래 수천 년을 이어온 단일민족으로 정의된다. 그리고 이는 개천절이라는 국가의 공식 기념일을 통해 기억되고 재생산된다. 단군민

---

10. 에릭 홉스봄, 앞의 책, 24-25쪽.

족주의는 당연히 우리가 혈연공동체임을 보여 준다. 이렇게 민족주의는 우리를 구성했다.

그러면 우리는 언제 어떻게 구성되었을까? 이 문제에 대한 이론적 대답은 크게 두 개로 나뉜다. 민족이 과거부터 존재했다는 영속주의적(perennial) 입장과 민족이 근대에 만들어졌다는 근대주의적(modernist) 입장으로 구별된다. 이 두 주장을 가르는 논점은 단순하다. 민족이 민족주의를 만들었는지, 아니면 민족주의가 민족을 만들었는지의 문제이다.

영속주의적 견해에 따르면, 민족은 과거와 혈통적, 문화적, 지정학적 연속성을 가지고 있다. 물론 이론가들에 따라 민족의 기본적인 속성이 태초부터 원초적인 것인지, 아니면 사회적으로 형성된 것인지에 대해서는 다양한 견해가 있지만 영속주의적 입장에 따르면 민족은 지속적인 종족적 정체성의 결과이고, 근대의 민족은 근대 국가의 형성, 즉 관료제나 군사 엘리트들의 발달로 과거의 공동체나 집합 의식이 훨씬 효율화되었기 때문에 형성된 것으로 이해된다.[11]

근대주의자들은 민족과 그 이전에 존재했던 공동체, 즉 종족과의 연속성을 명확히 거부한다. 이는 "민족주의란 민족이 깨어나 자기의식을 갖게 되는 것이 아니다. 민족주의는 민족이 없는 곳에서 민족을 발명한다." 하는 겔너의 주장에서 명확히 나타난다.[12] 민족주의는 앞의 정의에서 나타나듯이 산업화에 따른 문화적이고 정치적인 변동 때문에 나타

---

11. Smith, A., *Nations and Nationalism in a Global Era*, Cambridge: Cambridge University press. 1995.
12. Gellner, *Thought and Change*. London: Weidenfeld & Nicolson. 1964. p.169.

난 것으로 설명되기도 하고, 자본주의의 발전에 따라 지역 간 불균등 발전이 나타나면서 이러한 불평등에 대한 분리주의적 대응으로 나타나기도 한다.[13] 또, 자본주의 국제관계 내에서 국가를 정당화하는 이데올로기로 설명되었거나,[14] 근대 국가가 형성되는 과정에서 중앙 집중화와 통일을 이루기 위해 만들어진 것[15] 등 다양한 원인에 의해 형성되었다고 주장되지만, 근대주의자들에게 있어 통일된 주장은 근대화가 민족주의를 만들고 민족주의가 민족을 만들었다는 것이다.

근대 민족이 영속주의적 주장처럼 과거에 존재했던 종족의 자기 각성인지, 아니면 근대에 민족주의에 의해 새롭게 만들어진 것인지에 대해서 서구의 학계는 후자의 주장을 따른다.[16] 무엇보다 그들의 경험이 그러하기 때문이다. 하지만, 두 입장 중 한쪽을 선택하지 않더라도 근대에 형성된 민족은 근대 이전에 존재했던 전근대 민족 혹은 종족과는 다르다는 점은 명확하다.

민족주의 연구의 대표적 학자라 할 수 있는 앤서니 스미스(Anthony Smith)는 민족의 전근대적 기원을 인정하는 영속주의적 관점을 수용하지만 근대 민족이 과거의 종족(ethnie)과는 다르다는 점은 분명히 한다. 그에 따르면 아무리 오랫동안 문화, 역사, 언어를 공유했다고 하더라도,

---

13. Hechtor, M., *Internal Colonialism: The Celtic Fringe in British National Development, 1536-1966*, Berkeley: University of California Press, 1975.
14. 에릭 홉스봄, 앞의 책.
15. 찰스 틸리, 앞의 책; Michael Mann, *The Source of Social Power*, Vol. 2, Cambridge: Cambridge University Press, 1993.
16. Armstrong, J., "Towards a Theory of Nationalism: Consensus and Dissensus", Sukumar Periwal (ed.), *Nations of Nationalism*, Oxford: Oxford University Press, 1995.

근대의 민족은 첫째, 동등한 권리를 가진 거대 민족, 둘째, 주권을 가진 법적-정치적 집단, 셋째, 민족주의에 의한 정당화, 넷째, 국제 체제의 일부분, 다섯째, 영토적이라는 점에서 과거의 종족과는 구별되는 근대적 현상이다.[17]

'5천 년 단일민족'이라는 말에서 알 수 있듯이 우리에게 영속주의는 범접할 수 없는 '신화'다. 기원적 2333년 단군왕검이 고조선을 세운 이래 우리 민족이 한반도에서 단일민족으로 지속했다는 이야기는 단군신화 및 고조선의 유물에 관한 고고학적 연구 성과와 관계없이 우리에게는 당연한 상식이고, 그러한 인식을 국가는 '개천절'을 통해 보장하고 있다. 또한, 단재 신채호처럼, 민족의 구성을 통해 국가를 건설하려고 했던 식민지 시기 지식인들에게 있어 유구한 역사를 가진 민족이 자각을 통해 현재의 고난을 극복하고 근대 민족과 국가를 구성한다는 영속주의적 견해는 마치 성경과 같은 이론일 수 있을 것이다.

지금까지 이어지는 이러한 상식과 달리, 학문적 영역으로 들어가면 우리 역시 영속주의와 근대주의가 대립한다. 민족을 초역사적인 것으로 파악하는 견해에 역시 다양한 기원설로 나뉘는데, 우리 민족은 기원전 10세기 무렵이나 예·맥·한족의 등장과 함께 형성되었다고 주장하는 견해와 삼국시대를 지난 통일신라가 이루어졌을 때 형성되었다는 견해로 나누어진다. 또 이러한 견해의 연장선에서 민족을 근대에 형성되었다고 보지만 근대 이전의 우리 민족이 서양의 그것에 비해 응집력

---

17. Smith, A., 앞의 책. 54-56쪽

이 강했다는 점에서 '전근대 민족'이라는 새로운 개념으로 우리 민족의 형성을 이해하려는 견해도 존재한다.[18]

영속주의적 견해가 역사학계에서 주류를 이뤘다면 사회과학계에서는 근대주의가 주류를 이루었다. 민족주의를 '민족의 통일, 독립 및 발전을 지향, 추진하는 사상과 운동'[19]으로 정의하는 데서 잘 알 수 있듯이 서구 사회과학의 수입 학문인 정치학은 처음부터 근대주의적 관점을 택했다. 이러한 접근에 따르면 민족주의의 과제는 근대적 과제, 즉 통일민족국가의 수립, 산업화, 민주화로 정의되고, 민족주의의 규범성은 산업화, 민주화, 통일에의 진정성으로 평가된다. 다시 말해 민족주의는 규범적인 것이고, 민족주의의 이상을 추진하는 이론 혹은 주장만이 민족주의로 인정된다.

한국 민족주의에 대한 접근은 1990년대 이르러 학문적, 대중적으로 근본적인 전환을 맞는다. 민족 및 민족주의의 출발점에 대해서뿐 아니라 민족주의의 규범성, 그리고 민족주의의 미래에 이르기까지 민족 및 민족주의에 대한 모든 것이 근본적으로 새롭게 논의되었기 때문이다.

먼저 학문적으로 살펴보면, 1990년대 이후 소위 탈근대(post-modern) 이론이 전폭적으로 도입되면서 사회과학 쪽에서는 민족주의에 대한 담론적 접근이 확산된다. 담론적 접근은 기존의 근대적 사회과학이 전제했던 완전하고 보편적인 이성을 부정하는 관점으로, 이 접근에 따르

---

18. 한국 민족의 형성에 관해서는 노태돈, 「한국민족주의 형성시기에 대한 검토」, 『역사비평』 계간 19호, 1992; 이영호, 「한국근대 민족문제의 성격」, 『역사와 현실』 창간호, 1989; 신용하, 「민족형성의 이론」, 『민족이론』, 문학과지성사, 1985; 신용하, 『한국 근대민족주의의 형성과 전개』 서울대학교 출판부, 1987.
19. 차기벽, 『한국 민족주의의 이념과 실태』, 까치, 1978,

면 우리가 알고 있는 모든 것은 담론적으로 구성된 것일 뿐이다. 여기서 담론이란 개념은 모든 사상은 고정불변의 진리가 아니라 일시적, 우연적으로 구성된 것이며, 참과 거짓 역시 구성된 것이기 때문에, 진리는 존재하지 않으며 진리 주장은 억압의 논리라는 이론을 전제하고 있다. 이런 관점에 따르면 만고의 진리처럼 여겨지던 민족 역시 민족주의라는 담론에 따라 만들어진 것이고, 나아가 민족주의 또한 복수의 누군가에 의해 만들어진 것이다. 따라서 민족 혹은 민족주의는 근대의 탄생물일 뿐, 절대적 진리가 아니다. 오히려 민족주의는 특정한 세력이 지배를 정당화하기 위해 만든 담론이고, 개인의 자유와 자아실현을 억압하는 집단주의적 논리일 뿐이다. 이러한 논리에 따르면 우리의 민족주의는 정치공동체 내의 다양한 집단의 자기실현을 가로막고 억압하는 특정 세력의 집단주의적 논리이고, 따라서 탈근대 사회에서는 극복해야 할 논리에 불과하다고 주장된다.[20]

다음으로 민족주의에 대한 인식은 세계화에 의해 근본적으로 변화되기 시작했다. 1980년대 말에 이르면 그 이전에는 소수의 사람만이 다니던 해외여행이 자유화되었고 1990년대 들어 교통·통신기술의 비약적 발전에 따라 세계화가 가속화되었다. 게다가 당시 집권 세력이었던 김영삼 정권이 세계화를 국정 목표로 설정하면서 한국 사회는 급속히 세계와 소통하기 시작했다. 늘어나는 해외여행, 경제적 세계화에 따른 개방의 확대와 이에 따른 인적, 문화적 교류의 급격한 확대, 그리고 결정적으로 인터넷의 발전은 사람들의 시야를 급속히 세계로 넓혔고, 이

---

20. 민족주의의 유용성을 부정하는 탈근대적 입장에 관해서는 임지현, 『민족주의는 반역이다: 신화와 허무의 민족주의 담론을 넘어서』, 소나무, 1999; 권혁범, 『민족주의와 발전의 환상』, 솔, 2000; 권혁범, 『민족주의는 죄악인가』, 아로파, 2014 참조.

는 사람들로 하여금 우리 민족 및 민족주의에 대한 인식에 근본적인 변화를 가져오게 했다. 세계화와 함께 상식의 차원에서도 단일민족 신화는 서서히 해체되기 시작했고, 개인의 이익과 민족의 이익, 우리 문화와 세계 문화에 관한 다양한 담론이 다방면에서 나타나기 시작했다. 이러한 사회 구조적 변화는 보편적인 세계 문화 발전 속에 전통적인 민족 문화의 미래는 어떻게 될 것인가, 나아가 민족주의가 사라질 것인가에 관한 질문으로 이어진다.

이러한 전환기에 민족주의 이론에 가장 큰 영향을 미친 사람은 베네딕트 앤더슨(Benedict Anderson)이다. 그에 따르면 '민족은 상상의 공동체(imagined community)'다. 다시 말해, 민족은 어떤 객관적인 조건에 의해 생성되는 것이 아니라 '제한되고, 주권을 가진, 공동체로 상상된 것'이다. 민족의 형성사에 관한 저서라 할 수 있는 『상상의 공동체』에서 앤더슨은 민족주의, 민족성 등의 민족에 관한 담론을 특수한 '문화적 조형물'로 규정한다. 민족주의는 금속활자의 발명과 자본주의의 발흥으로 형성된 '인쇄 자본주의(print capitalism)', 즉 신문과 책과 같은 출판물의 대량생산이라는 사회 구조적 조건을 기반으로 나타난 것으로 신문이 도달하는 범위 내에서 기존의 문화 개념[21]을 대치하는 공통의 문

---

21. 기존의 문화 개념은 다음 세 가지로 이루어진다. 첫째, 특정한 경전언어가 바로 진리와 뗄 수 없는 부분이기 때문에 존재론적 진리에 접근할 수 있는 특권을 경전언어가 제공한다는 개념, 둘째, 사회가 상위 중심부 밑에서 이 중심부를 둘러싸고 자연스럽게 조직된다는 믿음, 셋째, 우주관과 역사가 구별되지 않고 세계의 기원과 인간의 기원이 본질적으로 같다고 보는 시간 개념이다. Anderson, B., *Imagined Communities—Reflections on the Origin and Spread of Nationalism*, London: Verso, 1983, p.36.

화를 형성함으로써 민족이라는 새로운 사회적 정체성 혹은 집단적 정체성을 형성한 것이다.[22]

민족주의를 이렇게 이해하면 민족은 근대에 만들어진 것이 명확해진다. 그러나 문제는 여기에 머물지 않는다. 구성주의적 관점을 더욱 밀고 나가면, 민족주의는 규범적으로 올바른 것인지, 민족 혹은 민족주의는 앞으로도 지속될 수 있는 것인지, 그리고 아직 통일을 이루지 못한 우리에게 있어 민족주의는 통일의 이념이 될 수 있는지 등 민족 및 민족주의에 관한 근본적인 질문이 이어지게 된다. 이에 대해 민족주의의 지속을 주장하는 학자들은 민족주의가 무엇보다 남북한을 통합하는 이데올로기라는 점에서 여전히 유용하다고 주장하는 반면, 민족주의를 부정하는 학자들은 민족주의가 외부의 적을 만들어 내부의 반대자를 억압하는 이념이며 세계화 시대에는 더 이상 지속가능하지 않은 이념이라고 주장한다. 물론 이러한 논쟁은 아직도 뚜렷한 결론을 내리지 못한 채 이어지고 있다.[23]

이상의 논의를 종합하면 민족은 근대라는 조건에서 민족주의라는 담론에 의해 사회적 정체성으로 형성된 것이다. 그리고 민족주의는 혈연,

---

22. 여기서 주의해야 할 것은 상상의 공동체가 허구적 공동체가 아니라는 점이다. 담론적 접근에 따르면, 담론은 물질적 토대를 가진 현실적인 것이다. 따라서 민족은 역사적 실체이며, 국립묘지로 물질화되고 개인이 죽음을 선택할 만큼 개인의 행동에 영향을 미치는 실체이다.
23. 민족주의 지속을 주장하는 견해는 김동춘, 「국제화와 한국민족주의」, 『역사비평』 계간27호, 1994; 김동춘, 「1980년대 한국의 민족주의—고도산업화시대의 때늦은 민족주의」, 한국현대사연구회 엮음, 『한국현대사와 민족주의』, 집문당, 1996; 박명규, 「민족사회학: 국제화 시대의 민족과 민족문제」, 한국사회학회 엮음, 『21세기의 한국사회학』, 문학과 지성, 1994; 김정훈, 『87년 체제를 넘어서』 한울, 2010, 12장 참조.

언어, 문화 등의 객관적 전통을 발명함으로써 집단 구성원에게 '우리 의식'을 부여하고 이를 통해 집단 구성원들을 하나로 만드는 담론이다. 적어도 근대 민족은 이러한 과정을 통해 형성되었고, 이런 의미에서 민족이 민족주의를 만든 것이 아니라 민족주의가 민족을 만들었다고 할 수 있다.

민족주의가 민족을 만들었다는 것은 개별 민족이 처한 조건만큼이나 민족주의가 다양하다는 것을 의미한다. 다시 말해서 민족주의는 근대화의 조건, 식민지의 경험, 민주화의 정도 등 다양한 역사적 경험과 제도에 의해서도 규정되지만, 그러한 조건 속에서 행동하는 사람들의 전략에 의해서도 구성된다. 민족주의는 다양한 조건과 개념의 결합이고, 그런 의미에서 담론구성체라 할 수 있다. 민족주의가 다양한 사회경제적 조건에 의해 일방적으로 결정되지 않는 담론구성체라면 민족주의에 관한 연구는 누가 어떤 민족주의 담론구성체를 만들었는지에 관한 연구에 의해 더욱 완벽해질 수 있다.[24]

---

24. Calhoun, C., 앞의 책.

2. 야누스의 얼굴을 한 민족주의

우리에게 민족주의는 진리일 뿐 아니라 정의로 인식되어 왔다. 최근까지도 우리나라에서 민족주의를 부정한다는 것은 곧바로 조국과 민족을 부정하는 것과 같은 의미였고, 조국과 민족을 부정하는 일은 규범적으로 절대 하지 말아야 할 행위로 인식되었다. 이는 우리의 민족주의가 외세에 대항해 자주와 독립을 추구하는 저항적 민족주의의 성격을 갖고 있기 때문이다. 우리의 민족주의가 규범적, 도덕적으로 부정할 수 없는 일민족-일국가를 추구했던 저항민족주의적 특성을 가졌기 때문에 우리는 민족주의에 대한 긍정적인 인식을 쌓아올 수 있었다.

민족주의를 긍정적으로 인식하는 우리의 상식과 달리 서구로 눈을 돌려 본다면 우리는 매우 다른 생각과 마주치게 된다. 만약 당신이 유럽으로 배낭여행을 떠나 그곳에서 현지 친구를 사귀고 서로의 나라에 관해 이야기한다고 해보자. 당신은 우리 민족의 유구한 역사를 설명할 것이고, 독립운동의 역사도 설명할 것이며 나아가 현재의 놀라운 정보통신 기술과 케이팝(K-pop)을 자랑할 수 있을 것이다. 그러면서 당신은 이렇게 훌륭한 역사를 가진 대한민국을 사랑한다며, 자신을 민족주의자(nationalist)라고 자랑스럽게 이야기할 수도 있을 것이다. 그러나 바로 그 순간 당신은 나치 같은 극우주의자로 오해받을 수 있다. 왜냐하면, 히틀러를 경험한 유럽에서 민족주의는 부정적인 개념이기 때문이다. 만약 당신이 대한민국에 대한 사랑을 표현하면서도 서구 사람들에게 오해를 받지 않으려면 당신은 자신을 애국주의자(patriot)라고 소개하는 것이 좋다. 서구 사람들은 좋은 애국주의와 나쁜 민족주의라는 이분법을 갖고 있기 때문이다.

민족주의가 긍정적인 의미를 갖는다면, 다시 말해서 민족주의가 규범적으로 올바른 이념으로 인정될 수 있다면 그것은 무엇보다 민족주의가 특정한 조건을 가진 사람들, 즉 특정 영토안에 사는 사람들, 혹은 특정 역사 혹은 언어를 공유하는 사람들을 '동등한 권리'를 가진 사람들로 규정하기 때문이다. 민족주의는 민족의 구성원은 모두 동등한 권리가 있음을 전제함으로써 민족이라는 '우리'를 만든다. 이런 의미에서 민족주의는 정의로운 이념으로 인정받을 수 있다.

민족이 근대적 현상인 것은 바로 이 '동등한 권리' 때문이다. 봉건제 사회에서 근대 사회로의 이행에서 가장 중요한 사건은 신분제의 해체였고, 신분제의 해체는 모든 사람을 동등한 권리와 의무를 진 사람으로 만들었으며 바로 이런 때에 이르러서야 봉건영주와 농노가 '시민'이라는 우리로, 즉 '동등한 권리를 가진 개인으로 구성된 민족'으로 탄생할 수 있었던 것이다.

민족주의는 신분제의 해체를 전제해서만 가능할 수 있고, 그런 의미에서 민족주의는 그 자체로 규범적으로 올바르다. 학계에서 흔히 좋은 민족주의의 원형으로 프랑스 혁명으로 탄생한 프랑스의 민족주의를 말하고 이것을 '시민적 민족주의'로 유형화하는 반면, 혈통에 기반을 둔 '종족적 민족주의'를 나쁜 민족주의로 구별하는 이유는 민족주의의 규범성을 판단하는 기준이 바로 민족 구성원의 '동등한 권리'를 인정하느냐, 인정하지 않느냐에 있기 때문이다.

민족주의가 '우리'를 만들어 냈다는 것은 민족주의가 현대 사회의 난

제 중의 하나인 '사회통합'을 이루는 데 중요한 기능을 했다는 것을 의미한다. '만인과 만인의 투쟁'이라고 할 수 있는 현대 사회, 즉 개인주의적이고 합리적인 개인들의 다양한 이익과 가치를 통합하기 위해서는 그들을 하나로 묶을 수 있는 이데올로기가 필요하고, 민족주의는 이런 면에서 가장 접착력이 높은 이데올로기였다.

이런 의미에서 민족주의는 근대 사회의 대중 종교라 할 수 있다[25]. 서양 중세 사회에서는 종교가 사회통합을 이루는 핵심적인 이데올로기였지만 종교의 절대성을 부정하고 등장한 근대 사회에서는 민족주의가 종교의 역할을 대신하여 사회통합의 기제로 작동하기 때문이다.[26] 그런데 사회통합은 긍정적 의미를 가질 수도 있고, 부정적 의미를 가질 수도 있다. 공통의 목표가 있을 때 사회통합은 긍정적으로 작동한다. 외부의 적을 물리쳐야 한다거나, 경제발전을 하려고 할 때 사회통합은 긍정적인 힘으로 작동한다. 예를 들어, 아이엠에프(IMF) 외환위기 시기에 나타났던 '금 모으기 운동' 같은 것은 한국 사회가 민족주의로 사회통합이 잘 되어 있음을 상징적으로 보여 준다.

그러나 만약 공통의 목표가 강요될 때, 혹은 공통의 목표가 기득권 집단의 지배를 위해 이용될 때, 민족주의의 사회통합이라는 기능은 부정적 역할을 한다. 민족주의가 종교를 대신한 근대의 신이라면, 근대 사회의 지배 세력은 지배의 정당성을 보장받기 위해 민족주의 담론을 지

---

25. Gramsci, A., *Further Selections from the Prison Notebooks*, Minneapolis: University of Minesota Press, 1995, p.359.
26. Richmond, A. H., "Ethnic Nationalism and Post-Industrialism", Hutchinson, J. & Anthony D. Smith (eds.), *Nationalism*, Oxford: Oxford University Press, 1994.

배를 위한 이데올로기로 활용하기 때문이다. 대표적인 예가 나치의 아리안 민족주의라 할 수 있다. 히틀러는 민족적 통합과 발전이란 명분 아래 유태인이라는 외부의 악을 만들어 그들을 말살하려 했을 뿐 아니라 내부의 갈등을 민족의 이름으로 억압했다. 나이키 이리안 민족주의에 세뇌된 독일인들은 이러한 일을 자발적으로 행하는 모습을 보이기까지 했다. 이런 의미에서 민족주의는 깨어있는 시민들에게는 최대의 억압적 이데올로기일 수도 있다.

이렇게 민족주의는 두 얼굴을 가진 야누스이다. 그리고 흔히 이러한 민족주의의 규범적 양면성을 구별하기 위해 좋은 시민적 민족주의와 나쁜 종족적 민족주의의 이분법을 사용한다. 전자의 경우, 민족 정체성은 정당한 입헌국가의 구성원에 의해 확립된 것으로, 민족의 구성원은 무엇보다도 시민으로서의 정치적 정체성으로 정의된다. 이에 비해 후자의 경우, 민족 정체성은 정치적 시민권과 구별되고 그것에 선행하는 문화적이거나 종족적인 기준이라는 토대를 통해 정의된다.[27]

민족이 국가를 만든 비서구 사회의 경우, 민족주의는 국가 없이 이루어져야 했기 때문에, 다시 말해서 민족을 먼저 만들어야 했기 때문에 가장 쉬운 구별법인 객관적 특성을 강조하는 형태, 즉 '종족적 민족주의'의 형태를 띠었다. 비서구 사회 민족주의의 이러한 성격을 서구 민족주의 연구자들은 비서구 사회 민족주의가 규범적으로 올바르지 않다

---

27. Smith, A., 앞의 책, 4장. 민족주의를 좋은 시민적 민족주의와 나쁜 종족적 민족주의로 구별하는 것은 서구적 이분법이다. 이러한 이분법에 따르면 종족적 민족주의 성향이 있는 비서구 사회의 민족주의는 모두가 나쁜 민족주의이다. 그러나 비서구 사회의 민족주의는 기본적으로 두 요소가 혼합된 혼종형 민족주의일 뿐 아니라, 민족주의 그 자체가 갖는 민주주의적 성격으로 인해 긍정적 요소를 내포하고 있다.

는 증거로 활용했다. 이들은 동/서의 이항 대립에 근거해 좋은 민족주의와 나쁜 민족주의, 좋은 애국주의와 나쁜 민족주의로 나누는 이분법을 사용하였다.[28] 서구의 민족주의 연구는 한스 콘(Hans Kohn)의 서구/비서구 구분에서 잘 나타나듯이, 민족주의를 서구적 근대화 및 산업화와 일치시킴으로써 서구의 민족주의를 진보적, 합리적 민족주의로 인식하는 반면 비서구 민족주의를 비합리적, 퇴영적으로 규정했다.

민족주의는 민주주의의 원리를 내장하고 있고 따라서 민주주의 발전의 내적 동력으로 작용했다.[29] 민족주의는 대내적, 대외적 의미에서 민주주의의 핵심적 원리, 즉 자기 결정 원리의 발전에 기여했다. 대내적으로 민족주의는 민족을 구성하기 위해 자기 결정의 주체, 즉 개인들에게 동등한 권리를 부여했고, 이는 인민주권과 민주주의 발전에 기여했다. 또한, 대외적으로 민족주의는 집단적 자기 결정, 즉 민족자결을 규범화했다. '1민족, 1국가'라는 민족자결주의는 민족국가 체계로 이루어진 국제관계에서 민주주의의 대외적 실현을 위한 원리였고, 비록 현재는 이상적 형태로 실현되고 있지는 못한다고 하더라고 국제관계를 제어하는 핵심적인 규범이라 할 수 있다.

집단적 자기 결정이 실현되지 못했던 제국주의 시기, 즉 한 민족의 의사와 관계없이 제국주의 국가가 강압으로 다른 민족을 식민지화하던

---

28. J. 플라메나츠, 「민족주의의 두 가지 유형」, 유진 카멘카 편, 『민족주의』(문학과사회연구소 옮김), 청하. 1986; Calhoun, C., 앞의 책, 5장.
29. 칼훈(Calhoun)은 민족 및 민족주의는 시작부터 근대적인 정치적 공중의 창출과 관련되어 있다고 주장한다. 그는 민족주의는 첫째, 정치적 정당성의 원천을 인민으로 하는 이데올로기의 변형, 둘째, 물질적 하부구조인 운송, 통신기술의 발달, 셋째, 경제적 통합, 넷째, 국가 행정 능력의 발달과 결합되어 있다고 주장한다. Calhoun, 앞의 책.

시기에 약소민족이 민족주의를 주장한다는 것은 민족주의에 내장된 민주주의의 원리를 주장한다는 것을 의미하며, 따라서 민족주의는 민주주의의 이념이었다.

식민지를 경험한 비서구 사회에서 민족주의는 정치공동체 구성원의 통합 기제이고 독립의 정당성을 보여 주는 근거였다. 식민지를 경험한 비서구 사회 대중은 제국주의에 대해 반대하여 독립 국가를 달성하는 것만이 현재의 질곡을 벗어나 개인적 자기실현이 가능할 수 있는 유일한 길이라 인식했다. 따라서 이들에게 민족주의는 단순히 제국주의에 대한 반대를 의미하는 것이 아니라 자신의 권리를 실현하는 것을 의미했다. 이런 의미에서 비서구 사회의 민족주의는 종족적 요소만이 아니라 시민적 요소가 기본적으로 결합해 있었다.

우리 사회의 민족주의 역시 양면적이다. 우리의 민족주의 역시 긍정적인 요소와 부정적인 요소, 즉 시민적 요소와 종족적 요소가 공존한다. 또한, 누가 주장했는지에 따라 아주 다양한 민족주의가 존재한다. 이런 의미에서 우리의 민족주의를 이해하기 위해서는 민족주의를 규범적으로 이해하는 관점으로 벗어날 필요가 있다.

민족주의는 두 개의 얼굴을 가진 야누스이므로, 민족주의를 올바로 이해하기 위해서는 그 두 얼굴을 동시에 보려고 노력해야 한다. 특정한 민족주의 담론이 특정 환경에서 어떤 영향을 미쳤는지에 관한 면밀한 검토가 있고 나서야 우리 민족주의의 전모를 파악할 수 있을 것이다.

3. 민족주의와 식민주의

앞에서 언급했듯이 1990년대 전까지 우리 사회에서 민족주의는 '신화'였다. 우리 사회에서 민족주의가 신화였던 이유는 우리 사회가 근대화의 과제, 즉 민족의 독립, 산업화, 민주화를 이루지 못했기 때문이다. 우리는 근대화 시기에 일본 제국주의의 식민지를 경험했을 뿐만 아니라 해방이 되고도 분단국가가 되어 진정한 통일독립국가를 건설하지 못했다. 산업화는 1960년대에 겨우 시작하였고, 민주화는 1987년이 되어서야 이룰 수 있었다. 이러한 미완성의 늦은 근대화는 민족주의를 달성해야 할 목표로 만들었고, 그런 의미에서 민족주의는 '신화'가 되었다.

1990년대 들어 상황은 변했다. 세계사적으로 유례없는 산업화와 민주화를 동시에 이루었고, 냉전의 해체와 세계화로 사람들 인식의 지평도 넓어졌다. 이러한 과정에서 유입된 담론적 접근은 다양한 사회과학의 영역에서 기존의 인식을 파괴했는데, 특히 민족주의와 관련해서 오리엔탈리즘[30]의 유입은 기존의 인식을 근본적으로 해체했다.

에드워드 사이드(Edward Said)는 서양은 동양을 물리적 힘만이 아니라 정신적으로 지배했고, 그 정신적 지배의 담론이 오리엔탈리즘이라 주장한다. 서양이 동양을 지배하기 위해 생산한 지식인 오리엔탈리즘의 이분법에 따르면 동양은 정신적이고, 서구는 물질적이다. 또한, 동양

---

30. '오리엔탈리즘'은 사이드(E. Said)의 개념이다. 그에 따르면 서양은 동양을 총과 대포와 같은 물리력으로만 지배한 것이 아니라 정신적으로도 지배했고 이 정신적 지배를 표현하는 개념이 오리엔탈리즘이다. 서구 제국주의가 제3세계를 침략할 때 군대와 함께 문명화의 사명으로 가득 찬 선교사가 같이 갔다는 것은 서구의 물질적, 정신적 지배를 잘 보여 준다. 에드워드 사이드, 『오리엔탈리즘』(박홍규 옮김), 교보문고, 1991.

은 야만적이고, 서구는 문명적이라는 이분법도 있다. 이 이분법에 따르면 동양은 정신적이기 때문에 물질문명이 발달하지 못했고, 따라서 근대화에 늦을 수밖에 없었다. 또한, 동양은 야만적이기 때문에 서양이 동양을 지배하는 것은 약탈과 착취가 아니라 동양을 문명화시키는 것이다. 서양 제국주의자들이 동양을 침략할 때 군대와 함께 선교사가 함께 간 것은 이들의 관점에서 '문명화의 사명'을 수행하려 했기 때문이다.

중요한 점은 서양이 이러한 이분법을 만들어 냈다는 사실이 아니라 동양 사람들, 정확하게는 비서구 사회의 사람들이 이러한 이분법을 수용했다는 것이다.[31] 우리 역시 동양은 정신적, 감성적이고 따라서 비합리적이라 생각하며, 동양은 서구보다 뒤처졌으니 빨리 서구의 문명을 배워야 한다고 생각했다. 나아가 서양은 모든 근대적 현상의 모범이고, 비서구 사회는 서구 사회를 배워야 한다고 생각했다. 그리고 이러한 인식은 지금까지도 우리 사이에 다양한 변주로 남아 있다.

서양을 모범으로 인식한다면 우리는 이미 정신적으로 지배당하는 것이다. 이러한 인식하에서 우리 행위의 기준은 서양이 될 수밖에 없고, 우리가 할 수 있는 일이라고는 기껏해야 서양의 모범을 최선을 다해 복사하거나 서양적 기준을 가장 잘 준수하는 것일 수밖에 없기 때문이다. 근대 이전까지 세계에서 가장 발달한 지역은 중국이었고 서구의 중세에는 마녀사냥이 횡행할 만큼 그들도 대단히 비합리적이었음에도, 우리는 오리엔탈리즘에 세뇌되어 서양 사람들은 항상 그리고 모두가 합리적이고 서양은 항상 경제가 발전한 풍요로운 곳이라는 인식을 지금

---

31. 오리엔탈리즘이 말하는 동양과 서양은 공간적인 개념이 아니다. 공간적 의미로 말한다면 서구/비서구라는 개념이 더 정확할 것이다. 이런 의미에서 이 책에서는 동/서 이분법과 서구/비서구 이분법을 같은 의미로 문맥에 따라 혼용해서 사용한다.

도 가지고 있다. 나아가 서양적 미의 기준이 우리의 미의 기준이 되어 서양적 얼굴과 몸을 만들기 위해 성형마저도 불사했다는 점에서 알 수 있듯이 우리는 경제력과 군사력이라는 물리적인 힘에서뿐만 아니라 정신과 육체마저도 서구에 지배당하고 있었다.

오리엔탈리즘이 민족주의 이론에 영향을 미쳐 생성된 '탈식민주의(post-colonialism)' 이론의 유입은 민족주의에 대한 인식을 근본적으로 바꾸어 놓았다. 탈식민주의 이론에 따르면 비서구 사회가 서구에서 생산한 지식에 지배된 것처럼 비서구 사회의 민족주의 역시 서구적 모범을 모방한 것이다. 따라서 비서구 사회의 민족주의는 서양이 만든 서구/비서구라는 이분법에 따라 서구의 민족주의를 그대로 모방한다는 점에서, 그 의도와는 달리, 서구로부터 해방된 이념이 아니라 서구에 재복속하는 이념이다. 또한, 비서구 사회의 민족주의는 서구적 민족주의의 단계에 도달하지 못한, 아니면 나쁜 서구의 민족주의를 복사한 민족주의로 규범적으로도 나쁜 민족주의로 이해된다.

오리엔탈리즘의 목적이 비서구 사회의 자발적 복종을 폭로하는 데에 있듯이, 탈식민주의 이론의 목표는 비서구 사회의 지배층이 생산한 민족주의의 억압성을 폭로하는 데에 있다. 다시 말해서 비서구 사회의 민족주의가 저항민족주의적 성격을 가지고 있어서 민족해방이라는 명분으로 무조건적인 옹호의 대상이었지만, 탈식민주의자들이 보기에는 민족해방이라는 대의명분하에서 민족 내부의 수많은 하위 계층의 목소리를 억압하는 이념이었다. 탈식민주의자들은 민족주의의 억압성을 폭로함으로써 민족주의의 규범성을 해체하고 나아가 개별 국가 단위에 갇혀있는 근대적 상상력을 넘어서려고 했던 것이다.

오리엔탈리즘과 탈식민주의의 문제 제기는 민족주의에 대한 인식의 지평을 넓혀주었지만, 그 결과는 민족주의를 부정하는 것 혹은 민족주의를 해체하는 것으로 나타났다. 그러나 과연 민족주의는 부정되어야 할 것인가? 서구/비서구의 이분법을 사용했다고 해서 그것이 반드시 서구의 지적-정신적 지배를 무의식적으로 그리고 자발적으로 재생산하는 것일까? 비서구 사회의 민족주의는 서구의 민족주의를 단순히 모방하기만 한 것일까? 만약 그렇다면 비서구 사회의 탈출구는 과거로 돌아가거나 아니면 모든 인식을 해체하고 끊임없이 탈주할 수밖에 없는 것인가?

근대 사회가 형성되면서 지식은 서구 중심으로 구성되었고, 서구 제국주의의 압도적인 지적 지배력 속에 비서구 사회는 서구적 지식을 채용할 수밖에 없었다. 그러나 중요한 것은 오리엔탈리즘의 압도적인 영향력이 존재했지만, 비서구 사회는 비서구 사회의 눈, 즉 옥시덴탈리즘(Occidentalism)[32]으로 서구 사회를 상상했다. 그리고 이런 상상은, 비서구 사회의 사람이 아무리 서구의 시각을 복사하려고 해도 결국은 비서구 사회의 관점에서 복사할 수밖에 없다는 인식론적 한계에 의해, 말 그대로 동양인의 관점에 의한 상상일 수밖에 없다. 더구나 서구를 상상하는 사람이 자신이 처한 위치에서 자신의 이익을 위해 서구를 상상한다면 그 서구는 상상하는 사람의 이익에 따라 충분히 변형되거나 왜곡될 수 있다. 이런 의미에서 서구 민족주의를 그대로 복사하는 것은 근

---

32. Chen, X., *Occidentalism-A Theory of Counter-Discourse in Post-Mao China*, New York: Oxford University Press, 1995.

본적으로 불가능하고, 모방도 환경에 제약되고 의도에 따라 편향될 수밖에 없다.

지금도 마찬가지지만 우리가 아무리 서구를 모방한다고 해도 모방으로 나타난 생산물은 순수한 서구의 것이 아니라 우리와 서구가 교묘하게 뒤섞인 혼성물일 수밖에 없다. 민족주의 역시 마찬가지다. 서구/비서구의 이분법을 사용한다는 것은 곧바로 서구의 지배를 의미하는 것이 아니며, 서구의 민족주의를 모방했다고 해서 서구의 민족주의를 그대로 복사할 수도 없다.

비서구 사회의 민족주의를 이렇게 이해하면 민족주의를 꼭 규범적으로 이해하지 않고도, 그리고 서구 민족주의를 평가의 기준으로 제시하지 않고도 비서구 사회의 민족주의, 즉 우리의 민족주의를 이해할 수 있는 틀을 만들 수 있다. 이런 관점에 따르면 역사적으로 서구의 민족주의가 항상 합리적인 것도 아니었고, 비서구 사회의 민족주의가 서구적인 모범을 그대로 복사한 것도 아니었다. 서구의 민족주의가 다양하고 양면적인 것처럼, 비서구 사회의 민족주의 역시 다양하고 양면적일 수밖에 없다. 그리고 더욱 중요한 점은 한 민족 내에서도 민족주의를 상상한 주체가 매우 다양할 수 있다는 것이며, 따라서 민족주의 역시 다양할 뿐 아니라 다양한 집단의 이익을 대변한다는 것이다.

서구, 비서구를 막론하고 민족주의에 관한 연구는 '누가 상상하는가'에 초점을 맞추어야 한다. 특히 비서구 사회의 민족주의에 관한 연구는 '누가 서구와 비서구를 어떻게 상상했는가'에 초점을 맞추어야 한다. 비서구 사회의 구성원은 제국주의의 침략 속에서 민족을 상상할 수밖에 없었기에 비서구 사회의 민족주의에서 서구라는 전제를 무시하고 민족을 상상하는 것은 불가능하다. 하지만 비서구 사회의 구성원은 자신이 처한 조건과 인식에 따라 서구를 다양한 방식으로 상상했을 뿐 아니라 자기 민족의 전통, 이익, 사명을 다양한 방식으로 구성했다는 점 역시 간과해서는 안 된다.[33]

서양에서 발명된 민족주의를 비서구 사회에서 모방할 때, 다시 말해서 비서구 사회가 민족주의를 통해 민족을 형성하고, 민족국가를 건설하려고 할 때 민족주의를 구성하는 세력은 근본적인 딜레마에 부딪히게 된다. 비서구 사회의 민족주의 구성 세력은 서구의 압도적인 물리적 힘에 대응하기 위해 서구를 따라잡아야 하지만, 다른 한편으로는 서구를 일방적으로 흡수한다면 민족 정체성이 위기에 처하는 딜레마에 빠지게 되기 때문이다. 서구를 받아들이자니 민족적 정체성을 잃어버릴 위험이 있고, 민족적 정체성을 주장하자니 서구의 물리적 힘에 대항하기 힘든 논리적 딜레마가 만들어지는 것이다. 비서구 사회의 민족주의는 이러한 딜레마의 해결 과정이며, 이 해결 과정이 바로 서구와 비서구, 즉 외세와 우리를 재구성하는 함으로써 새로운 민족 정체성을 만들어 내는 특정한 민족주의 담론의 형성 과정이다.

비서구 사회의 민족주의자들이 이 딜레마를 해결하는 방식은 논리적으로는 크게 세 가지로 나뉠 수 있다. 먼저, 체제 고수형이다. 민족의 전

---

33. 인도 민족주의 연구자인 짯데르지(Chatterjee)에 따르면, 비서구 사회의 민족주의를 연구하기 위해서는 민족주의가 유럽이 수출한 가장 치명적인 자유의 파괴자라는 허구를 버려야 한다. 민족주의는 다양한 조건에 처한 비서구 사회의 주체들에 의해 다양하게 만들어졌기 때문에 비서구 사회의 민족주의를 연구하기 위해서는 '누가 상상하는가'라는 문제에 집중하여야 한다. Chatterjee, P., *Nationalist Thought and the Colonial World: A derivative Discourse?*, London: Zed Press, 1986.

통과 신화에 기대어 서구를 극복할 수 있다는 일단의 신화적 사고라 할 수 있다. 그러나 우리의 위정척사론의 경험에서 알 수 있듯이 기존의 것을 그대로 고수하면서 서구를 극복하려는 방식은 현실적으로 불가능하다.

다음으로는 무조건적인 서구 수용형이다. 서구의 압도적인 힘을 인정하고 급속히 서구의 문명을 받아들여야 한다는 사고는 쉽게 서구의 지배에 대한 정신적 복종으로 나타나게 된다. 우리의 경우 문명개화론자들이 이에 속한다. 이들은 일본식으로 번안된 서구의 사회진화론, 즉 국제관계는 양육강식, 적자생존의 법칙이 지배하는 관계이고, 이러한 환경에서 살아남기 위해서는 급속한 문명개화밖에 없다고 생각했다. 따라서 이들은 문명개화를 위한 노력을 했지만, 일제의 식민통치가 굳어지자 일본의 지배를 자연의 법칙으로 받아들였다. 한편으로는 이승만처럼 더욱 문명화된 국가인 미국에 신탁통치를 청원하거나, 다른 한편으로는 일본에 독립하기보다는 자치를 추구하는 전략을 추구하였다. 서구 수용형은 '정신적 지배'를 의미하는 오리엔탈리즘의 가장 전형적인 사례라고 할 수 있다.

마지막으로 서구와 동양을 재구성하려는 '혼합형'이다. 이는 가장 명시적으로 나타났을 뿐 아니라 비서구 사회에 가장 현실적으로 영향을 미친 방식이다. 이 방법은 다시 위로부터의 방법과 아래로부터의 방법으로 나눌 수 있다. 위로부터의 민족주의 구성으로 대표적인 것이 한국의 동도서기[34], 일본의 화혼양재, 중국의 중체서용과 같이 정신과 물

---

34. 한국의 동도서기론은 역사적으로 1880년대 개화와 척사의 갈등 속에서 동양의 전통적 유교 윤리를 지키고 서양의 과학 기술 문명을 받아들이려 했던 사조를 후세의 학자들이 명명한 것이다. 물론 이런 사고는 박정희가 동일한 언어로 강조할 정

질을 구별함으로써 동과 서를 재생산하는 것이다. 동은 정신, 서는 물질이라는 전형적인 오리엔탈리즘의 이분법을 유지한다는 점에서 이것은 서구의 지배를 받아들이는 것이지만, 다른 한편으로 동을 전통적 지배 질서로 규정하고, 서를 물질문명으로 상상함으로써 기존의 지배 관계를 재생산하는 동시에 서구의 물질문명을 수입한다는 점에서 기존의 지배 질서하에서 서구의 압도적인 힘을 따라잡으려는 전략으로 이해할 수 있다.

아래로부터의 혼합형은 동/서의 이분법을 유지하지만, 동과 서를 상상하는 내용이 다르다. 위로부터의 방법이 동을 '충과 효' 같은 유교적 질서로 상상한다면 아래로부터의 방법은 동을 '민중의 발전사' 혹은 '위대한 민족사'로 전환한다. 또한, 위로부터의 방법이 서구를 물질문명으로 한정한다면 아래로부터의 방법은 서를 물질문명을 포함하여 민주주의나 인권으로 상상한다. 따라서 같은 동도서기라 하더라도 새롭게 구성되어 독립될 민족국가는 과거의 지배 질서를 재생산하는 왕정복고가 아니라 입헌국가라 할 수 있다. 화혼양재에 의한 일본의 제국주의적 근대화가 전근대적인 천황제의 재생산을 낳았다면, 우리 독립운동가들이 새로운 국가를 입헌주의 국가로 상상했다는 점은 두 방식의 차이를 전형적으로 보여 준다.

비서구 사회의 민족주의는 서구를 모방한 것이 분명하다. 그것은 서

도로 우리 역사에 지속적으로 이어지고 있다. 동도서기론에 관해서는 권오영, 「동도서기론의 구조와 그 전개」, 『한국사시민강좌』 7, 1990; 장영숙, 「동도서기론의 연구동향과 과제」, 『역사와 현실』 통권53호, 2003; 박은숙, 「동도서기론자의 '민부국강'론과 민중의식-<한성주보>를 중심으로」, 『한국근현대사연구』 제47집, 2008; 김영작, 「초기 개화파의 '내셔널리즘'의 사상적 구조」, 『한국동양정치사상사연구』 제2권 2호. 2003. 참조.

구 제국주의가 강요한 국제 질서, 즉 베스트팔렌 조약 이후 형성된 전 세계적인 국민국가 체제 내에서 서구 제국주의에 맞서 비서구 사회 민족의 생존을 위해 강요된 것이었다. 즉 서구 제국주의의 억압과 착취를 극복하기 위해서는 근대 민족 및 민족국가를 만들 수밖에 없었고 그러한 의미에서 서구의 민족주의를 모방할 수밖에 없었다.

여기서 중요한 점은 이러한 모방이 비서구 사회의 주민들에 의해 이루어졌다는 것이다. 그들은 자신이 처한 환경에 따라 서구적 모델을 다양한 방식으로 변주했다. 비서구 사회의 민족이 처한 환경에 따라, 그리고 특정 집단 내 민족주의 생산자들의 위치에 따라 그들은 다양한 방식으로 자기 민족의 정체성을 상상했고, 또한 받아들여야 할 서구를 상상했다.[35] 바로 이러한 비서구 사회의 민족주의 담론 창작자들이 자신들만의 민족주의를 발명하는 방식을 일반화하면 바로 위와 같은 3가지 방식으로 일반화 할 수 있다.

비서구 사회의 민족들이 서구의 압도적인 영향력 아래에서 자신들을 구성하는 방식 중에서 가장 일반적인 방식은 동도서기, 중체서용과 같이 정치적 삶과 물질적 삶을 분열하여 재생산하는 방식이다. 이러한 혼합형은 앞에서도 언급했듯이 누구에 의해 어떻게 구성되느냐에 따라 아주 정반대의 이데올로기 효과를 가진다. 나아가 특정 세력이 서구는 물질, 비서구는 정신이라는 이분법으로 보지 않고 서구를 물질과 정신의 이중적 측면에서 재구성하면, 다시 말해서 민주주의 같은 서구의 해

---

35. 한국의 문화, 심리, 행위양식의 특성 역시 고정된 유산이 아니라 한국인이 주어진 상황에서 전략적으로 선택한 것이다. 김광억, 「한국문화론의 정치인류학적 단면: '세계화'와 '신토불이' 사이에서」, 김정오 외, 『한국사회의 정체성과 글로벌 표준의 수용』, 서울대학교 출판부, 2006.

방적 요소를 비서구의 정신에서 찾거나 혹은 서양 정신의 핵심으로 재구성하면 비서구 사회의 민족주의는 생산적일 뿐 아니라 대단히 풍요로운 이념으로 구성될 수 있다.

일반적으로 지배층의 혼합형 민족주의는 서구는 물질, 비서구는 정신이라는 이분법을 재생산하는 담론이었다. 민족의 전통은 카스트와 같은 전통적인 신분 질서나 유교 문화 중에서도 충(忠)과 같은 봉건적 가치로 정의되었다. 이러한 전통적 지배 관계를 재생산하는데 기여하는 전통의 재창조가 대외적으로는 제국주의 세력에 대항하여 민족적 정체성을 구성하는 기능을 할 수 있지만, 대내적으로는 기존의 정치 질서를 정당화함으로써 지배 질서를 재생산하는 지배 이데올로기로 작동하였다.

아래로부터의 민족주의 역시 서구/우리의 이분법은 유지하였지만, 서구와 우리의 구성 방식은 대단히 복합적이었다. 민족의 전통은 동학농민혁명에서 나타나듯이 인본주의적 전통으로 구성되거나, 실학에서 나타나듯이 정전제와 같은 평등주의적 사고로 규정되었다. 또한, 서구를 단지 기술 문명으로만 상상한 것이 아니라 인민주권과 민주주의로 상상했다. 우리와 서구를 이렇게 재구성하면, 대외적으로 민족적 정체성을 확립하면서 대내적으로 봉건 질서를 해체하는 혁명적 사상으로 전환될 수 있다. 우리 민족주의 담론의 형성사는 바로 이러한 복합적 재구성 작업을 통해 일본 제국주의와 봉건적 왕조국가를 이중으로 극복하는 새로운 민족국가 건설사라 할 수 있다.

이렇게 가장 일반적인 혼합형 방식에서도 민족주의는 서구적 지배 질서나 비서구 사회의 지배 질서를 재생산하는 담론이 될 수도 있지만,

민족 내부의 기존 질서를 해체함으로써 서구의 지배를 해체하려는 저항 세력의 해방 담론으로 활용될 수도 있다.[36]

결국, 특정 비서구 사회의 민족주의는 '상상의 주체'에 의해 결정된다. 특정 민족 내부의 누가 상상하는지에 따라, 즉 지배 세력이 상상하는지 아니면 피지배 세력이 상상하는지에 따라 민족의 전통과 서구의 특징이 아주 다르게 재구성될 수 있다. 이러한 상상의 주체, 상상의 내용에 따라, 그리고 그 주체들 간의 세력 관계에 따라 비서구 사회의 민족주의는 다양한 양상을 보인다. 따라서 비서구 사회의 민족주의는 '종족적'이기는 하지만 '민주주의적'일 수 있고, 다른 한편 '권위주의적'일 수도 있다. 문제는 비서구 사회의 민족주의의 전형성이 아니라 민족을 상상한 세력, 그리고 그들이 상상한 민족의 내용이다.

---

36. Chen, 앞의 책.

4. 한국 민족주의와 행위양식

이제까지의 논의를 정리하면 민족 및 민족주의는 근대적 현상이고, 민족을 구성한다는 것은 혹은 민족을 구성하는 민족주의 담론을 생산한다는 것은 한 민족이 근대라는 환경에서 살아남기 위한 근대화 전략이다. 이것은 민족의 전통을 발명함으로써 민족의 정체성을 구성하면서, 다른 한편 민족의 현재 이익과 미래의 사명을 구성원에게 일깨워주는 것이다. 민족주의 담론을 통해 민족의 구성원은 자신이 누구인지를 깨닫고 어떻게 행동해야 할지를 배운다. 민족주의 담론은 근대에 구성된 사회적, 집단적 정체성이며 또한 개인을 특정하게 행동하게 만드는 행위양식의 하나이다.

우리에게도 민족주의는 근대화 전략이었고, 근대적 정체성 형성 과정이었다. 우리의 민족주의가 일제 침략에 의한 식민지화 과정에서 형성되었기 때문에 우리의 민족주의 역시 다른 비서구 사회의 민족주의와 비슷하게 '저항민족주의', '종족적 민족주의'의 성격을 띠었다. 그러나 우리의 민족주의는 다른 비서구 사회의 민족주의와는 다른 특징이 있다. 그것은 무엇보다 우리가 서구 국가가 아니라 비서구 국가인 일본에 의해 식민지화되었다는 사실에 기인한다.

대부분의 비서구 국가의 민족주의가 서구/비서구의 이분법을 통해 구성되었다면, 우리는 비서구 사회 중 유일하게 제국주의 국가가 되었던 일본에 의해 식민지화가 되어 '서구는 곧 제국주의'라는 등식이 직접적으로 작동하지 않는 방식으로 식민지화되었다. 이런 상황은 전통의

재생산과 서구의 재생산에서 독특한 특징을 갖게 된다.[37]

먼저, 전통의 재생산에 있어 식민지 시기 대부분의 한국인은 일제가 만든 전통을 강요받게 된다. 일제의 식민지 사회에 대한 영향력은 다른 서구가 지배하는 식민지보다 압도적이었다. 서구 제국주의는 호주 같은 예외적인 경우를 제외하면 대부분 경제적 이익을 위해 착취 식민지를 경영하였고, 통치 방식 역시 간접 지배의 형태를 띠었다. 세계적으로 이러한 방식은 '이중 국가'라는 제도적 기반 아래에서 발전했다. 이중 국가는 서구 제국주의의 간접 지배의 방식으로 나타났는데, 서구 제국주의 국가들은 일반적으로 식민지를 정치적으로 직접 지배하기보다는 권력은 현지 토착 세력에게 주고, 경제적 이득만을 취하는 간접 지배 방식을 택했다. 따라서 이들 지역에서 식민권력은 서구적 물질문명을 재생산했고, 토착 지배 세력은 전근대적 전통을 재생산했다.[38]

일본은 서구와 달리 조선을 정착 식민지화하려 했고, 중앙뿐만 아니라 지방까지 직접 지배 했다. 일본의 직접 지배는 전 세계적으로도 유례를 찾기 힘들다. 직접 통치의 상징처럼 일컬어지는 인도의 영국 관료 비율이 1:28,000명이었는데[39], 식민 시기 한국의 일본 관료 비율은

---

37. 일본의 식민 지배와 일본만의 독특히 식민 지배 방식은 한국의 공식 민족주의, 혹은 권위주의적 민족주의에 강력한 영향을 남겼다. 전통과 서구에 대한 관점에서 보면 그것은 즉 일본의 '화혼양재'를 '동도서기'라는 이름으로 전면적으로 수용하는 과정이라 할 수 있다. 즉 '화혼'이 우리의 전통이 되고, '양재'가 서양의 본질로 규정되었던 것이다.
38. Mamdani, M., *Citizen and Subject-Contemporary Africa and The Legacy of Late Colonialism*, Princeton: Princeton University Press, 1996.
39. 인도는 식민 시기 영국의 통치 기구가 잘 발달하여 독립 이후 경제적 토대나 사회적 기반보다 과도하게 강한 국가가 성립되었다는 알라비(Hamza Alavi)의 과대성장국가론의 모델이 되는 나라지만, 인도에서도 중앙정부를 제외한 다른 부분은

1:420[40]으로 비교할 수 없이 많았다는 점은 일본의 식민 지배가 얼마나 철저했는지를 잘 보여 준다.

긍정적이든 부정적이든 대부분의 비서구 사회에서 전통은 토착민에 의해 재생신되었던 반면, 식민지 조선의 경우 조선어의 금지에서 알 수 있듯이 조선의 전통은 철저히 억압되었고, 일본이 발명한 전통이 소학교를 통해 우리에게 강요되었다. 그리고 천황에 대한 충성을 기본으로 하는 이러한 일본 전통은 해방 후 권력자에 대한 충성으로 전환되면서 한국 지배 세력이 구성한 공식 민족주의에서 우리의 전통으로 이어졌다. 유교의 충효는 국가주의와 집단주의를 지탱하는 전통이 되었고, 권위주의 정권을 지탱하는 이데올로기적 도구가 되었다.

다음으로, 서구에 대한 사고 역시 일본식으로 구성되었다. 일본 지배층에게 서구란 근대화 초기에는 빨리 따라잡아야 할 '물질문명'이었다면, 제국주의 시기에는 극복해야 할 대상이었다. 따라서 그들은 '아시아=일본 정신=진정한 문명/서양=퇴락하는 문명'의 이분법을 만들었고, 우리를 일본 정신이 지배하는 '대동아공영권'에 담아두려 했다. 이런 의미에서 이들에서 서구 문명은 수명을 다한 것이거나 적어도 윤리적으로 문제가 되는 것이었다. 이러한 일본식 서양은 우리의 공식 민족주의에 그대로 침투했고, 지배 세력은 '민족적 민주주의' '한국적 민주주의' 등의 담론으로 서구 민주주의 제도의 유입을 봉쇄했다. 결국, 일

토착민에 의해 간접 지배되었다.
40. 위르겐 오스터함멜, 『식민주의』(박은영,이유재 옮김), 역사비평사, 2006, 30쪽. 인도보다 훨씬 과도한 일본의 식민통치는 일본의 착취와 통제가 얼마나 철저했는지, 즉 다른 비서구 사회의 식민지와 달리 토착민에게 최소한의 자율성도 부여하지 않았음을 잘 보여 주는 동시에 가치와 의식마저 철저히 일본 방식으로 주입하려 했음을 잘 보여 준다.

본이 만든 민족주의가 한국의 공식 민족주의의 기초가 되었고, 이것은 민주화 이전 한국의 권위주의를 재생산하는 핵심 이데올로기였다.[41]

일본에 의한 식민지화는 민족 독립을 추구하는 사람들에게 그리고 해방 후에는 아래로부터의 민족주의를 추구하는 사람들에게 영향을 미쳤다. 독립을 추구한 사람들은 다른 비서구 사회의 민족주의자들과 달리 서구를 구원자로 인식하거나 조력자로 인식하였다. 대표적인 외교론자인 이승만은 일본이라는 악에 대항하여 '문명의 사명'을 가진 서구의 도움으로 독립을 획득하려는 전략을 택했다. 따라서 이들은 서구를 절대선으로 인식했다. 대부분의 독립운동가는 서구를 구원자는 아니지만 독립의 조력자로 여겼다. 물론 정치 노선에 따라서 상상하는 서구가 달랐지만, 이들에게 서구는 적어도 조력자의 의미가 있었다. 따라서 우리 민족주의에서 서구는 부정적인 의미만을 갖는 것이 아니었고, 그런 의미에서 서구는 물질문명뿐만 아니라 민주주의 혹은 전근대의 극복으로도 인식되었다.

이런 의미에서 한국의 민족주의, 더 정확하게 말해서 독립운동부터 이어온 아래로부터의 민족주의는 민주주의를 내장했다. 한국 민족주의의 초기 형성사는 왕정에서 민주공화국으로 이행하는 과정이다. 한국의 민족주의는 왕정 유지→입헌군주제→공화제 순으로 민족주의의 내용을 변화시켜 왔으며 해방이 되었을 때는 더 이상 왕정복고를 주장하는 사람이 없을 정도로 '민주주의적 민족주의'를 형성했다. 따라서

---

41. 한국 식민주의는 '지적 식민성'과 관련이 있다. '일본의 진화(=서구화)와 입신출세주의가 평행관계'에 있듯이 '조선의 발전(=일본화)과 입신출세주의'는 평행관계에 있다. 일본에 관해서는 마루야마 마사오, 앞의 책, 77쪽.

아래로부터의 민족주의는 종족적 민족주의의 성격을 띠지만, 동시에 시민적 민족주의의 성격을 가졌다.

한국 민족주의가 민주주의를 내장했다는 것은 한국의 근대화 과정에서 형성된 개인이 종족적 민족주의에 의한 집단적 개인에만 머물지 않았다는 의미이다. 한국 민족주의의 형성 과정 혹은 한국의 근대적 개인의 형성 과정은 한편으로 개인주의적이고 민주주의적인 개인을 형성하는 과정이면서 동시에 일본이 구성한 전통에 의해 집단주의적이고 유교적인 개인의 재생산 과정이기도 했다.

이런 관점에서 보면 한국 민족주의의 역사는 근대적 개인의 형성사이면서 동시에 근대적 행위양식의 형성사라 할 수 있다. 피식민 근대화의 과정에서 주로 일제에 의해 주입된 전통은 권위주의적이고 연고주의적인 행위양식과 밀접했고, 다른 한편 동일한 과정에서 독립운동 세력에게 선택된 서구 혹은 근대는 개인주의적이고 평등주의적인 행위양식을 강화했다. 물론 이러한 행위양식들은 각 개인이나 집단에 다양한 비율과 다양한 방식으로 접합되었고, 이의 재생산 과정을 통해 특정한 관습 혹은 마음의 습관이 형성되었다.

해방 이후에도 이러한 이중적 민족주의 혹은 이중적 정체성 형성 작업은 계속되었다. 위로부터의 민족주의와 아래로부터의 민족주의가 거시적으로는 독재 대 민주의 정치적 대결로 드러났지만, 미시적으로는 집단주의적이고 연고주의적인 행위양식 대 개인주의적이고 평등주의적인 행위양식의 대결이 이어졌다. 그리고 민주화가 이루어지고 세계화가 일어났을 때 아래로부터의 민족주의인 시민적 민족주의와 개인주의적 민족주의는 한국 민족주의의 주류로 등장했고, 이것이 내장한 개인주의적이고 평등주의적인 행위양식 역시 한국인의 일반적 행위양식으로 형성되고 있다.

한국 민족주의는 '조선왕조'를 살았던 한반도 주민의 근대화 전략이면서 동시에 한반도 주민을 '우리'로 만들기 위한 민족 정체성 형성 담론이었다. 한국 민족주의를 통해 한반도의 주민은 한국인이라는 '민족'이 되었고 근대적 개인이 되었다. 또한, 한반도 주민들이 다양했고, 다양한 사람들은 다양한 민족주의를 추구했기 때문에 민족 정체성은 다양할 수밖에 없었고, 그로 인해 형성된 근대적 개인의 행위양식 역시 다양할 수밖에 없었다. 한편으로 전통이라는 이름으로 연고주의, 집단주의, 권위주의가 재생산되었고, 다른 한편으로는 개인주의, 평등주의, 민주주의가 정착되었다. 그리고 이러한 다양한 정체성이 엇물린 속에 한국은 민족주의를 산업화의 동원 이데올로기로 이용하는 산업화 민족주의가 형성되기도 하고, 민족주의가 민주화의 동력이 되는 민주주의적 민족주의를 구성하기도 하였다. 한국의 민족주의, 나아가 한국의 근대성이 하나가 아니듯 한국인의 행위양식 역시 단일하지 않았다. 우리가 이룬 산업화와 민주화는 다양한 민족주의와 근대화 전략, 그리고 행위양식 간의 역동적인 갈등과 접합의 결과물이었던 것이다.

III. 저항적 민족주의와 민족의 형성

근대 사회의 다양한 민족과 국가의 형성사를 단순하게 정리하면, 국가가 민족을 만드는 방식과 역으로 민족이 국가를 만드는 방식으로 요약할 수 있다. 전쟁이 국가를 만들고 국가가 민족을 만들었다는 찰스 틸리(Charles Tilly)의 주장이 전형적으로 서구적 방식의 민족 및 국가 만들기 방식이었다면, 서구 제국주의의 침략으로 식민지를 경험한 비서구 사회에서는 민족이 국가를 만드는 것이 일반적인 방식이었다. 서구 제국주의의 침략 속에서 비서구 사회의 집단들은 압도적인 서구에 대항하여 자신들을 지키기 위해 민족이라는 공동체를 만들어 냈고, 이 민족공동체를 정치공동체로 만들기 위해 민족 해방과 독립을 위한 투쟁에 뛰어들었다.

국가가 민족을 만든 것이 아니라 민족이 국가를 만드는 경로를 겪은 비서구 사회에서 탄생한 민족주의를 '저항민족주의'라고 부른다. 물론 저항의 주체와 경로가 민족마다 달라서 오랜 식민 투쟁을 겪은 후 아직도 민족 분쟁을 겪는 나라들도 있고, 저항의 과정을 통해 단일한 민족 정체성을 형성하여 단일 민족국가를 형성한 나라들도 있다. 이렇듯 나라마다 성격과 경로가 다르지만, 저항민족주의는 비서구 사회 근대화의 가장 일반적인 특징이라고 할 수 있다.

우리 역시 예외가 아니다. 한국 민족주의의 성격, 특히 태생적 성격을 '저항민족주의'라고 부르는 데에 이론을 제기하는 사람은 드물 것이다. 우리는 근대에 이르러 제국주의라는 압도적인 외적 힘에 대항하여 5천 년 단일민족의 전통을 만들고, '2천만 동포'로 민족을 정의했을 뿐만 아니라 '삼천리금수강산'으로 우리의 영토를 정의하면서 민족을 만들고, 자주 독립국가를 만들었기 때문이다.

우리는 '저항민족주의'라는 비서구 사회 민족주의의 일반적인 특징을 공유하고 있지만, 비서구 사회의 민족 중 아주 강한 민족적 동질성을 가졌다는 점에서 다른 비서구 사회의 민족주의와 구별된다. 우리가 완전한 통일민족국가를 이루지 못한 미완의 민족이지만, 분단된 국가의 주민들이 서로를 민족으로 인식하고 있다는 점에 비추어 보면 민족적 동질성은 이미 형성되어 있다고 할 수 있다. 단일 국가는 이루었지만 아직도 부족 전쟁에 시달리고 있는 아프리카와 비교해 보면, 우리의 민족 동질성은 대단히 강하다는 것은 쉽게 알 수 있다.

우리가 높은 민족적 동질감을 가지고 있다는 것은 우리의 저항민족주의가 민족주의의 핵심인 '우리 의식'을 만들어 냈기 때문이다. 물론 그것은 오랜 문화적 전통에 기인해서이기도 하지만, 우리의 저항민족주의가 단순히 언어적, 문화적 동질성만을 강조해 수직적 통합만을 특징으로 하는 종족적 민족주의만을 구성한 것이 아니라 신분제의 해방을 통하여 만민평등의 수평적 통합을 가능하게 하는 시민적 민족주의 역시 내장하였다는 것을 의미한다. 예를 들어 우리가 입시지옥의 학벌 사회라고 스스로 비판하고 있기는 하지만, 모두가 평등하고 모두에게 동등한 기회가 주어져 있다는 의식이 없었다면 입시경쟁 자체가 일어나지 않았을 것이라는 생각을 해 보면, 우리의 민족주의에 평등주의적 성격이 대단히 강하다는 점을 알 수 있고, 이 점이 바로 '우리 의식'의 핵심임을 알 수 있다.

우리의 민족주의는 저항민족주의에서 출발했지만, 강한 외부의 적을 상정함으로써 나타내는 내적 획일화, 즉 집단주의적 성격뿐만 아니라 '우리는 동등하다'는 내적 민주주의, 즉 평등주의적 성격을 동시에 가지고 있다. 바로 이러한 이중적 성격 때문에 우리 역사는 일시적으로 집단주의 광기에 휩쓸리다가도 바로 민주주의적이고 평등주의적인 교정을 할 수 있었던 것이다. 또한, 바로 이러한 평등주의적 성격 때문에 누구나 열심히 일하면 잘살 수 있다는 사고를 할 수 있었고, 바로 이러한 인식이 높은 교육열과 노동 의욕을 만들어 '한강의 기적'이라는 세계사적인 경제 기적을 이룰 수 있게 했다. 우리 민족은 한편으로 수직적 동질성을 가지고 있었기 때문에 많은 비서구 사회의 신생 독립국들이 겪었던 민족 간 갈등을 겪지 않을 수 있었고, 다른 한편으로 높은 수평적 동질성을 형성했기 때문에 세계사적으로 유례없는 짧은 시간에 산업화와 민주화를 동시에 이룰 수 있었다.

　이 장에서는 '저항민족주의'적 특징을 갖지만, 집단주의와 평등주의의 성격을 동시에 가진, 다시 말하면 독재와 민주주의의 성향을 동시에 가진 한국 민족주의의 탄생에 관해 이야기한다. 먼저, 우리 사회에서 민족 혹은 민족주의라는 말은 어떻게 수입되었는지를 살펴봄으로써 우리 의식의 형성 과정, 즉 민족의 형성 과정을 살펴보고, 다음으로 3.1운동 이후 두 가지 성격의 민족주의 및 이와 연관된 행위양식의 형성과 공존을 살펴본다.

1. '민족'의 형성 혹은 수입

앞에서 언급했듯이 서구의 경험을 보면, 민족 혹은 민족주의의 발생은 제국의 해체에서 시작된다. 중세 서구의 제국이 해체되기 시작하면서, 좀 더 자세히 말해서 종교개혁으로 단일 종교였던 중세 기독교 체제가 붕괴하고 지배층의 단일 언어였던 라틴어가 여러 민족 언어로 분해되면서 다양한 종족집단이 국가를 형성하고 민족을 구성했다.

과도한 일반화의 위험을 무릅쓰고 이 과정을 동북아시아에 적용한다면 동북아시아 근대 민족의 형성은 청 제국의 붕괴로부터 시작된다고 할 수 있다. 동아시아의 제국은 두 개의 축, 즉 유교 중심의 단일 종교와 한자라는 단일 문자에 의해 지배되고 있었다. 이런 의미에서 민족주의의 형성은 서구의 종교개혁과 같은 유교 내부의 혁신 혹은 유교적 세계관에서의 탈피라는 단일 종교의 해체와 지배층의 단일 문자였던 한자문화의 해체와 민족 언어의 발흥으로부터 이루어진다고 할 수 있다.

우리의 경우, 조선 말에 이르러 한편으로 실학 등 유교 내부의 혁신과 서학과 같은 외부 사조의 도입으로 유교라는 단일 종교가 해체되고, 다른 한편으로는 한글이 최초로 공론장의 문자로 등장한 독립신문에서 알 수 있듯이 한글이라는 민족 문자가 공식화되면서 민족이 형성되었다고 할 수 있다. 청이라는 제국의 해체, 즉 유교의 해체와 민족어의 발생은 근대적 민족주의가 형성되는 중요한 조건이었다.[42]

---

42. 조선 시대 나라의 주된 기록은 우리말을 중국말로 번역하여 한자로 쓴 '한문'으로 기록하였으므로 우리말과 어순이 달라 언문일치가 이루어지지 않았다. 1894년 11월(음력)에 고종이 칙령 1호에서 "제14조 법률과 칙령은 모두 국문을 기본으로 하고 한문 번역을 붙이거나 국한문을 섞어 쓴다"고 정하여 우리말과 한글로 쓰는 원

제국주의의 침략이 이루어지기 이전의 동아시아 국제관계는 청을 중심으로 한 조공 관계가 특징이다. 청의 종주권으로 표현되는 당시의 국제관계는 청과 주위 나라 사이의 주종관계를 유교의 상하 질서에 따라 드러내는 형식적이고도 의례적인 관계다. 여기서 형식적이란 주위 국가의 내정과 외교에 대해 불간섭과 자주권을 보장한다는 의미이며, 의례적이란 이른바 속국이 상국에게 바치는 조공이나 왕위 계승을 인정하는 책봉 또는 청의 연호나 책력의 사용을 통해서 주종관계를 나타낸다는 것이다. 따라서 이 관계는 식민지에서 이루어졌던 경제 수탈이나 국가권력을 장악하는 자본주의 국가의 국제관계와는 그 성격이 근본적으로 다르다[43]

청이 1842년 아편전쟁의 패배로 인한 난징조약으로 세계 자본주의 체제에 편입된 이후 동아시아에서 청의 종주권은 1862년 프랑스의 베트남 침략, 1885년 영국의 버마 귀속, 1971년 러시아의 중앙아시아 이리 점령, 1874년 일본의 대만 침략과 1879년 일본의 유구 귀속 등등의 사건으로 말미암아 해체되고 있었다. 따라서 동아시아에서는 청의 종주권이 막을 내리고 새로운 세력 재편기를 맞이하게 된다.

청 제국의 해체가 서구 제국주의의 침략으로 이루어졌다고 해서 조선의 자발적 근대화가 불가능했다고 주장할 수는 없다. 조선 후기는 식민사학자들이 주장하는 정체된 사회가 아니었다. 그것을 자본주의의

칙을 정하였지만 제대로 실행되지 않았다. 1885년부터 발행된 『한성주보』, 유길준의 『서유견문』 등에서 국한문혼용 문체를 써서 우리말과 어순이 같은 부분적인 언문일치를 이루었으나, 그 완벽한 모습은 우리말을 한글로 적은 『독립신문』에 이르러 완성된다.

43. 김정기, 「청의 조선 종주권문제와 내정간섭」, 『역사비평』 계간3호, 1988.

맹아라 할 수는 없을지라도 생산력이 꾸준히 발전해 왔으며 그에 따른 사회경제적 변화가 나타났다. 그리고 그에 걸맞은 사상적 발전이 있었다. 이 시기에 있어서 민족의식의 맹아적 형태를 보인 것으로 실학사상을 들 수 있을 것이다. 상공업의 발전, 도지제도의 개혁, 민권 의식을 보여 주는 실학사상은 서구가 먼저 발전시킨 근대의 관점에서 보면, 유교적 세계관으로부터 완전히 벗어나지 못한 한계가 있기는 했지만 서구가 '종교개혁'을 통해 근대의 길에 접어들었듯이 실학이라는 '개신 유교'는 충분히 근대로 가는 혁신의 가능성을 가진 사상이었다.

청 제국의 해체는 조선에는 기회이며 위기라 할 수 있다. 청 제국의 해체는 근대적 국제관계 체계, 즉 당시의 표현으로는 '만국공법'의 세계로 들어감으로써 청으로부터 독립된다는 것을 의미하는 한편, 만국공법의 현실인 제국주의적 열강의 침입 앞에 적나라하게 노출된다는 것을 의미했다. 근대적 독립국이 될 기회와 제국주의 국가에 의한 식민지화의 위기에서 기회는 짧았고, 위기는 가혹했다.

조선 말의 민족주의는 바로 이러한 기회와 위기 속에서 출현했다. 청은 서구 제국주의 열강이 전통적인 동아시아 질서를 해체하려는 데 맞서 조선을 제국주의적으로 속국화하기를 원했고, 이는 갑신정변에 대한 무력 진압 이후 노골적인 내정간섭으로 나타났다. 조선은 청 제국의 해체라는 국제적인 환경 아래에서 청의 재속국화로부터 진정하게 독립하기를 바랐다. 이것은 영은문을 허물고 독립문[44]을 건설한 것에서 잘

---

44. 영은문은 조선 시대에 중국 사신을 접대하던 모화관의 정문으로, 독립협회가 고종의 동의를 얻어 사대주의 혹은 전통적 화이관의 상징인 영은문을 철거하고 1897년에 독립문을 건립했다.

나타나듯이 근대적 국제 질서 아래에서 보인 민족의식의 표현이라고 할 수 있다.

청 제국으로부터의 조선 독립은 어찌하였든 성공적이었다. 명성황후가 시해된 을미사변과 친일내각의 단발령, 그리고 고종이 러시아 대사관으로 피신한 아관파천 등의 우여곡절을 겪기는 했지만, 고종은 1897년 5월 이후 각계각층의 황제 즉위 요청에 힘입어 8월 연호를 광무(光武)로 정하고, 10월 황제로 즉위하면서 대한제국을 선포하였다.

대한제국은 조선이 근대적 국가로 전환함을 선포하는 것이었고, 이는 청으로부터의 독립을 넘어 근대적 민족으로의 전환을 준비하는 사건이었지만, 그 기회는 일제에 무참히 짓밟혔다. 일제는 한반도를 식민지로 만들기 위해 1904년 러일전쟁을 일으켜 한일의정서를 체결했고, 1905년 러일전쟁의 승리 후에는 을사늑약을 통해 외교권을 박탈했으며, 1907년 고종을 강제 퇴위시키고 1910년 마침내 식민지화에 이르게 된다.

대한제국이 지속하였다면, 한국 민족주의는 서구의 민족주의처럼 국가가 민족을 만드는 경로를 겪었을 것이다. 그러나 대한제국은 기회는 잡았으나 위기는 넘지 못했고, 따라서 한반도에서는 국가가 민족을 만드는 경로가 아니라 민족이 국가를 만드는 경로가 형성되었다. 이러한 경로로 인해 한국 민족주의는 '저항적 민족주의'라는 성격을 갖게 되었다.

청으로부터의 독립이든, 일본으로부터의 독립이든 제국주의라는 외부의 적에 맞서기 위해서는 '우리'가 만들어져야 한다. 그리고 '우리'를 만들기 위해서는 '우리'를 부르는 명칭이 있어야 한다. 바로 이 순간 비서구 사회의 주민이 서구에 맞서기 위해 서구에서 발명된 '민족'이라는 개념을 빌려오게 된다. 근대 사회의 가장 독특한 사회적 정체성인 '민족'은 제국주의 세력인 서구의 발명품이지만, 그 서구에 대항하는 비서구 사회의 주민 역시 '우리'를 구성하기 위해 민족이라는 개념을 수입하는 아이러니가 발생했던 것이다.

이렇게 민족의 개념이 서구 사회에서는 발명되었지만, 비서구 사회에서는 수입되었다. 물론 이러한 수입의 과정 역시 나라마다 대단히 다양해서 각 지역민의 상상에 따라 자기 집단의 전통, 이익, 사명을 다양한 방식으로 규정했기 때문에 비서구 사회의 민족 형성 과정 혹은 민족주의는 한편으로 수입의 과정이면서 다른 한편으로 발명의 과정이라 할 수 있다.

한국의 '민족'은 그 개념을 수입하기 이전에도 근대적 민족을 호칭하기 위한 다양한 개념이 사용되었다. 언급했듯이, 조선 말에서 식민지화에 이르는 역동적인 역사적 과정 속에서 시기별 상황에 따라, 그리고 그 상황을 규정하는 주체의 인식에 따라 '우리'를 호칭하는 개념들이 변화했다. 따라서 '민족'은 우리를 호명하기 위해 혹은 '우리'가 생존하기 위해 수입한 개념이지만, 다른 한편으로는 다양한 개념 중에서 선택한 개념이라 할 수 있다.

조선 말에 이르러 단순히 수직적 동질성을 의미하는 것을 넘어 수평적 동질성을 포함하는 '우리' 개념의 출발점은 지금도 사용하는 '동포' 개념이라고 할 수 있다. '이천만 동포'에서 시작되어 지금의 '팔천만 동포'로 이어지는 동포 개념이 현재의 민족과 동일한 의미를 획득한 것은 19세기 말에 이르러서이다. 동포는 유학생 잡지인 『친목회회보』 등에서 처음 발견되어 『독립신문』에서 '이천만 동포'와 같이 본격적으로 사용되었고, 아래로부터의 참여가 극대화되었던 1898년 만민공동회 시기에는 수평적 동질성을 내포하는 개념으로 변화하였다. 1905년 을사늑약으로 식민지화의 가능성이 한층 커진 이후 민족 개념이 전면화되지만 동포는 현재까지도 '우리'를 표현하는 개념으로 사용되고 있다.[45]

동포는 동아시아에서 전형적으로 '우리'를 의미하는 개념이었다.[46] 동포는 주로 '백성'이라는 의미로 사용되었고 주로 왕의 애휼의 대상으로서 그 의미를 가지고 있었다.[47] 조선 후기에 이르면 동포의 의미가 확장되기도 한다. 영조가 위로 삼공(三公)으로부터 아래로 사서인(士庶人)에 이르기까지 역을 고르게 해야 한다면서, 양반이나 평민이나 모두 같은 국왕의 동포이고 적자이기 때문에 호전을 같이 내야 한다고 주장한 기록으로 보아 동포의 의미가 평민에서 양반까지로 확대되었고, 순조에 이르면 천민까지도 백성의 범주에 포함되기도 했다.[48] 이렇게 동포

---

45. 동포 개념에 관해서는 권용기, 「『독립신문』에 나타난 '동포'의 검토」, 『한국사상사학』 제12집, 1999; 권보드래, 「'동포'의 역사적 경험과 정치성: 『독립신문』의 기사 분석을 중심으로」, 이화여대 한국문화연구원 편, 『근대계몽기 지식개념의 수용과 그 변용』, 소명출판, 2004; 권보드래, 「'동포'의 수사학과 '역사'의 감각: 1900~04년 '동포' 개념의 추이」, 『한국문학논총』 제41집, 2005. 참조.
46. 동포와 함께 종족집단을 지칭하는 개념으로 족류가 있다. 중국에서는 상서 시대부터 종족집단을 지칭하는 개념으로 족류라는 말을 사용해 왔고, 우리 역시 그러한 용례를 받아들여 종족을 구별하는 개념으로 족류를 사용해 왔다. 박찬승, 「한국에서 민족개념의 형성」, 『개념과 소통』 창간호, 2008b.
47. 권용기에 따르면, 동포는 조선 시대부터는 해당 체제 내의 지배층과 피지배층을 모두 포괄하는 신분제에 구애받지 않는 개념이었으나, 동포애의 대상의 차이, 즉 왕과 유생이 백성을 사랑한다는 의미에서 가부장적 온정주의의 의미를 담고 있다. 권용기, 앞의 글.
48. 박찬승, 앞의 글, 2008b, 89쪽.

는 '우리'를 부르는 개념이었기 때문에, 민족이라는 개념이 아직 수입되지 않았고 우리를 구성해야 할 시기인 조선 말기에 우리를 호명하기 위한 개념으로 선택될 수 있었다.

동포가 과거시의 백성에서 벗어나 근대적 주체의 의미로 확장되는 것은 독립협회 시기를 거치면서부터다. 청일전쟁의 결과로 청으로부터 독립권을 획득하면서, 고종과 지배 계층들은 다른 제국주의 국가로부터도 완전한 자주독립을 원했고, 이는 독립협회, 대한제국의 출범으로 나타났다. 이러한 정치적 가능성의 시기에 동포는 애휼의 대상에서 계몽의 대상, 그리고 개화의 주체, 역사의 주체로 변화한다. "우리 대한 전국에 있는 1천 2백만 동포 형제가 다 일심 일력으로 나라를 도와 우리나라도 지금 구라파에 있는 여러 상등국과 동등국이 되기를 바라오며"[49]라는 독립신문의 논설에서 알 수 있듯이 동포는 계몽의 대상에서 개화의 주체로 변화한다. 독립협회가 충군애국의 가치를 주장한 만큼 완전한 인민주권에 기초한 동포는 아니었지만, 이 시기 동포의 의미는 평등권에 기초한 동포의 개념으로 전환되었을 뿐 아니라 특히 만민공동회에서 충군애국의 의례였던 만세 합창에 '동포에 대한 만세 합창'이 추가되었을 정도로 개화와 애국의 주체로 변화된 의미를 담게 된다.

동포의 의미가 개화의 주체로 변화함에 따라 동포는 '수평적 동질성'의 개념으로 의미가 변화하고, 이와 함께 근대적 의미, 즉 법적 평등의 이념 위에서 구축된다. 민족국가 내부의 수평적 동질성에 근거한 동포 개념은 한편으로 외부의 적에 대한 동질성을 강조하면서, 다른 한편으

---

49. 독립신문, 1898년(광무2년) 8월 9일 「유지각한 친구의 편지」, 박찬승, 같은 글, 2008b, 94쪽에서 재인용.

로는 황제 중심의 수직적 질서에 맞서는 수평적 동질성의 의미를 가지게 된 것이다.[50]

독립협회가 해산되고 황제권이 강화되면서 1900년대로 넘어서면 동포는 다시 애휼의 대상으로 변화한다. 황제권이 강화되면서 권력에 대한 저항의 언어로서 동포 개념은 약화되고, 권력의 대상으로서 동포 개념만이 강화되었다. 이러한 동포 개념의 위축은 새로운 저항의 언어, 새로운 연대의 언어, 즉 '민족'이라는 새로운 개념이 선택되는 과정이라 할 수 있다.[51]

민족은 영어 단어 'nation'의 번역어이지만, 국민 혹은 민족이라는 2개의 뜻으로 번역된다.[52] 이는 서구에서는 네이션(nation)이 민족이며 국민이지만, 우리에게는 그렇지 않다는 것을 의미한다. 다시 말해서 서구에서는 국가가 민족을 만들었기 때문에 국민이 곧 민족이어서 하나의 개념이지만, 우리의 경우 국가가 민족을 만들지 못했기 때문에 국민과 민족은 다른 개념으로 이해하게 되었다. 그래서 지금도 네이션은 국민과 민족의 두 개념으로 번역된다.[53]

---

50. 권보드래, 앞의 글, 273쪽.
51. 민족은 현재의 의미로는 1904년 이후 쓰이기 시작했고, 민족국가의 구성원이라는 의미의 국민이 국권을 잃은 1910년 이후 자취를 감추었으며, 인민이 1920년 이후 계급적 의미를 획득한 반면 동포는 1894년 이후 지금까지 계속 사용되었다.
52. 민족 개념의 도입사에 관한 연구로는 박찬승, 앞의 글, 2008b; 박찬승, 『민족·민족주의』, 소화, 2016; 권보드래, 「근대 초기 '민족' 개념의 변화: 1905~1910년 『대한매일신보』를 중심으로」, 『근대계몽기 지식의 굴절과 현실적 심화』, 소명출판, 2007; 백동현, 「러·일전쟁 전후 '민족' 용어의 등장과 민족인식: 『황성신문』과 『대한매일신보』를 중심으로」, 『한국사학보』 제10호, 2001 참조.
53. 이러한 현상은 'nationalism'에서도 나타나는데, 이 단어 역시 민족주의, 국가주의 등으로 번역된다. 흥미로운 점은 다른 비서구 사회와 달리 국가가 민족을 만든 일본은 nationalism을 국가주의로 번역하는 경우가 더 많다는 점이다. 이는 비서

이렇게 네이션이 국민과 민족으로 분리되어 이해되는 데는 네이션 개념의 동양 수입사와 깊은 관계가 있다. 동양에서 '민족'이라는 말은 '민의 무리'라는 의미로 아주 드물게 사용되다가, 근대 들어 일본에 의해 본격적으로 사용되었다. 1972년 가도 히로유키(加藤弘之)는 블룬칠리(J. K. Bluntschli)의 책을 번역한 『국법범론(國法汎論)』에서 'state, volk, nation'을 각각 '국가, 국민, 민족'으로 번역했고, 중국의 양계초(梁啓超)가 이를 그대로 받아들여 1899년 「동적월단(東籍月旦)」에서 민족이라는 말을 처음 사용했다.[54]

우리나라에서 민족은 처음엔 인종 개념으로 사용되었다.[55] 1900년 1월 12일자 『황성신문』에는 '백인 민족'과 대비되는 의미에서 '동방 민족'이라는 용어가 등장하는데 이러한 인종 개념으로 민족이 사용되었는데, 1904년 러일전쟁 이후 동양 인종과는 다른 한반도 주민집단을

구 사회가 서구의 개념을 모방하지만, 자신이 처한 환경에 기반해 수용한다는 점을 잘 보여 준다.

54. 양계초가 소개한 블룬칠리의 민족 개념은 우리가 배우는 전통적인 민족 개념, 즉 객관적 민족 개념에 가깝다. 양계초는 또한 국민과 민족을 구별했다. 양계초는 "민족이란 동일한 언어와 풍속을 가지고, 동일한 정신과 성질을 가지며, 그 공동심(公同心)이 점차 발달하여 건국의 계제를 이루는 것이다. 다만 아직 연합하여 일국을 만들어 내지 못했을 때는 끝내 인격이 법단이 되지 못하기 때문에 이를 가리켜 민족이라 하지 국민이라 하지는 못한다"고 정리하고 있다. 즉, 민족은 국가를 세워야만 국민이 될 수 있는 것이며, 그렇지 못하면 국민이 되지는 못한다는 것이다. 梁啓超, 「學說」, 『飮氷室文集』(下), 廣智書局本, 1905, 141쪽. 박찬승, 앞의 글, 2008b, 98쪽에서 재인용.

55. 인쇄 매체를 통해 '민족' 단어가 처음 등장한 것은 1897년 '대조선인유학생친목회'에서 발간한 『친목회회보』이다. 권보드래에 따르면, 민족은 단순히 인간집단을 가리키는 개념에서 부족을 가리키는 개념, 현존 국가체제의 구성원을 가리키는 개념, 그리고 국가체제의 부재 상황에서도 존재할 수 있는 국가의 원형적 집단을 가리키는 개념으로 이동했다. 권보드래, 앞의 글, 2007.

의미하는 개념으로 민족 용어가 정착하게 된다. 이 시기에 이르러 독립협회 시기의 '이천만 동포'가 종족적으로는 단군이라는 정체성을, 문화적으로는 기자로 표상되는 정체성을 가진 민족 개념으로 전환되는 것이다.[56]

민족 개념은 을사늑약 이후, 더 본격적으로는 고종의 퇴위 이후에 사용 빈도가 급격히 높아졌을 뿐 아니라 그 의미 역시 현재와 같은 의미를 획득하게 된다. 러일전쟁의 결과 일제의 보호국이 되고 헤이그 밀사 사건으로 황제의 폐위가 이루어진 이 시기는 한편으로는 일본 제국주의에 의한 식민지화가 가속화되는 순간이었지만, 다른 한편으로는 독립협회를 해산했던 황제의 영향력이 감소하고 개혁과 독립의 주체로서 '우리'가 새롭게 부각되는 시기라고 할 수 있다. 따라서 일제의 검열에도 수평적 동질성을 가진 우리, 혹은 아래로부터의 우리를 호명하기 위해 새로운 용어를 발명하였고 그것이 바로 민족이라고 할 수 있다.

이 시기 '우리'를 나타내는 개념으로는 국민이 가장 많이 사용되었다. 국민은 양계초의 정의에 따라 객관적으로 정의된 민족, 즉 혈통, 역사, 종교 등을 공유하는 민족이 동일한 행동과 인식을 공유할 때 구성되는 것으로 이해되었는데 중요한 것은 당시가 망국의 상황이었다는 점이다. 일제 식민지화의 가능성이 점점 커지는 상태에서 국가를 전제하는 국민이라는 개념은 새로운 국가를 건설해야 할 '우리'의 개념으로서는 적절하지 않은 상황이 되었던 것이다. 따라서 식민지의 가능성이 점점 커짐에 따라 국권을 회복하고 신국가를 건설해야 할 주체로서 민족 개념

---

56. 백동현, 앞의 글.

이 급속히 퍼지기 시작했다.[57] 신채호의 글로 추정되는 '20세기 신국민'은 이를 명확하게 보여 준다.

> 지금 한국은 삼천리 산하가 있으니 그 토지가 넓으며, 2천만 민족이 있으니 그 국민 동포가 단지 20세기 신국민의 이상과 기력을 분발하여 일으켜, 국민적 국가의 기초를 곧게 히여, 실력을 기르머 세게 대세의 풍조에 잘 대응하여 문명을 넓히면 가치 동아시아 한쪽에 우뚝 서서 강국의 기초를 자랑할지며, 가히 세계무대에 뛰어 올라서서 문명의 깃발을 휘날릴지니 아, 동포여, 어찌 분발하지 않겠는가.[58]

위 인용문은 한국 민족주의 형성의 한 측면인 '우리'의 형성을 잘 보여 주고 있다. 처음 우리를 지칭했던 동포가 여전히 등장하고 있으며, 이전에 구별되었던 국민과 민족은 동일시되고, 동포, 국민, 민족이 새로운 국가건설의 주체로 등장하고 있다. 그리고 이러한 동포, 국민, 민족의 개념은 현재의 용법과 같다는 점에서 이 시기에 이르러 '우리'를 지칭하는 개념이 완성되었다고 할 수 있다.

이 시기 '우리'를 지칭하는 개념으로 수입되었던 민족 개념은 민족과 민족혼을 결합함으로써 우리 민족을 독자적인 민족으로 정립한다. 1907년부터 '민족의 혼(魂)'이라는 말이 나타나고, 일본의 대화혼(大和

---

57. 『대한매일신보』를 기준으로, 민족은 더 이상 대한제국의 회생 가능성이 보이지 않기 시작한 1909년부터 본격적으로 쓰이기 시작했다. 논설란을 기준으로 1908년 고작 7회였던 민족은 1909년에 190회, 8월까지밖에 발행되지 않았던 1910년에는 130회를 기록했다. 권보드래, 앞의 글, 2007.
58. 대한매일신보, 1910년 3월 3일, 「20세기 신국민」, 박찬승, 앞의 글, 2008b. 108-109쪽에서 재인용.

魂)과 중국의 중국혼(中國魂)에 영향받아 조선혼(朝鮮魂)이라는 말이 등장하게 된다. 그리고 이 개념은 국혼(國魂), 국수(國粹)로 이어지면서 종족적, 문화적으로 독자적인 단군민족을 형성하게 되었다.[59]

  위에서 알 수 있듯이 우리는 국가가 민족을 만든 것이 아니라 근대 국가를 건설할 가능성이 없을 때 민족을 수입했다. 이는 한국 민족주의가 민족의 구성을 통해 국가를 만드는 저항민족주의라는 점을 잘 보여 준다. "내가 이름을 불렀을 때 그는 내게 와 꽃이 되었다"라는 김춘수의 시처럼 우리가 자신을 부르는 말을 가졌다는 것은 드디어 우리가 근대적 의미의 민족을 형성하기 시작했다는 것을 의미한다. 비서구 사회의 민족주의가 그러하듯이 우리는 민족을 수입함으로써 민족이 될 수 있었던 것이다.

---

59. 박찬승, 앞의 글, 2008b; 백동현, 앞의 글.

2. 민족의 전통과 사명 만들기

저항민족주의는 종족적 민족주의 혹은 문화민족주의를 강화한다. 국가가 민족을 만든 것이 아니라 민족이 국가를 만드는 경우 민족 정체성을 확립하는 일은 민족국가를 건설할 주체를 형성하는 작업이다. 이는 집단적 주체 없이 국가를 건설하는 것은 불가능하기 때문이다. 독일과 같은 서구의 후발 자본주의 국가에서도 민족의 통일을 위해 민족정신, 민족문화를 강조하는 경향이 강했고, 강한 종족적 민족주의 혹은 문화민족주의를 낳을 수밖에 없었다.[60]

저항민족주의에서 출발한 우리의 민족주의 역시 종족적 민족주의를 강화했다. 이는 무엇보다 민족의 역사와 전통을 구성함으로써 이루어졌다. 그런데 앞의 동포에서 민족으로 전환하는 과정에서 확인했듯이 초기 한국 민족의 형성은 청 제국으로부터의 독립을 의미했고, 이런 의미에서 대한 제국의 정체성 확립, 즉 황제의 신민으로서 동질성을 확립하는 과정을 의미했다. 따라서 초기 '우리'의 확립 과정은 근대적 신민으로의 통합 과정이라고 할 수 있다.

우리의 초기 민족주의는 청으로부터의 독립이라는 과제를 황제와 엘리트 집단뿐만 아니라 피지배 집단도 공유했기 때문에 위로부터의 민족주의와 아래로부터의 민족주의가 결합된 성격을 가졌다. 초기 민족

---

60. 국가가 민족을 형성한 경우도 종족적 민족주의의 성격이 없는 것은 아니다. 인민주권, 공화주의, 시민의 자유와 평등을 핵심으로 하는 시민적 민족주의의 모델로 여겨지는 프랑스에서조차 1789년 프랑스 혁명 이후 거의 100여 년에 걸쳐 프랑스 민족을 만들기 위해 민족 만들기 작업이 벌어졌다. 예를 들어 드레퓌스 사건은 지식인의 의미와 역할에 관해 의미심장하게 문제를 제기한 사건이지만, 역으로 프랑스에서조차 종족적 민족주의가 대단히 강력했음을 보여 주는 사건이라 할 수 있다.

정체성 확립에 주도적인 역할을 했던 독립협회는 이러한 결합을 잘 보여 주는데, 독립협회는 인적으로 고종과 협력하면서도 갈등하는 이중적 관계를 맺고 있었을 뿐 아니라 사상적으로도 충군애국 사상과 평등주의적 사고를 동시에 가지고 있었다.

초기 민족 정체성의 형성 과정에서 위로부터의 민족주의, 즉 대한제국의 공식 민족주의는 중요한 역할을 했다. 대한제국은 고종을 중심으로 한 수직적 동질성을 확보하기 위해 각종 기념물과 기념행사를 발명했는데, 개국기원절이라는 국가 공식 기념일을 만들었을 뿐 아니라 독립협회가 독립문을 건설하게 하였다. 또한, 국기와 국가문장뿐만 아니라 어기와 친왕기를 만들었으며, 애국가, 군가 등을 제정하고 보급하였다. 또한, 우편엽서에 국기인 태극을 도안하였고 황실의 문장인 이화 우표도 발행하였다.[61] 이러한 황제를 중심으로 한 민족 정체성의 형성은 '동포'의 활용법에서 알 수 있듯이 충군애국이 주를 이루고, 인민주권이 아직 만개하지 못한 한계를 가진 민족의 형성이었다. 비록 수직적 동질성에 치우친 것이었지만, 청으로부터의 독립을 통해 제국주의 열강의 침략 속에서도 대한제국을 근대적 독립국가로 발전시키고자 하는 열망의 반영이었다고 할 수 있다.

일본 제국주의에 의한 대한제국 식민지화가 점점 명확해지면서 독립국가의 가능성이 점점 희박해짐에 따라 국가 형성의 주체로서 민족이라는 개념이 선택되었던 한편, 민족이라는 개념의 내용을 채우는, 다시 말해서 민족 정체성의 구체적인 내용을 구성하는 전통과 역사의 창조

---

61. 초기 민족통합을 위한 시도에 관해서는 김현숙, 「한말 '민족'의 탄생과 민족주의 담론의 창출-민족주의 역사서술을 중심으로」, 『한국동양정치사상사연구』 제5권 1호, 2006, 참조.

가 아래로부터 이루어졌다. 이러한 전통 만들기에서 가장 핵심이 되는 것이 바로 역사의 정립이라고 할 수 있다. 우리 민족을 유구하고 자랑스러운 역사를 가진 민족으로 구성함으로써 현재의 고난을 이겨낼 근거를 확보하려는 역사 새로 쓰기는 '단군'을 재발견하게 되었다. 이때 성립한 '단군민족주의'는 독립 후 개천절로 이어지면서 현재 한국의 종속적 민족주의의 기원이 되었다.

단군 숭배는 우리 역사에서 13세기부터 나타난 역사를 가진 전통이었다. 13세기에 쓰인 『삼국유사』(1281)와 『제왕운기』(1287) 등의 책들은 [고기]나 [본기] 같은 책을 인용하여 단군을 우리의 국조(國祖)로 언급하고 있다.[62] 이러한 단군 숭배는 17세기에 이르러 조선은 곧 소중화라는 논리의 핵심이 되면서 정통 역사 인식으로 확립된다. 단군을 개국 시조로, 기자를 조선 유교 문화의 개창자로 숭배하는 이러한 역사 인식은 갑오개혁기의 시대상, 즉 중국의 종주권에서 벗어나 근대 국가로 독립하려는 시대적 요구와 맞아떨어지면서 우리 역사에 적극적으로 편입되게 된다.[63] 반만년 역사를 가진 문화민족이라는 주장이 매년 개천절을 통해 기억되는 우리의 유구한 역사가 바로 이때부터 탄생하였던 것이다.

아래로부터의 단군민족주의는 조선 시대의 단군민족주의와는 다른 방식의 종족적 민족주의를 구성했다. 조선 시대의 정통이었던 단군-기

---

62. 특히 『제왕운기』는 고구려·백제·신라·부여·옥저·예맥 등의 고대 여러 나라를 단군의 후손으로 규정함으로써 단군을 민족사의 공동 연원으로 상정하는 단군민족주의적 인식의 한 전형을 보여 준다. 정영훈, 「삼일운동과 단군민족주의」, 『동양정치사상사』 제11권 2호, 2012.
63. 박찬승, 앞의 책, 143쪽.

자로 이어지는 역사에서 기자가 제외된 것이다.[64] 이는 신채호의 「독사신론」에서 잘 나타난다. 실력양성론에 입각하여 애국계몽 운동을 전개하였던 신채호는 1907년 한일신협약으로 대한제국이 실질적으로 국권을 상실하자 '애국심'을 고취하기 위해 한국사 연구에 몰두한다. 을지문덕, 이순신, 최영 등의 구국의 인물들을 조명하면서 애국심을 고취하던 신채호는 1908년 「독사신론」을 『대한매일신보』에 연재하면서 한편으로 유교사관이 가진 중화주의적 사대주의관을 비판하고, 다른 한편으로 일본 식민사관을 비판하면서 독자적인 역사관을 드러낸다. 신채호는 '국가'를 '민족정신으로 된 유기체'로 규정하고, 국가가 되기 위해서는 반드시 주종족이 되는 특별 민족이 있어야 한다고 주장하면서 단군조선에서 출발하여 부여족, 고구려로 이어지는 부여족 중심의 역사 인식을 확립한다. 신채호는 기자조선을 민족의 역사에서 배제하고, 기자조선을 인정하는 주장을 사대주의사관, 식민사관으로 비판하였던 것이다.[65]

---

64. 기자가 제외된 것은 기자가 전통적인 화이관을 반영하는 인물이기 때문이다. 조선 시대의 지배 계층이었던 유학자들에게 기자는 조선을 소중화로 인식하게 하는 중요한 근거였다. 그들은 기자를 문화적으로는 중화 문화의 계승자로 홍범팔조 등으로 조선을 개명시킨 성인으로, 정치적으로는 주나라 무왕이 처음 책봉한 제후국 조선의 군주로 인식하였다. 정영훈, 「한민족 정체성과 단군민족주의」, 『민족문화논총』 제55호, 2013.
65. 신채호는 사회진화론에 영향을 받은 「독사신론」을 쓴 이후 역사 연구에 더욱 매진하여 '역사는 아와 비아와의 투쟁의 기록'이라는 유명한 말을 남긴 '조선상고사'(1924) 작업을 통해 사회진화론을 넘어서는 민족주의 사관을 이론화했다. 그의 이러한 변화에서 가장 중요한 영향을 미친 사건이 3.1운동으로, 신채호는 3.1운동에서 민족의 '주체적 아'인 민중을 발견함으로써 사회진화론과 결별했을 뿐 아니라 애국계몽주의자들의 외교론, 준비론 등과 결별하게 된다. 박동국, 박명철, 「신채호의 역사인식과 민족주의」, 『민족사상』 제6권 1호, 2012.

신채호 이후 기자가 빠진 단군만을 국조로 인정하는 다양한 글들이 나타나면서, '단군의 자손'이나 '배달겨레', '반만년 역사' 같이 단군을 민족의 조상으로 여기는 표현들이 등장하였고, 급기야는 단군을 삼신일체의 하느님으로 받드는 종교인 단군교가 만들어졌다. 1909년 1월에 창건된 단군교는 단군을 국조로 모시고 배달국을 다시 건설하자는 사상으로 1910년 대종교로 개칭하여 이어지고 있다. 이렇게 아래로부터의 민족주의가 만들어 낸 단군민족주의는 일본보다 유구한 역사를 가진 민족으로 우리 민족의 역사를 확대함으로써 우리 민족의 독립 정당성을 확립하고 '민족정신'을 고취하기 위한 것이었다.

이렇게 형성된 단군민족주의의 영향력은 대단했다. 3.1운동 무렵에 각지에서 발표된 독립선언서들이 그 선언일을 단기 연호로 표기하고, 우리의 집단적 정체성을 반만년 역사를 이어온 단군의 자손으로 규정했다. 3.1운동 시기에 이르면 우리의 역사 만들기는 대중적인 진실이 된다.[66] 해방 후 대한민국 정부가 수립되면서는 단군민족주의가 국가 제도 속으로 포섭되어 국가적 통치이념의 핵심축으로 자리 잡는다. 개천절이 국경일로 지정되고 홍익인간이 교육이념으로 제정되며, 단기 연호가 정부의 공식 연호로 채택된 것 등이 그것이다.

민족의 전통에 있어 또 하나 중요한 것이 '언어'의 발명이다. 대한제국 시기에 민족어 사용을 처음으로 강조한 사람은 유길준이었다. 유길준은 『서유견문』을 집필하면서 국한문 혼용체를 사용하였다. 비록 순한글은 아니었지만 우리말을 중국어로 번역하여 한자로 쓴 한문 문체가 아니라 우리말 어순에 맞게 한자와 한글을 섞어 쓴 문체였다. 유길준의

---

66. 정영훈, 앞의 글, 2012.

언문일치와 국문 사용 강조는 주시경으로 계승되었다. 주시경은 민족을 구성하는 본질은 언어라고 하면서 민족을 본질적으로 언어공동체로 정의하였다. 그는 우리말을 '한글'이라 처음 이름 붙였을 뿐 아니라 국어연구를 집대성한 『국어문법(1910)』을 내놓고, 나아가 순우리말로 이루어진 『말의 소리(1914)』를 저술하기도 하였다. 또한, 그는 후진 양성에도 힘을 쏟았는데 최현배, 이윤재 등 그의 후학들은 일제강점기에도 조선어 연구회와 조선어학회를 만들어 한글 연구와 한글 보급에 힘쓰기도 하였다.

민족 전통의 발명은 3.1운동 시기에 이르면 완전한 결실을 이루는데, 3.1독립선언문은 이 시기까지의 성과를 잘 보여 준다. 3.1독립선언문에는 우리 민족의 연원은 단군이며 우리는 반만년의 역사를 가진 민족이라는, 현재 우리가 배우는 역사가 명확히 규정되어 있다. 또한, 3.1독립선언문은 또 다른 전통에 입각해 있다. 바로 한글이다. 국한문혼용으로 쓰인 3.1독립선언문은 우리의 민족주의가 이 시기에 한글을 우리의 전통으로 발견하였음을 보여 준다.

吾等(오등)은 玆(자)에 我(아) 朝鮮(조선)의 獨立國(독립국)임과 朝鮮人(조선인)의 自主民(자주민)임을 宣言(선언)하노라. 此(차)로써 世界萬邦(세계만방)에 告(고)하야 人類平等(인류평등)의 大義(대의)를 克明(극명)하며, 此(차)로써 子孫萬代(자손만대)에 誥(고)하야 民族自存(민족자존)의 正權(정권)을 永有(영유)케 하노라.

半萬年(반만년) 歷史(역사)의 權威(권위)를 仗(장)하야 此(차)를 宣言(선언)함이며, 二千萬(이천만) 民衆(민중)의 誠忠(성충)을 合(합)하야 此(차)를 佈明(포명)함이며, 民族(민족)의 恒久如一(항구여일)한 自由發展(자유발전)을 爲(위)하야 此(차)

를 主張(주장)함이며, 人類的(인류적) 良心(양심)의 發露(발로)에 基因(기인)한 世界改造(세계개조)의 大機運(대기운)에 順應幷進(순응병진)하기 爲(위)하야 此(차)를 提起(제기)함이니, 是(시) 天(천)의 明命(명명)이며, 時代(시대)의 大勢(대세)이며, 全人類(전 인류) 共存 同生權(공존 동생권)의 正當(정당)한 發動(발동)이라, 天下何物(천하 하물)이던지 此(차)를 沮止抑制(저지 억제)치 못할지니라.

3.1 독립선언문은 현재까지도 유효한 한국 민족주의의 원형을 전형적으로 보여 준다는 점에서 중요한 의미가 있다. 위 인용문에서 알 수 있듯이 우리의 역사는 단군민족주의에 근거해 반만년으로 명확히 규정되고, 자주독립 국가 건설의 주체 역시 근대적 시민인 2천만 민중으로 명확히 정의된다. 그리고 근대적 권리를 가진 민중으로 구성된 유구한 역사를 가진 조선 민족의 이익은 조선의 독립을 선언, 실천하는 것이라고 규정함과 동시에 민족의 사명을 세계사적 대의인 인류 평등과 공존 공영에 이바지하는 것으로 연결하였다. 3.1 독립선언문은 민족의 전통, 이익, 사명을 담은 전형적인 민족주의 담론임과 동시에 현재까지 유효한 한국 민족주의의 원형인 것이다.

민족주의가 수평적 동질성과 수직적 동질성을 만들어 내는 작업이라면, 저항적 민족주의인 우리의 민족주의는 민족 담론을 수입하는 과정에서 수직적 동질성을 형성하는 종족적 민족주의와 수평적 동질성을 형성하는 시민적 민족주의를 결합하였고, 3.1운동 시기에 민족의 전통, 이익, 사명으로 구성된 완전한 민족주의 담론을 형성하기에 이른다. 3.1운동은 독립선언이지만 또한 근대적 민족으로서 한민족의 선언이었다.

3. 역동적 민족주의의 형성

　전근대 사회에서는 공동체 의식이 강하다. 한 인간의 생존이 바로 그 공동체에 달려있기 때문이다. 농경 사회든 유목 사회든 특정 지역공동체에 의존하지 않고는 살아갈 수 없어서 사람들은 공동체 의식을 깊게 가진다.

　전근대 사회 사람들이 공동체 의식이 강하다고 말하면 현재도 공동체 의식이 강하다는 반론이 나올 수 있다. 맞는 말이다. 현대 역시 공동체 의식이 강한 사회가 있다. 그러나 전근대 사회와 근대 사회를 구분하는 개념들, 즉 퇴니에스(F. Tönnies)의 공통 사회/이익 사회이나 뒤르켐(E. Durkheim)의 기계적 연대/유기적 연대를 들먹이지 않더라도 현대의 공동체 의식과 전근대의 공동체 의식은 다르다.

　먼저, 공동체의 크기가 다르다. 전근대의 공동체는 대면 접촉이 가능한 공간이다. 다시 말해서 마을공동체가 전근대 사회의 기본적인 단위이다. 물론 우리 역사와 같이 오랜 시간 단일한 전근대 국가를 지속해 온 나라들도 있지만, 그런 나라들에서조차 기본적인 생활의 단위, 즉 생존과 소통의 단위는 마을공동체이다. 그러나 현대 사회에서 공동체는 기본적으로 국가, 즉 민족국가이다. 현대 사회에서 경제의 단위도 문화의 단위도 모두 민족국가를 기본으로 한다. 그런데 이 민족국가 단위에서는 모든 사람이 직접 만나지 않았는데도 공동체 의식이 형성된다. 예를 들어 서울 사는 사람과 제주도 사는 사람이 한 번도 만나지 않았음에도 같은 민족이라는 생각을 한다. 근대 사회에서 민족주의라는 마술이 작용했기 때문이다.

다음으로, 전근대와 근대의 공동체는 사람들의 행위양식에서 다르다. 전근대가 집단주의, 연고주의, 신분주의적 성격을 띠고 있다면 근대의 공동체는 개인주의, 공사 구분, 평등주의적이다. 앞에서 언급했듯이 기본단위는 개인이고, 모두가 평등하며, 공사의 구분이 철저한 것이 근대 사회의 특징이다. 위에서 언급한 초기 사회학자들의 근대/전근대 구분은 이러한 특징에 기반한 것이다.

이러한 가치의 구분 혹은 행위양식의 구분이 '이념형'에 따른 것이라는 점에 주의해야 한다. 다시 말해서 민족주의가 나라마다 다양하듯, 가치 및 행위양식 역시 나라의 전통에 따라 다양한 방식으로 접합되어 나타난다. 따라서 각 나라의 행위양식, 특히 비서구 사회의 행위양식은 '혼종'적 성향을 가진다. 전통과 근대가 특정한 방식으로 접합되어 독특한 성향을 보인다. 그러나 근대의 경험이 오래될수록 개인주의, 공사 구분, 평등주의적 성격이 강화되는 것은 분명하다.

우리의 경험 역시 이와 다르지 않다. 집단주의에서 개인주의로, 연고주의에서 공사 구분으로, 신분주의에서 평등주의로 점차 변화하는 경향을 보여 주고 있다. 특히 1987년 민주화 이후 한국 사회는 근대적 행위양식이 점차 전면화하는 경향을 보여 주고 있다. 그러나 부모의 전화로 취업이 결정되고, 좋은 학벌을 얻기 위해 전 국민의 청소년기가 저당잡히며, 지역감정으로 정치적 균열이 일어나는 한국 사회의 어두운 면을 보면, 과연 우리나라가 현대 사회이고 우리나라 사람들이 현대적 행위양식을 가졌는지에 대해 의심을 하지 않을 수 없다.

이러한 한국적 독특성, 전근대적 가치와 현대의 가치가 공존하는 현상을 '비동시성의 동시성'이라는 개념으로 포착할 수 있다. '비동시성의 동시성'은 역사적으로 볼 때 시대의 변화에 따라 가치 및 행위양식도 생성·소멸해야 하는데, 시대가 변화하는데도 과거의 가치가 없어지지 않고 현재의 가치와 결합하여 공존하는 현상을 포착하는 개념이다. 예를 들어 연고주의는 전근대적 가치 및 행위양식으로 21세기 한국에서는 소위 '부모의 백'으로 부정 취업하는 일들은 일어나지 말아야 한다. 이렇게 전근대적 연고주의가 근대적 개인주의와 공존하는 현상을 설명하기 위해 '비동시성의 동시성'이라는 개념을 사용할 수 있다.

우리 사회는 동시에 존재하지 말아야 할 것들이 동시에 존재하는 '비동시성의 동시성'의 사회이다. 그럼, 질문하지 않을 수 없다. 우리 사회는 왜 이렇게 되었을까? '비동시성의 동시성'이라는 우리 사회의 비밀을 찾기 위해서 우리는 우리의 근대가 형성된 시공간, 즉 '일제 식민지' 시기로 돌아가야 한다.

일제 식민지는 저항의 공간이며 동시에 생존의 공간이다. 1910년 한반도가 완전히 일제의 식민지로 강제 편입되면서 우리 민족은 한편으로는 일본 제국주의에 대항하여 독립국가를 건설해야 하는 저항의 시간을 보냈지만, 다른 한편으로는 일본 제국주의의 강압 속에서도 생존해야 했다. 따라서 우리의 근대는 저항과 생존의 과정이었고, 이러한 저항과 생존의 과정에서 우리는 우리만의 행위양식, 즉 아비투스(habitus)[67]를 형성할 수밖에 없었다.

---

67. 아비투스는 부르디외(P. Bourdieu)의 개념으로 구조와 행위의 상호작용을 통해 굳어진 행위양식을 의미한다. 이 개념은 사람들의 행위를 추상적인 합리적 혹은 비합리적 의도에 의한 결과로 파악하지 말고, 주어진 조건 속에서 행위와 조건간의 상호작용을 통해 형성된 역사적 형성물, 즉 굳어진 습관으로 인식하기를 제안한다. 피에르 부르디외, 『자본주의의 아비투스: 알제리의 모순』(최종철 옮김), 동문선, 1995.

민족을 형성할 수 있게 한 중요한 요인 중의 하나가 '인쇄자본주의'라면, 이러한 인쇄자본주의가 탄생시킨 또 하나의 중요한 공간이 '공론장'이다.[68] 공론장은 민족국가와 함께 근대 사회의 핵심적인 특징이다. 민족국가가 하나의 정치공동체를 다른 정치공동체와 구분하는 공간이라면, 공론장은 한 민족국가 내에서 국가와 시민사회의 분리를 보여 주는 공간이고, 바로 이 시민사회의 핵심이다.[69]

하버마스(J. Habermas)에 따르면 공론장은 '비판적 합리적 토론'과 '보편적 참여'를 이상으로 한다. 중요한 점은 누구나 자유롭게 참여하여 합리적인 토론을 통해 결론을 도출하는 바로 이 공론장에서 그 사회의 가치와 규범이 형성된다는 것이다. 따라서 한 사회의 공론장 역사는 한 사회의 가치와 규범의 형성사이며 행위양식의 형성사라 할 수 있다. 또

---

68. 앞에서 언급했듯이 앤더슨의 이론에 따르면 민족은 인쇄자본주의가 발달함에 따라 형성된다. 쿠텐베르크가 금속활자를 발명하고 대량인쇄가 가능해지면서 인쇄를 통한 수입 창출이 가능해지자 소설과 같은 인쇄물이 쏟아지기 시작했다. 소설과 같은 인쇄물을 많은 사람들이 읽게 되면서 사람들은 공통의 화제가 생겼고, 이 공통 화제의 범위가 바로 민족의 범위가 된 것이다. 따라서 이러한 민족의 형성에 있어 가장 핵심적인 역할을 한 것이 바로 '신문'이다. 신문이 배달되는 범위 안에서 공통의 관심과 화제가 생기고 사람들이 공통의 관심과 화제를 토론하는 과정에서 공통의 의식이 생기게 되면서 자연스럽게 신문의 배달범위 안에 있는 사람들이 '우리 의식'을 느끼게 되어 민족이 형성되었다는 것이다. 그리고 이 과정에서 사람들이 공통의 관심과 화제를 토론하는 장인 공론장이 형성되었는데, 카페, 살롱, 포괄적으로는 신문이 공론장의 초기적 형태라 할 수 있다. 우리의 인쇄자본주의와 민족주의에 관한 분석으로는 앙드레 슈미드, 『제국 그 사이의 한국 1985~1919』(정여울 옮김), 휴머니스트, 2007.
69. 시민사회와 공론장에 관해서는 다양한 이론적 견해가 있지만, 시민사회의 핵심이 시민들의 자유로운 참여에 의한 공적토론이라는 점, 즉 공론장이라는 점은 모든 이론가들이 동의한다. 이에 관해서는 김정훈, 『87년 체제를 넘어서』, 한울, 2010. 앞의 책, 3장; Calhoun, C.(ed.), *Habermas and the Public Sphere*, Cambridge: The MIT Press. 1992.

한, 중요한 것은 공론장이 하나가 아니라는 점이다. 하버마스가 공론장 이론을 정립한 『공론장의 구조변동』이라는 책에서 부르주아 공론장과 함께 프롤레타리아 공론장을 언급한 것처럼, 시민사회 안에는 다양한 공론장이 형성될 수 있고 그래서 다양한 가치와 규범이 공존하며 다양한 행위양식이 형성될 수 있다.

한국 시민사회의 형성에 관해서는 다양한 이론이 있으나, 위에서 언급했던 공론장의 이상을 기준으로 평가한다면, 한국 공론장의 초기 형태는 개화기에 형성되었다고 할 수 있다. 먼저, 보편적 참여를 제약하는 구조적 조건인 신분제가 철폐되었고, 다음으로는 비판적 합리적 토론을 제약하던 일원론적인 전근대적 세계관이 해체되었기 때문이다. 이런 의미에서 독립신문과 만민공동회는 공론장의 이상에 합치되기에는 한계가 있지만, 한국 사회에서 나타난 최초의 공론장이다.[70] 서구의 초기 공론장인 문학적 공론장과 정치적 공론장이 부르주아 계급의 배타적인 영역이었고, 당시에 절대왕정과 신학적 세계관이 완전히 해체되지 않았다는 점에 비추어 보면, 우리나라에서 공론장의 형성을 개화기로 소급하는 것은 큰 무리가 없을 것이다.

한국에서 공론장은 일제 침략기를 맞으면서 극적으로 분화된다. 일본 총독부가 철저히 관리하는 '식민지적 공론장' 또는 '친일적 공론장'과 일제에 대항하여 조국 독립을 추구하는 '민족적 공론장'으로 분화되고, 또한 한반도에는 식민지적 공론장이, 만주를 비롯한 해외에는 민족적 공론장이 형성되어 공간적으로도 분화된다.

---

70. 김정훈, 같은 책; 이황직, 『독립협회, 토론공화국을 꿈꾸다-민주주의 실험 천 일의 기록』, 프로네시스, 2007.

일본은 3.1운동 이후 문화통치를 펼치긴 했지만, 기본적으로 식민지 주민들의 자율성을 인정하지는 않았다. 그런데도 조선총독부가 어떻게 할 수 없었던 것은 근대화의 산물들이었다. 근대화는 신문과 잡지를 발전시켰고, 다방과 카페를 만들어 냈으며, 상조회같은 이익결사체를 비롯한 다양한 결사체들을 만들어 냈다. 총독부는 근대화의 모든 산물을 없앨 수 없었기 때문에 자율적인 영역이었던 시민사회아 공론장을 철저히 통제 아래에 두려 했다. 이런 의미에서 일본에 협조하는 사람들을 중심으로 한 일종의 의사(pseudo) 공론장, 즉 식민지적 공론장 혹은 친일적 공론장이 형성되었다. 이 영역은 철저히 일본제국주의에 대한 충성을 전제한 것이었고, 그런 의미에서만 자율성이 허용되는 영역이었다. 물론 이 영역을 활용하여 일정한 저항이 벌어지기는 했지만, 중일전쟁 발발 이후에는 이 영역조차 철저히 동원의 영역이 되었다.

중요한 점은 이 영역을 통해 일본 제국주의의 가치와 행위양식이 전달되었고, 이를 통해 친일적 정체성이 형성되었다는 것이다. 일본 제국주의가 한반도를 장악하고 있었기 때문에 이 영역에서 만들어진 정체성은 일본 제국주의를 재생산하는 이데올로기적 효과를 가졌고, 이를 통해 자발적 친일의식이 형성되기도 하였다. 또한, 이러한 이데올로기적 효과는 해방 이후에도 식민지적 정체성의 원천으로 작용했다.

앞에서 언급했듯이 우리의 민족주의는 민주주의를 내장하고 있다. 이러한 '민주주의적 민족주의'는 천황제 일본 식민주의하에서는 형성될 수 없는 것이다. 따라서 민주주의적이고 평등주의적인 정체성은 다른 공론장에서 형성되었는데 그것이 바로 민족적 공론장이다.[71]

---

71. Eley, G., "Nations, Publics, and Political Cultures: Placing Habermas in the

민족적 공론장은 처음에 한반도 내에 존재했다. 근대 사회가 만든 분화의 원리에 따라 어느 정도 자율성이 보장되었던 시민사회의 다양한 영역에서였는데, 특히 학교나 종교 같이 상대적으로 자율적인 영역이나 '신간회'와 같은 독립운동 조직에서 이루어졌다. 하지만, 시간이 지날수록 일제의 탄압으로 축소될 수밖에 없었다.

독립운동가들이 독립운동을 하기 위해 한반도를 떠나 국외로 이주함에 따라 민족적 공론장은 한반도가 아니라 국외에서 다양한 형태로 형성되었다. 국외의 독립운동 세력에 의해 주도된 민족적 공론장은 이 시기에 나타난 다양한 신국가 건설론에서 알 수 있듯이, 민주주의적이었고 평등주의적이었다. 이들은 새로운 국가를 건설하기 위해 비판적, 합리적으로 토론했으며, 이 토론에는 신분적 제약도 없었다. 민족적 공론장은 독립운동의 산실이면서 동시에 민주주의적이고 평등주의적인 정체성을 형성하는 산실이었다고 할 수 있다.

일제 시기에 형성되었던 공론장을 굳이 살펴보는 것은 이때 형성된 공론장의 기본 형태와 각 공론장을 통해 형성된 정체성 및 행위양식이 해방을 거쳐 민주화에 이르기까지 기본적으로 유지되었기 때문이다. 위로부터의 공론장과 아래로부터의 공론장이라는 이원적 공론장은, 단순화하면 '위로부터의 민족주의=종족적 민족주의=연고주의=실용주의'와 '아래로부터의 민족주의=시민적 민족주의=민주주의=평등주의'라는 각기 다른 민족주의와 행위양식을 형성하였다. 또한, 이러한 다양한 민족주의 및 행위양식의 갈등과 접합이 한편으로 한국 민족주의의

Nineteenth Century", Craig Calhoun(ed.), *Habermas and the Public Sphere*, Cambridge: The MIT Press. 1992.

역동성을 만들어 내면서, 다른 한편으로 한국 산업화와 민주화의 동력이 되었던 것이다.

(1) 식민지적 공론장과 연고주의, 실용주의의 발명

한반도가 식민지가 되었다는 것은 한민족이 일제의 수탈을 받았다는 것만이 아니라 한민족이 일제의 가치와 의식을 강요받았다는 것을 의미한다. 다시 말해 식민지 조선은 내선일체라는 미명하에 일본식 근대화 의식을 강요받았고, 이것은 천황제로 상징되는 권위주의적 가치와 의식을 강요받는 과정이었다.

이러한 일본에 의한 식민지적 근대화 과정은 한국 사회에 '비동시성의 동시성'을 만들었다. 21세기 개명천지에 전근대적인 '갑질'이 난무하고, 민주화가 된 지 30여 년이 넘었음에도 탈법적인 '실세 정치'가 이루어지며, 세계 최첨단 기업에서는 탈법과 편법으로 '부자 세습'이 이루어지는 등 한국 사회의 '비동시성의 동시성'은 일본의 식민 지배로 만들어져 해방 후에도 지속해서 이어지고 있다.

'비동시성의 동시성'이 일제에 의해 만들어진 것은 식민 시기에 '비동시성의 동시성'을 재생산하는 메커니즘과 주체가 형성되었기 때문이다. 이는 '비동시성의 동시성'이 단순한 문화지체 현상, 즉 경제발전 속도를 문화발전이 따라가지 못해 새로운 시대에도 과거의 것이 유지되는 현상이 아니라는 것을 의미한다. '비동시성의 동시성'은 독특한 재생산 메커니즘과 주체를 가졌고, 이 때문에 일제 식민지 시기에 형성되었음에도 현재까지 재생산되는 것이다.

'비동시성의 동시성'을 만든 메커니즘은 식민지적 근대화의 기본 메커니즘인 '분화와 탈분화의 동시 진행'이다. '분화와 탈분화의 동시 진행'이라는 개념은 근대화의 특징인 분화, 즉 정치, 경제, 시민사회라는 분화된 영역을 정치 권력이 지속적으로 다시 지배하는 것을 지칭한다. 다시 말해 한편으로는 근대화 경향에 따라 사회의 각 영역은 분화되어 가는데, 다른 한편으로 국가권력이 그렇게 분화되는 각 영역의 자율성을 침해하고 자신의 통제하에 두는 이중적인 과정이 지속되는 것을 의미하는 개념이다.

이 과정에는 서구적 근대화 과정과 비교하면 독특한 특징이 있다. 일반적인 서구적 근대화 과정은 지속적인 분화가 특징이다.[72] 전근대 사회는 전제군주 혹은 종교의 논리에 따라 일원화된 사회였다. 종교적 교리 혹은 왕의 명령이라는 하나의 원리가 모든 사회 영역에 관철되는 사회였다. 예를 들어 조선 시대에는 궁중음악과 악기까지도 유교의 원리에 따라 만들어졌고, 궁중음악이 연주되는 중에 어떤 사고가 발생하면 이것은 정치적인 문제로 비화되기도 했다.

전근대 사회가 이렇게 하나의 원리에 의해 지배되는 사회, 즉 일원론적 사회였다면, 근대 사회는 다양한 원리에 의해 지배되는 사회, 즉 베버에 따르자면 다신교의 사회라 할 수 있다. 분화는 이렇게 사회가 다

---

72. 근대화는 분화를 특징으로 한다. 전근대 사회가 일원론적 사회였다면 현대 사회는 정치, 경제, 사회, 문화 등의 각 하위 영역으로 분화하는 것이 특징이며, 각 하위 체계가 자율화하여 자기 입법화(self-legislating)를 통해 스스로의 준거 논리를 확보한 사회를 의미한다. 베버의 자기 결정, 부르디외의 장(field) 개념은 근대화로 인한 분화와 자율화를 드러내는 개념이다. 탈분화는 각 영역으로의 분화가 억제됨을 의미하지만 또한 각 영역의 자율성이 침해된다는 것을 의미한다. 스콧 래시, 『포스트 모더니즘과 사회학』(김재필 옮김), 한신문화사, 1993.

양한 원리를 가진 영역으로 분리되는 과정을 표현한다. 하나의 원리를 가진 단일 사회가 정치, 경제, 사회, 문화 등으로 분리되고, 각 영역이 독자적인 자기 규칙을 가진 영역으로 나누어지는 것을 분화라고 한다. 분화가 이루어지면 과거와 같은 종교적 원리에 의한 음악의 규제는 불가능하다. 현대 사회에서는 음악은 음악이고 정치는 정치일 뿐이다. 만약 청와대가 특정 아이돌의 음악이 싫다고 규제한다면 그것은 신가한 국민적 저항을 받을 것이다. 아무리 대통령이 국민을 대표한다고 해도 음악의 논리와 정치의 논리는 다르며 각 영역은 각각의 자율성을 침해해서는 안 된다는 원칙이 현대 사회에는 확고하게 정립되었기 때문이다.

서구 사회가 분화를 겪게 된 것은, 한편으로 자본주의가 발전했고 다른 한편으로 인권에 기반한 민주주의가 발전했기 때문이다. 이 두 가지 경향은 국가권력을 적절히 통제하면서 국가 이외의 영역에 자율권을 부여했고, 국가 이외의 영역은 다양한 방식으로 분화할 수 있었다. 그런데 비서구 사회 식민지 경우 근대화에 의해 자본주의가 발전했지만, 개인적 권리에 기반한 민주주의의 발전은 철저히 억압되었다. 이것은 식민권력이 무엇보다 독재권력이었기 때문이었다. 피식민 민족에 자율권을 부여할 필요가 없었던 식민권력은 식민지 사회를 철저히 통제하였고, 이것의 결과는 분화되는 영역들을 다시 권력의 통제 아래에 두는 '탈분화'였다. 이런 과정을 통해 식민지에서는 '분화와 탈분화'가 동시에 이루어지는 식민지적 근대화 메커니즘이 형성되었다.

일본 제국주의에 의한 식민지적 근대화의 메커니즘이 '분화와 탈분화의 동시 진행'이라면 한반도에서 자율적인 시민사회 혹은 공론장의 형성은 불가능해진다. 앞에서 언급했듯이 한반도 안에서는 국가의 통제 아래에 있는 공론장, 즉 식민지적 공론장이 중심 공론장으로 형성될 수밖에 없었고 식민권력에 저항하는 공론장인 민족적 공론장은 한반도의 밖에서 구성될 수밖에 없었다.

공론장이 중요한 것은 공론장이 정체성을 형성하는 장소이기 때문이다. 따라서 식민지적 공론장에서는 식민지적 정체성이 형성된다. 식민지적 근대화 메커니즘을 통해 형성되는 정체성 혹은 행위양식에서 가장 특징적인 것은 연고주의적 주체 혹은 연고주의적 행위양식이 형성된다는 점이다. 식민지에서 연고주의적 주체 혹은 행위양식이 형성되는 것은 식민지적 근대화의 일반적인 양상이다. 왜냐하면, 전통적인 지배는 사라졌고 식민권력이라는 생면부지의 독재권력이 작동하는 가운데 자본주의라는 새로운 근대적 경제 양식에 당면한 식민지 주민은 자신의 생존을 위해 활용할 수 있는 모든 자원을 활용할 수밖에 없는데,[73] 이중 가장 손쉬우며 믿을 수 있는 관계가 가족, 혈연, 지연 등의 전통적인 관계이기 때문이다. 국가에 의한 보호가 전혀 없을 뿐 아니라 피식민 주민들에게는 자의적이고 차별적인 식민권력과 대면했을 때, 개인이 생존을 위해 전통적인 네트워크인 혈연이나 지연을 활용하거나 근대적 제도인 학연마저도 네트워크로 활용하는 것은 가장 안전하며 효율적인 생존방식이라 할 수 있다.[74]

---

73. 피정복 사회의 모든 집단과 계급은 새로운 강권 통치에 맞서 생존전략을 개발할 필요를 느낀다. 이는 특히 식민지 이전 엘리트들에게 절실한데, 이들은 자신들의 정치적 정당성, 사회적 지위, 그리고 심지어는 신체적 존재까지도 근본적인 위협을 받는 것으로 느낀다. 위르겐 오스터함멜, 『식민주의』(박은영·이유재 옮김), 역사비평사, 2006, 108쪽.
74. 식민을 겪는 나라들에서 후견주의는 보편적인 현상이다. 식민지 사람들은 국가라는 전통적 후견인을 찾거나, 식민권력과 자본주의라는 예기치 못한 상황에 적응

이러한 연고주의 네트워크의 활용은 한국적인 근대적 주체, 즉 식민지적 근대화가 만들어 낸 독특한 근대적 주체인 연고주의적 주체를 형성한다. '연고주의적 주체'란 개인이 독립적이고 자립적으로 활동하는 게 아니라 연고주의적 집단의 대리인으로 활동한다는 것을 의미한다. 예를 들어 성공은 개인이 이루는 것이 아니기 때문에, 성공한 사람은 집안 대소사를 다 책임질 뿐 아니라 고향 사람들의 취직자리도 알아봐 줘야 하며 학교 친구들의 부탁도 들어주어야 한다. 역으로 성공하기 위해서는 성공한 가족, 친척, 동향 선배, 학교 선배에게 취직자리나 이권을 청탁해야 한다. 그리고 이러한 행위는 연고주의적 네트워크 안에서 마치 대가를 바라지 않는 선물경제처럼 상호교환되면서 재생산된다.

연고주의적 주체가 형성되었다는 것은 근대적인 공/사의 분리가 다시 탈분화되고 있다는 것을 의미한다. 쉽게 말해 공적인 일을 공정한 규칙에 따라 처리하는 것이 아니라 친구나 친지의 부탁에 따라 처리함으로써 공적 이익이 침해되는 것이다. 이런 과정이 반복되면 구조화된다. 통치체계뿐만 아니라 시민사회도 연고주의적 결사체에 의해 조직되고 이들에 의한 사적 이익 추구 행위는 시민사회 안에서의 합리적인 공적 토론의 가능성을 제한한다. 아직도 우리 사회에서 가장 많은 자발적 결사체가 향우회와 동창회라는 사실은 이 결사체들이 단순히 친밀성을 나누는 것만이 아니라 이익을 교환하는 결체사임을 보여줌과 동시에 연

하기 위해 기존의 확실한 인간관계를 활용한다. 식민지를 겪은 나라마다 처했던 구체적인 상황에 따라 후견주의, 족벌주의, 종족주의 등 다양한 형태로 나타나지만, 중요한 것은 이러한 특정한 행위양식이 형성되면 이것이 다시 특정한 구조를 재생산한다는 점이다. 피에르 부르디외, 앞의 책.

고주의적 주체가 과거의 유물이 아니라 현재에서 재생산되고 있음을 잘 보여 준다.

식민지 근대화 메커니즘에 의해 형성되는 또 하나의 행위양식은 실용주의이다. 여기서 실용주의란 목적은 생각하지 않고 오직 효율성만을 강조하는 것을 의미한다. 이를 서구적 합리성의 발전 과정과 비교하면, 서구 근대적 합리성의 특징 중의 하나인 '의사소통적 합리성'[75]은 전혀 발전하지 않고 도구적 합리성, 한국적 함의로 말하면 경제적 이익만을 추구하는 '경제적 합리성'[76]만이 발전한다는 것을 의미한다.

실용주의는 식민지 통치 메커니즘에 의해 필연적으로 형성된다. 식민사회에서는 포드주의적 노동 과정에서 일어나는 '구상과 실행의 분리'와 같은 노동 과정의 분리가 식민관청에서만이 아니라 식민사회 전체에 걸쳐 민족 간의 분리로 나타난다. 예를 들어 조선총독부에서 구상은 일제와 일제 관료가 하는 것이고 조선인들은 통치권력의 구상을 철저히 실행하기만 하면 된다. 나아가 사회 전체로 볼 때, 식민권력이 거시적인 경제전략부터 미시적인 가정의례까지 전체적인 구상을 하면 피식민 주민인 조선인들은 복종하고 실행하기만 하면 된다. 만약 이러한 복종과 실행이 이루어지지 않을 때 식민권력의 탄압이 가해지기 때문에 조선인들은 살아남기 위해 복종하고 실행해야만 했다.

이러한 구상과 실행의 분리가 지속되면 조선인들에게 중요한 것은 효율성이고, 효율성만을 중시하는 실용주의가 발전하게 된다. '분화와 탈분화의 메커니즘'은 이러한 식민지적 실용주의의 발전을 더욱 강화한

---

75. 위르겐 하버마스, 『의사소통행위이론 1,2』(장춘익 옮김), 나남, 2006.
76. 여기서는 전략적 혹은 도구적 합리성을 한국적 맥락에서 경제적 합리성으로 개념화한다.

다. 근대 사회에서 경제적 합리성 혹은 관료적 효율성을 제어할 수 있는 합리성인 '의사소통적 합리성'은 민주적 토론이 이루어질 수 있는 시민사회의 공론장에서 발생한다. 그러나 식민지 권력은 시민사회의 자발적 토론을 철저히 억압했기 때문에 시민사회는 민주적 토론의 장소가 아니라 국가에 의한 동원의 장소, 이데올로기의 선전장이 된다. 따라서 이러한 메커니즘 아래에서는 '영혼 없는 식민 관료'가 생산되고, 사회는 '각자도생'의 격전장이 되는 것이다.

이러한 식민지적 행위양식은 일본의 직접 지배 방식에 따라 지방에까지 보편적으로 관철된 것으로 보인다. 지수걸에 따르면, 1927년 조선 사회는 절반을 조금 넘는 조선인 하급 관료를 포함하여 8만의 관료와 10만 안팎의 지방 유지가 지배하는 식민지 사회였는데, 지방 유지들은 자신들의 이익과 국가자원 배분을 둘러싼 지방정치에 적극적으로 참여하였다. 그러나 이들의 정치 활동은 공식기구를 매개로 한 것이 아니라 향응과 청탁과 같은 이른바 뒷거래 정치 관행에 의존한 것이었다.[77] 이들은 식민지 공론장에 참여하여 주민의 이익을 대변한 것이 아니라 관료와 유지의 담합에 의한 사이비 공론을 창출했고, 이를 통해 사익 추구의 연고주의적 행위양식과 효율성만을 추구하는 실용주의가 재생산되었다. 이러한 행위양식이 지금까지도 지방정치에 강력한 영향을 미치는 '관료-유지 지배'체제로 이어지고 있는 것이다.

'분화와 탈분화의 동시 진행'이라는 메커니즘은 일제의 근대화 민족

---

77. 지방 유지들은 대부분 자문기구에 불과한 읍회의원, 도회의원, 중추원 참의, 그리고 농회 및 금융조합의 이사 등 다양한 공직을 역임했는데, 그 이유는 각종 공직 활동을 통해 형성된 이른바 '빽'이나 당국 신용을 매개로 뒷거래 정치를 하기 위해서였다. 지수걸, 「지방유지의 식민지적 삶」, 『역사비평』 통권90호, 2010.

주의 담론과 그것에 대한 식민지 공론장의 자발적 수용에 의해서도 정당화된다. 비서구 사회로서 후발근대화를 추진해야 했던 일본의 민족주의 담론은 '화혼양재'로 상징되는 전형적인 혼합형 민족주의였다. 일제는 초기에는 천황제의 공고화를 위해, 다음으로는 제국주의의 영토를 동아시아로 확대하기 위해 일본의 정신을 강조했는데, 이러한 담론의 결정판이 도의(道義)론이라고 할 수 있다.

일제는 지배 질서를 정당화하기 위해 동(동양)을 재구성하는데, 그것은 내부적으로는 천황제를 정당화하기 위한 국체(國體) 이데올로기를 확립하는 것이었고, 외부적으로는 제국주의적 침략을 정당화하기 위해 청, 즉 중국 중심의 동양을 일본 중심의 동양으로 전환하는 것이었다. 일제의 국체 이데올로기의 핵심은 충군애국의 정신이다. 천황은 만세일계(萬世一係), 즉 만 년 동안 하나의 혈통으로 이어진 변하지 않는 군주가 곧 국체이고, 이 국체에 충군애국을 다해야 한다는 것이 국체 이데올로기의 핵심이다.[78] 동양론의 핵심은 도의라 할 수 있다.[79] 동양론에 따르면 서구의 근대, 즉 개인주의와 자본주의는 한계를 가진 체제로 서구적 근대를 극복하기 위해서는 동양적 특징인 도의 사회, 도의 국가를 건설해야 한다는 것이다.

중요한 것은 도의의 핵심이 국체 이데올로기의 핵심인 충군애국 정신이라는 점이다. 일제는 1937년 중일전쟁을 시작으로 본격적인 총력전

---

78. 윤해동, 「국체와 국민의 거리―탈식민시기의 식민주의」, 『역사문제연구』 통권15호, 2005.
79. 동양론에 관해서는 홍정완, 「한말동양·아시아담론과 민족의 발견」, 『동방학지』 제180집, 2017; 정종현, 「식민지 후반기(1937~1945) 한국문학에 나타난 동양론 연구」, 동국대학교 대학원 국어국문학과 박사학위 논문, 2005; 임성모, 「대동아공영권 구상에서의 지역과 세계」, 『세계정치』 제26집 2호, 2005.

체제로 돌입하는데, 국체 이데올로기와 동양론은 총력전 체제를 정당화하는 이데올로기로 발전하였고, 그 핵심인 도의는 천황에 대한 충성으로 더 명확하게 정의되었다. 따라서 일본의 소위 '대동아 전쟁'은 서구의 근대에 대항하여 근대를 넘어서는 새로운 문명을 건설하는 일로 정의되었고, 근대를 넘어서는 새로운 문명은 동양의 정신, 즉 충군애국의 정신으로 규정되었다.

식민지 공론장은 이러한 일본의 이데올로기를 자발적으로 반복했다. 당시의 대표적 지식인인 최남선은 도의론에 입각해 청년들을 일제를 위한 전쟁에 참여하기를 독려하기도 할 만큼 식민지 공론장에서 식민주의적 의식은 내면화되어 있었다.

> 황공하옵게도 폐하의 부르심을 밧자옵고 황도의 선양 도의건설 그리고 대동아의 건설을 계기로 한 인류의 구제에 최선을 다하는 것이 지금 제군에게 요망되어 잇다. 제군! 대동아의 성전은 이름 비록 동아이지만은 이는 실로 신시대 신문화의 창조운동이며 세계역사의 개조이다. 바라건대 일본국민으로서의 충성과 조선남아의 의기를 발휘하야 부여된 광영의 이 기회에 분발용약하야 한사람도 빠짐업시 출진하기를 바라는 바이다.[80]

위 인용문은 최남선이 얼마나 일제의 지배 담론에 철저히 포섭되어 있는지를 잘 보여 준다. 더 흥미로운 점은 이런 식의 일제 식민 담론에 젖어 들면 우리의 역사 역시 일본식으로 재해석된다는 점이다. 단재 신

---

80. 최남선, 「학도여 성전에 나서라—보람있게 죽자 '임전문퇴 공론무용'」, 매일신보 1943.11.5.; 강해수, 「도의국가로서의 만주국과 건국대학-사쿠다 소이치·니시 신이치로·최남선의 논의를 중심으로」, 『일본공간』 통권20호, 2016, 111쪽에서 재인용.

채호가 민족적 전통으로 발명했던 화랑도는 내선일체를 정당화하고 충군애국 정신을 설파하는 전거로 활용된다. 최남선은 위의 글에서 화랑도 세속오계 중 1조인 임전무퇴의 정신에 따라 전쟁에 참여하자고 주장했고, 이광수는 『원술의 출정』이라는 소설을 통해 학생들에게는 임전무퇴의 정신을, 여성들에게는 상무적 교양을 갖춘 군국의 어머니가 될 것을 강요하였다.[81] 일제가 주입한 동양론, 국민도의론은 박정희 시기까지 이어지면서 동도서기의 동, 즉 민족적 전통을 구성하는 데 중요한 역할을 하였다.

일본이 주도한 식민지적 공론장은 일제 강점기뿐만 아니라 해방 이후에도 강력한 영향을 미쳤다. 이는 한편으로 식민지적 공론장을 주도했던 인물들이 해방 이후 대한민국의 주류 세력으로 지속적인 영향을 미쳤다는 점에서, 다른 한편으로는 해방 이후 한국이 식민지적 통치 방식의 핵심인 독재적 통치 방식을 지속했다는 점에서 그러하다. 해방 이후에도 식민지적 공론장에서 정체성을 형성한 사람들이 여전히 존재하고, 그러한 공론장을 가능하게 한 메커니즘이 존재한다면 동일한 정체성 혹은 행위양식은 지속적으로 재생산될 수밖에 없기 때문이다. 이런 점에서 식민 시기는 해방 이후 민주화까지 한국의 주류 행위양식이 형성된 시기라 할 수 있다.

식민지적 근대화 메커니즘과 행위양식은 한국 민족주의에도 중요한 의미가 있다. 식민지적 공론장에서 형성된 주체들이 해방 이후 한국 사회의 주류가 되었을 뿐 아니라 이들이 한국의 공식 민족주의를 구성했

---

81. 정종현, 「국민국가와 '화랑도': 애국계몽기-대한민국 건국기의 '화랑' 담론과 활용 양상을 중심으로」, 『정신문화연구』 제29권 4호, 2006.

기 때문이다. 그리고 식민지적 행위양식들은 민족주의의 이름으로 재생산되었다. 다시 말해서 연고주의를 한국의 전통으로, 의사소통적 합리성이 빠진 경제적 합리성을 서구의 본질로 설명하면서 권위주의적 권력을 재생산하고, 산업화를 이루는데 기여하게 된다. 이런 의미에서 식민지적 공론장은 한국 공식 민족주의의 산실이었다고 할 수 있다.

(2) 민족적 공론장과 민주주의, 평등주의의 형성

시민사회, 공론장, 민족 등의 근대적 개념들은 인쇄자본주의와 같은 다양한 사회경제적인 요인과 상호작용 속에서 발전하는 것이지만, 특히 '신분제'의 철폐와 같은 제도 개혁이 전제되지 않는다면 이들 개념은 형성되지 않는다. 다시 말해서 시민사회의 핵심인 자유로운 개인, 공론장의 핵심인 보편적 참여, 그리고 민족의 핵심인 '우리 의식'이 가능하기 위해서는 모두가 동등하다는 전제, 혹은 보편적 개인이라는 전제가 제도적으로 보장되지 않고는 불가능하고, 모두가 동등하다는 의식의 제도적 조건은 신분제 철폐이기 때문이다.

갑오개혁을 통해 공식적으로 신분제가 철폐되고 시민사회와 공론장이 형성되면서 이 공간에서 평등주의, 민주주의 등의 사상들이 점차 확대되어 가기 시작했다. 앞에서 살펴보았듯이 민족과 민족주의가 형성되면서 우리 의식은 확대되고 이러한 우리 의식은 한편으로 집단주의를 강화했지만 다른 한편으로 평등주의를 강화해 나갔다. 이러한 평등주의의 발전은 3.1운동에서 획기적인 전기를 마련하게 된다. 3.1운동은 주권재민의 공화주의를 명확히 함으로써 민족주의에 내적 동등성을 명확히 하는 전기를 마련했기 때문이다.

3.1운동과 그 이후 독립운동의 역사는 한국 현대사의 의문 하나를 해명해 준다. 식민지에서 해방된 비서구 국가 중 많은 나라에서 왕조복귀 운동이 일어나거나 실제로 왕조가 복귀했는데 왜 우리나라에서는 해방 이후에 왕조복귀 운동이 일어나지 않았을까? 나아가 어떻게 우리는 해방된 지 불과 15년 만에 4.19혁명이라는 민주주의 혁명을 일으킬 수 있었을까? 이러한 의문을 품다 보면 우리는 해방 이전에 민주주의의 원천이 되었던, 그 뿌리가 되었던 역사적 전통이 있지 않았을까 하는 추론을 하게 된다. 해방 이전에 뭔가 한국 사람의 심성에 민주주의를 뿌리 깊게 자리 잡게 하는 그 무엇이 있지 않고서는 이렇게 빨리 민주주의 혁명을 이루고, 지금의 민주주의를 누릴 수는 없기 때문이다.

앞에서 언급했던 식민지적 공론장을 통해 실용주의와 연고주의 등의 행위양식들이 형성되었다면, 해방 이후 왕정복고를 불가능하게 하고, 민주주의와 평등주의의 행위양식이 가능하게 했던 일들은 어디서 일어났을까? 그것은 바로 식민지적 공론장과는 다른 공론장, 독립운동가들이 주로 해외에서 독립운동을 하면서 형성한 민족적 공론장에서 나타났다. 그리고 3.1운동은 이러한 민족적 공론장의 원형적 형태였고, 다양한 분화의 출발점이었다고 할 수 있다.

인민주권 사상, 민주공화제 등의 사상과 제도들은 분명 서구의 발명품이다.[82] 서구에서도 그 초기적 형태가 그리스까지 올라간다고 하지

---

82. 전 세계적 관점에서 볼 때, 민주주의 역시 서구의 산물이고, 비서구 사회에서 민주주의는 서구 근대의 확산 과정의 산물이다. Therborn, G., *European Modernity and Beyond—The Trajectory of European Societies, 1945~2000*, London:

만, 현재의 주권재민 사상과 민주주의 제도들은 계몽주의와 함께 형성되었고 프랑스 혁명으로 실현되었다. 이런 의미에서 민주주의와 평등주의는 우리 역사에서도 그와 비슷한 사상이 있다고 하더라도 분명 서구의 수입품이라 할 수 있다. 이런 의미에서 민주주의 역시 민족주의와 마찬가지로 그것을 활용하는 주체에 따라 다양한 변용을 겪을 수밖에 없는 담론구성체라 할 수 있다.[83]

조선에 서구의 공화제가 처음 소개된 것은 1850년대이다. 청나라의 지리서인 『해국도지(海國圖志)』와 『영환지략(瀛環志略)』[84]이 수입되었고, 이를 참조하여 실학자이자 지리학자였던 최한기는 1857년 『지구전요(地球典要)』를 썼는데 여기서 서구의 정치제도, 특히 미국의 정치제도를 통해 왕이 없는 공화제 정치가 소개되었다. 이는 1850년경부터 지식인들 사이에는 공화제에 대한 인식이 있었음을 보여 준다.[85]

공화제가 대중적으로 소개된 것은 1884년 『한성순보』의 '구미입헌정체'라는 기사라 할 수 있다. 이 기사는 전제군주제와 달리 헌법에 입각

Sage Publications, 1995.

83. 2장에서 언급했듯이 민족주의와 민주주의는 3.1운동 이후 대중적으로 정착되기 시작하여, 해방 이후에는 누구도 부정할 수 없는 헤게모니 담론이 되었다. 따라서 권위주의적 통치 세력들이 실행할 때는 독재적이고 억압적으로 통치할지언정 민주주의 그 자체를 부정하지 못했고, '한국적 민주주의'처럼 민주주의의 내용을 권위주의적으로 변화시키는 담론을 활용하였다.
84. 『해국도지』는 위원(魏源)이 1944년에, 『영환지략』은 서계여(徐繼畬)가 1850년에 쓴 책이다.
85. 공화제의 도입에 관해서는 박찬승, 「한국근대국가 건설운동과 공화제」, 『역사학보』 제200집, 2008a; 윤대원, 「한말 일제 초기 정체론의 논의 과정과 민주공화제의 수용」, 『중국현대사연구』 21집. 2001; 윤해동, 「한국 민족주의의 근대성 비판」, 『역사문제연구』 통권4호, 2000; 김동택, 「근대 국민과 국가개념의 수용에 대한 연구」, 『대동문화연구』 제41권, 2002.

한 정치체제를 입헌군주국과 공화제로 소개하면서 처음으로 삼권분립과 같은 제도와 대통령을 소개하였다. 이후 1899년 유길준의 『서유견문』이 발표되면서 공화제 사상은 대중적인 사상으로 발전한다.

1890년대에 이르면 공화제 사상은 점차 현실적 논리로 발전한다. 갑오개혁기에는 유길준, 박영효 등에 의해 군주권을 제한하고 내각의 권한을 강화하는 공화제의 초기적 형태가 나타나고, 독립협회기에 이르면 국민주권론이 대두되면서 의회개설 운동이 본격화되어 1898년에는 최초의 의회라 할 수 있는 중추원이 만들어지기도 했다.

대한제국에서 공화제론은 1905년 대한제국이 보호국이 되면서 진일보한다. 초기의 군주권을 일부 제한하는 정도의 사고에서 명확히 입헌군주제로 전환하게 되고, 1907년 안창호 등이 결성한 신민회는 공화제를 목표로 하게 되고[86] 『대한매일신보』는 국민주권론을 명확히 보여준다. 결국, 1910년 대한제국이 멸망하고, 1911년 중국이 신해혁명으로 공화제를 채택하자 우리 사회에서도 공화제가 대세가 된다.

3.1운동 이후 한국 민족주의에서 국민주권에 입각한 공화주의는 명백해졌다. 이는 3.1운동의 영향으로 형성된 임시정부가 「헌법」에서 '대한민국의 주권은 대한 인민 전체에 재(在)함'이라 밝혀 국민주권 사상을 분명히 하였다는 점에서 알 수 있다. 1919년 4월 11일에 탄생한 대한민국임시정부의 「헌법」인 '대한민국임시헌장'의 내용은 다음과 같다.

---

86. 이 시기 개화 자강운동은 1904년 공진회, 1905년 헌정연구회, 1906년 대한 자강회, 1907년 대한협회로 이어지면서 입헌군주제 실시를 목표로 했다. 신용하, 「신민회의 창건과 그 국권회복운동(상)」, 『한국학보』 제3집 3호, 1977; 유영렬, 「한국에 있어서 근대적 정체론의 변화과정」, 『국사관논총』 제103호, 2003; 이승현, 「신민회의 국가건설사상—공화제를 향하여」, 『정신문화연구』 통권102호, 2006.

제1조. 대한민국은 민주공화제로 한다.

제2조. 대한민국은 임시정부가 임시의정원의 결의에 의하여 이를 통치한다.

제3조. 대한민국 인민은 남녀 귀천 및 빈부의 계급이 없고 일체 평등하다.

제4조. 대한민국 인민은 종교 언론 지직 출판 결사 집회 통신 주소 이선 신체 및 소유의 자유 등을 향유한다.

제5조. 대한민국 인민으로 공민 지격이 있는 지는 선기권과 피선기권을 가진다.

제6조. 대한민국 인민은 교육·납세 및 병역의 의무를 진다.

제7조. 대한민국은 신(神)의 의사에 의하여 건국한 정신을 세계에 발휘하며, 인류의 문화 및 평화에 공헌하기 위하여 국제연맹에 가입한다.

제8조. 대한민국은 구황실을 우대한다.

제9조. 생명형, 신체형 및 공창제를 전부 폐지한다.

제10조. 임시정부는 국토회복 후 만 1년 내에 국회를 소집한다.[87]

위에서 알 수 있듯이 '대한민국임시헌장'은 1조에 민주공화제를 명시하였을 뿐 아니라 3조에 평등권, 4조에 자유권, 5조에 참정권을 명시하여 민주주의 원칙을 명확히 하고 있다. 이 임시헌장은 9월 통합임시정부가 출범하면서 「대한민국 임시헌법」으로 개정되었고, 이 「헌법」 1조에 위의 주권개념을 명시하여 현재의 「헌법」 1조, '대한민국은 민주공화국이다. 대한민국의 권력은 국민에게 있다'의 뿌리가 되었다.

공화주의의 원칙은 임시정부에서만 발견되는 것이 아니다. 3.1운동 전후에 나타났던 참의부, 정의부, 신부 등 국외 교포 사회의 자치정부들

---

[87] 국회도서관, 대한민국임시정부 의정원문서, 1974. 5. 김정인, 『독립을 꿈꾸는 민주주의: 민주주의 개념으로 독립운동사를 새로 쓰다』, 책과함께, 2017, 27쪽에서 재인용.

이 국민주권주의와 공화주의의 원칙에 의해 운영된 것은 일제하의 독립운동 세력들로 구성된 민족적 공론장에서 주권재민과 공화주의가 보편적인 사상이 되었음을 의미한다.[88]

일제의 강점에 대항하여 독립국가를 수립하려는 독립운동은 결국 독립 후 민족국가 수립 운동이라고 할 수 있다. 이러한 신국가 건설 문제에 있어 우파와 좌파는 노선 갈등이 있기는 했지만, 중요한 것은 다양한 노선 차이에도 불구하고 좌파와 우파 모두 '민주공화제'로 수렴해 가고 있었다는 점이다.[89]

중국에서의 우익 독립운동은 1930년대 전반기에 와서 민족혁명당과 한국국민당계열로 정비되어간다. 1933년 성립된 한국대일전선통일동맹을 모태로 하는 민족혁명당은 민족국가의 건설을 '정치·경제·교육의 평등에 기초를 둔 진정한 민주공화국'으로 하여 삼균주의적 국가건설론을 제시한다. 민족혁명당의 성립에 반발하여 김구를 중심으로 하는 임시정부파가 1935년에 결성한 한국국민당도 '정치·경제 및 교육의 균등을 기초로 하는 신민주공화국'의 건설을 목표로 하고 '토지와 대생

---

88. 이 시기까지의 공화주의가 국민주권 사상에 철저했는지에 대해서는 이론이 있다. 윤해동은 이 시기의 공화주의를 국민주권과 민주주의가 없는 '민족주권적 공화주의'로 규정하고 공화주의의 한계를 지적한다. 김동택 역시 국민주권 의식이 없었다고 주장한다. 그러나 이 시기까지 공화주의 담론이 국민주권과 민주주의에 철저했는지에 대해서는 이론이 있지만, 이것을 민족주의 및 민주주의의 발전사라는 역사적 관점에서 보면 일제 말기에 자유주의적 기본권을 넘어 사회적 기본권까지 주장되었다는 사실에 비추어 볼 때 '민주주의적 민족주의'가 한국 민족주의의 적통임을 알 수 있다. 윤해동, 앞의 글, 2000.
89. 3.1운동 이후의 독립운동 세력의 신국가 건설운동에 관해서는 강만길, 「독립운동 과정의 민족국가건설론」, 송건호, 강만길 편, 『한국민족주의론 I』, 창작과비평사, 1982; 서중석, 『한국현대민족운동연구: 해방후 민족국가 건설운동과 통일전선』, 역사비평사, 1991. 1장.

산기관을 국유화로 하여 국민의 생활권을 평등하게 할 것'을 채택함으로써 민족혁명당과 동일한 민족국가건설론을 주장했다.

1930년대 중엽 이후 중국에서의 독립운동은 연합전선을 표방하며 민족혁명당과 한국국민당을 중심으로 통합되어 갔는데 민족혁명당은 '조선민족전선연맹'으로, 한국국민당은 '한국광복운동단체 연합회'로 일단 통일되었다가 1939년에는 '연합전선'을 완성하여 '전국연합진선협회'를 발족시켰다. 이 연합전선은 정체를 민주공화국으로 하고, 삼균주의를 따랐다.[90]

좌파의 민족국가 건설론은 세 시기로 구분된다. 첫째는 '협동전선' 성립기이며, 둘째는 협동전선 와해기, 셋째는 '연합전선' 지향기이다. 협동전선 성립기에 있어 대표적인 운동은 1926년 6.10만세운동과 1927년 민족유일당 운동의 일환인 신간회 운동이다. 이 운동의 좌파 중심세력이었던 조선공산당은 노농 계급과 도시 소자본가 및 부르주아지가 동맹하고, 선거로 세운 입법부가 권력의 최고 기관이 되는 '민주공화국' 건설을 독립운동의 목표로 삼았다. 이러한 민주공화국론은 국외의 고

---

90. 좌파연합체인 '조선민족전선연맹'과 우파연합체인 '한국광복운동단체연합회'가 합쳐 이루어진 연합전선조직 '전국연합진선협회'의 김원봉과 김구가 발표한 정강은 다음과 같다. 1. 일본 제국주의의 통치를 전복하여 조선 민족의 자주독립 국가를 건설한다. 2. 봉건 세력 및 일체의 반혁명 세력을 숙청하여 민주공화제를 건설한다. 3. 국내에 있는 일본 제국주의자의 공·사 재산 및 매국적 친일파의 일체 재산을 몰수한다. 4. 공업·운수·은행 및 기타 산업 부분에 있어서 국가적 위기가 있을 경우는 각 기업을 국유로 한다. 5. 토지는 농민에게 분배해주며 토지의 일체 매매를 금지한다. 6. 노동시간을 감소하고 노동에 관한 각 종업원은 보험 사업을 실시한다. 7. 부녀의 정치·경제·사회상의 권리 및 지위를 남녀 같이한다. 8. 국민은 언론·출판·집회·결사·신앙의 자유를 향유한다. 9. 국민의 의무교육과 직업교육을 국가의 경비로 실시한다. 10. 자유·평등·상부상조의 원칙에 기초하여 인류 평화와 행복을 촉진한다. 이 정강은 조선독립동맹의 정강과 대동소이하다. 강만길, 앞의 글.

려공산당이 내세운 '프롤레타리아 독재'에 의한 '소비에트 정부' 수립론과는 큰 차이가 있다. 조선공산당은 신간회를 발족시키면서 민주공화국 건설론에서 '노농 대중의 민주주의적 집권자를 갖는 인민공화국' 건설론으로 전환하는데 이는 공산당의 정치적 주도권을 분명히 하려는 의도였다. 조선공산당은 당시를 '부르주아 민주주의 혁명'의 단계로 잡으면서도 부르주아 세력의 미약성 때문에 혁명의 주체는 프롤레타리아트가 되어야 한다는 점에서 인민공화국을 주장하였다.

1930년대에 들어오면서 좌익 세력은 민족주의 세력의 친일화, 세계적 공황으로 인한 노동자와 농민의 성장, 그리고 조선공산당의 해체와 중국공산당으로의 편입에 의해 '민족 협동전선'을 해체하고 중국공산당의 노선인 이립삼(李立三)의 '극좌 맹동주의'를 추진하게 된다. 따라서 민족국가 건설론도 '소비에트 건설론'으로 전환되게 된다. 이러한 노선은 '민족주의 좌파'와의 적대 관계를 분명히 함으로써 독립운동 노선을 극좌화시키고, 독립운동 전체에서 공산주의 운동을 고립화시키는 데 기여하게 된다.

1930년대 후반 좌파 독립운동은 '민족연합전선'을 지향하는 새로운 변화를 이룬다. 1936에 조직된 만주의 '재만한인 조국광복회', 1941년에 중국공산당의 지원 아래 건설된 연안의 '화북 조선청년연합회'와 그 후신인 '화북 조선독립동맹', 그리고 국내의 공산당 재건 운동은 '소비에트 정권'이나 '노농독재 정권'을 지양하고 다시 '민족 부르주아지'와의 제휴를 전제로 한 '민족연합전선' 방식으로 나아갔으며, 특히 '조선독립동맹'은 '민주공화국'의 수립을 명시적으로 주장하였다.

일제하의 독립운동이 왕정복고가 아니라 새로운 국가 건설을 목표로 하고, 이들의 신국가 건설론이 국민주권과 공화주의로 귀결되는 데는 국내외 시민사회의 발전에 근거한다. 학생, 노동자, 농민, 여성 등의 근대적 계층들이 형성되어 언론운동, 형평운동, 노동운동, 농민운동, 교육운동을 펼쳤으며, 사상의 시장에서는 민족주의를 중심으로 사회주의, 아나키즘 등 백가쟁명의 토론이 이어졌다.[91] 이러한 시민사회의 발전은 민족적 공론장의 튼튼한 뿌리가 되었고, 해방 후에도 민주화를 추진하는 동력이 되었던 것이다.

한반도에서 근대화와 함께 시작된 민주주의적 사유는 왕의 권력에 대한 제한에서 출발해 입헌군주제를 거쳐 1919년 3.1운동 이후에는 공화제로 정착되었다. 이러한 민주주의적 사유는 1910년 국권을 상실한 이후에는 독립운동가들이 주도했으며 독립운동가들이 만든 민족적 공론장에서 발전하였다. 독립운동가들은 민족적 공론장에서 어떤 새로운 민주공화국을 만들 것인가를 토론하였으며, 이 과정에서 인권, 민주주의, 평등주의적 가치와 행위양식들이 뿌리내리기 시작했다. 물론 민족적 공론장 역시 전통적인 사유와 완전히 단절할 수는 없었고, 그런 의미에서 전통적인 연고주의가 남아 있는 혼종적 행위양식이 나타나기도 하였지만, 중요한 것은 이 영역에서는 민주주의적이고 평등주의적인 행위양식이 적어도 규범적으로는 주류 행위양식이었다는 점이다. 이로 인해 해방된 조국에서 민주주의적 민족주의는 헤게모니 담론이 될 수 있었고, 대한민국 「헌법」 제1조는 아무런 이견도 없이 '대한민국은 민주공화국이다'가 될 수 있었다.

19세기 이후 한국의 근대화 과정에서 누구도 부정할 수 없는 헤게모

---

91. 일제 시기 민주주의의 발전에 관해서는 김정인, 앞의 책.

니 담론을 꼽으라면 그것은 민족주의와 민주주의다. 근대화 이후, 더 정확하게는 3.1운동 이후 한반도에 존재했던 어떤 세력도 적어도 공개적이고 명시적으로 민족주의와 민주주의를 부정하지 못했다는 사실이 민족주의와 민주주의가 한국 사회의 헤게모니 담론이었음을 증명한다.

일제 강점기 민족적 공론장에서 형성된 아래로부터의 민족주의는 '민주주의적 민족주의'였고, 이것은 한국 정치이념에서 헤게모니 담론이 되었다. 한국의 민족주의가 '민주주의적 민족주의'였다는 사실은 한국의 세계적으로 유례없는 급속한 산업화와 빠른 민주화의 알려지지 않은 동력이었다. 민족적 동질감 형성은 민족적 열정을 산업화의 동력으로 전환하는 토대가 되었고, 민주적 가치와 행위양식의 형성은 인권과 평등을 향한 민주화 열망의 전제가 되었다. 또한, 민주주의적 민족주의는 한국 민족주의와 한국인의 행위양식을 역동적이게 하는 핵심 동력이었다. 식민지적 공론장에서 형성된 권위주의, 연고주의, 실용주의가 독재적 통치 형태로 인해 지속적으로 재생산되었지만, 민주적 공론장을 통한 인권, 평등주의, 민주주의 행위양식의 발전은 식민지적 행위양식과 지속적으로 갈등하면서 한국 민주주의 및 한국인의 정체성을 끊임없이 역동적으로 만들었다. '다이나믹 코리안(역동적 한국인)'은 한국 민족주의의 형성기에 이미 만들어지고 있었던 것이다.

IV. 공식 민족주의의 탄생과 식민지 행위양식의 재생산

1945년, 우리 민족은 드디어 해방되었다. 해방은 민족주의에 관한 겔너의 정의처럼 '민족적 단위와 정치적 단위'를 일치시킬 기회가 주어졌다는 것을 의미하고, 이는 식민 지배에 대항해 형성된 '저항민족주의'가 승리했음을 의미했다. 그러나 저항민족주의의 성공은 저항민족주의의 소멸과 새로운 민족주의의 생성을 의미하는 것이기도 했다. 저항민족주의를 만든 외부의 적이 사라짐에 따라 이제 민족주의는 새롭게 민족의 이익과 사명을 구성해야 하기 때문이다.

해방은 또한 한국 민족주의 역사에 새롭고도 가장 강력한 민족주의의 생산자를 만들어냈다. 근대 한민족이 형성된 이래 한민족에 의한 공식 정부가 성립됨으로써 국가 주도의 민족주의, 즉 공식 민족주의가 가능해졌기 때문이다. 민족주의 역사에서 국가는 민족주의 담론의 가장 강력한 생산자였고, 또한 지배 세력에게 있어 민족주의는 지배의 재생산을 위한 사회통합에 가장 효과적인 무기였다.

국가 주도 민족주의의 형성은 다른 한편 시민 주도의 민족주의와 갈등할 가능성을 내포하는 것이기도 했다. 앤더슨의 개념을 빌려 통치 권력 혹은 지배 집단의 민족주의를 '공식 민족주의'로, 시민사회의 민족주의를 '대중 민족주의'라 한다면, 공식 민족주의와 대중 민족주의는 일치할 수도 갈등할 수도 있기 때문이다. 공식 민족주의와 대중 민족주의가 일치할 경우 민족주의를 둘러싼 갈등은 크게 벌어지지 않겠지만, 국가권력이 시민사회의 이익과 정체성을 제대로 대변하지 못하거나 국가권력이 시민사회를 억압·통제하려는 경우 공식 민족주의와 시민사회의 민족주의는 갈등할 수밖에 없고, 공식 민족주의는 민족의 이름으로 시민을 억압하는 이데올로기가 된다.

해방은 우리 민족의 끊임없는 노력의 결과이기도 하지만 강대국에 의해 주어진 것이기도 했다. 해방 후 38선으로 남북이 분단되고 미국과 소련에 의해 남북이 점령되면서 민족의 독립은 우리의 의지만으로 불가능한 국제저 성격을 띠게 되었다. 새롭게 형성된 국제적 환경, 즉 미소 간의 대립이라는 냉전체제 아래에서 우리는 단순한 독립이 아니라 통일된 독립국가를 형성해야 한다는 새로운 민족주의적 과제에 놓이게 되었다.

해방은 다른 한편 민족주의의 만개를 의미했다. 해방 국면에서 민족주의는 헤게모니 담론이었고, 누구도 민족주의를 부정할 수 없었다. 그리고 해방을 주도적으로 만들어 낸 세력의 민족주의는 앞에서도 언급했듯이 '민주주의적 민족주의'였다. 해방 이후 최초로 건설되었으며 전국 조직을 만들었던 조선건국준비위원회(약칭 건준)가 발표한 선언 및 강령은 '민주주의적 민족주의'를 잘 보여 준다. "차제 우리의 당면 과제는 완전독립과 진정한 민주주의의 확립을 위하여 노력하는 데 있다. 일시적으로 국제 세력이 우리들을 지배할 것이다. 그것은 우리의 민주주의적 요구를 도와줄지언정 방해하지는 않을 것이다. 봉건적 잔재를 일소하고 자유 발전의 길을 열기 위한 모든 진보적 투쟁은 전국적으로 전개되고 있고, 진보적 민주주의 세력은 통일전선의 결성을 갈망하고 있나니 이러한 사회적 요구에 의하여 우리의 건국준비위원회는 결성된 것이다"[92]에서 알 수 있듯이 민주주의적 민족주의는 당시의 대세였다.

해방 당시 어느 정치 세력도, 서구에서마저도 완전히 이루어지지 못

---

92. 건준이 1945년 8월 25일에 발표한 선언. 정태영, 『한국 사회민주주의 정당사』, 세명서관, 1995, 55-56쪽.

한, 여성까지를 포함한 보통선거권을 부정하지 않았다는 사실은 당시 민주주의적 민족주의가 대중적으로 뿌리박혀 있었다는 사실을 잘 보여 준다. 해방에서 정부 수립 시기까지는 바로 이러한 민주주의적 민족주의라는 헤게모니 담론하에서 다양한 스펙트럼의 정치이념이 경쟁하는 장이었다고 할 수 있다.[93]

백가쟁명의 해방공간에서 '민주적 민족주의'를 통해 민족주의를 자신으로 것으로 만들 세력은 이승만 세력이었다. 이승만은 해방 시기에는 명망가에 불과할 뿐 대중적 지지기반이 튼튼하지 못했다. 따라서 그는 지지기반을 확대하기 위해 친일적 기반을 가진 한민당 등의 세력과 연합하였는데, 이는 이승만의 정치적 경로에 그리 유리한 것이 아니었다. 당시는 무엇보다도 민족주의의 시기였기 때문이다.[94]

민족주의 담론의 관점에서 볼 때, 이승만이 결정적으로 승기를 잡은 것은 신탁통치를 둘러싼 갈등 시기였다. 해방 후 좌우파의 대립 속에서 우파 내에서도 김구와 경쟁 중이던 이승만은 한반도의 신탁통치를 결정한 모스크바 3상 회의 결정과 이를 둘러싼 찬탁과 반탁의 갈등기에 반탁의 선봉장이 되면서 정치적 주도권을 획득하기 시작한다. 이승만은 '소련=좌파=찬탁=반민족주의'라는 등식으로 좌익을 반민족주의로 규정하고, 반탁 운동을 가장 강력하게 추진했다. 당시 좌익이 '민족주의'보다는 '민주주의 노선'을 채택했기 때문에 이승만은 신탁통치 국면

---

93. 해방 전후 시기, 민주주의는 좌익, 우익, 중도 등 모든 정치 세력이 자신의 정체성을 창조하고 입증하기 위한 제일의 이념이자 신념이었다. 김정인, 「해방 전후 민주주의'들'의 변주」, 『개념과 소통』 제12호, 2013.
94. 이승만은 권력을 잡기 위해 당시의 일반 정서였던 친일부역자 처단을 반대했고, 「헌법」을 제정할 때는 보통선거권의 확대를 반대했다. 서중석, 『한국현대민족운동연구2: 1948~1950 민주주의·민족주의 그리고 반공주의』, 역사비평사, 1996, 33쪽.

을 지나면서 우익의 지도자로 등장하게 된 것이다.[95]

이승만의 '민주적 민족주의'[96]는 독립운동 시기부터 헤게모니 담론으로 정착한 민주주의적 민족주의의 연장선에 있는 것은 아니었다. 또한, 해방 국면이 우리에게 요구한 새로운 시대적 과제인 통일이나 산업화를 추진하는 것도 아니었다. 이승만은 헤게모니 담론이었던 '민주주의적 민족주의'의 기표만 이용하면서 그 기의를 권위주의적이고 분단지향적인 것으로 채워 갔다. 쉽게 말해 민주주의적 민족주의의 이름만 빌려 쓰고 그 내용은 본인의 집권과 정권의 재생산에 유리한 방식으로 바꾸었다. 이런 의미에서 이승만의 민족주의는 규범적으로 정당한 민족주의라기보다는 지배를 재생산하기 위한 이데올로기였다고 할 수 있다.

이승만의 민족주의는 또한 식민지적 행위양식을 재생산하는 이데올로기로 작동했다. 한편으로 충효, 연고주의와 같은 유교 원리를 전통으로 생산하면서 다른 한편으로 경제적 효율성만 강조하는 실용주의라는 행위양식을 재생산하였다. 이승만은 반공주의를 민족의 이익으로 규정함으로써 소위 '색깔론'이라는 한국적 매카시즘을 정착시켰다. 또, 그가 내세운 북진통일론은 비록 통일을 민족의 사명으로는 규정했지

---

95. 정해구, 「미군정기 이데올로기 갈등과 반공주의」, 역사문제연구소 편, 『한국정치의 지배이데올로기와 대항이데올로기』, 역사비평사, 1994; 김정훈, 『87년 체제를 넘어서』, 한울, 2010, 4장.
96. 민주적 민족주의라는 기표는 정치 담론일 뿐 아니라 핵심적인 교육철학이었다. 초대교육부 장관이자 일민주의의 주창자였던 안호상은 민주적 민족교육론을 법에 명시하였는데, 1949년 제정된 「교육기본법」 1조와 2조에는 '민주적 민족교육'의 이념을 바탕으로 '민주적 민족국가'의 국민을 육성할 것을 규정하고 있다. 이에 관해서는 은희녕, 「안호상의 국가지상주의와 민주적 민족교육론」, 『중앙사론』 제43집, 2016.

만, 실질적 준비는 없는 공허한 것으로 민족주의 담론을 통해 정권 지지를 동원하기 위한 이데올로기에 불과했다.

민족주의가 혈연, 학연, 지연의 연고주의와 경제적 합리성만을 강조하는 실용주의 같은 식민지적 공론장에서 형성된 행위양식을 재생산할 수 있었던 것은 식민지 시기의 권력 형태와 해방 이후의 권력 형태가 '독재'라는 점에서 동일하기 때문이다. 이승만은 한국전쟁 중인 1952년 발췌 개헌을 시도해 재선에 성공했고, 1954년에는 사사오입 개헌을 통해 3선 제한을 철폐하는 등 정권 재생산을 위해 불법적인 시도를 반복했으며, 결국 1960년 3.15부정선거에 대항한 4.19민주혁명으로 쫓겨난 독재자였다. 또한, 이승만은 한국노총, 대한부인회 등 직능단체들뿐만 아니라 다양한 청년단체들을 직접 통제함으로써 시민사회의 자율성을 억압했다. 이승만의 민족주의가 식민지적 공론장의 행위양식을 담론적으로 정당화하는 이데올로기라면, 이들의 시민사회에 대한 통제는 '분화와 탈분화의 동시 진행'이라는 식민지적 근대화 메커니즘을 독립된 한국에서 재생산하는 물리적 기반이었다.

이승만 시기의 '비동시성의 동시성' 혹은 '분화와 탈분화의 동시 진행'을 잘 표현한 개념이 '소용돌이의 정치'[97]이다. '사회의 여러 능동적 요소들을 권력의 중심으로 빨아올리는' 소용돌이의 정치는 독재라는 통치 형태를 기반으로 식민지적 공론장을 통해 형성되었고, 이승만 정권에서도 지속적으로 재생산되었던 것이다. 그리고 이러한 행위양식은 민주화 이후에도 근절되지 않고 거시적으로는 관치경제, 관변단체와 같

---

97. 그레고리 헨더슨, 『소용돌이의 한국정치』(박행웅, 이종삼 올김), 한울아카데미, 2008.

은 현상으로, 미시적으로는 부정 청탁, 취업 비리와 같은 형태로 나타나고 있다.[98]

조선 말부터 형성되기 시작한 한국 민족주의는 식민 지배에 대항하는 저항민족주의에서 국가와 민족이 일치된 민족국가의 민족주의로 성장할 기회를 맞았다. 만약 식민지 시기 '민족적 공론장'에서 탄생한 민족주의인 '민주주의적 민족주의'가 공식 민족주의로 자리 잡았다면 한국에서 민주주의는 급속히 성장했을 것이고, 민족주의는 규범적 정당성을 인정받았을 것이다.

그러나 이승만 정권이 들어서면서 일제 강점기 때 헤게모니가 되었던 그리고 규범적으로 정당한 '민주주의적 민족주의'의 성장을 가로막았고, '민주주의적 민족주의'라는 기호만을 활용했다. 이러한 이승만의 담론 전략은 역으로 한국 민족주의에 새로운 과제를 부여했다. 그 과제란 민주화 이전까지 거의 모든 사람이 인정했던 한국 근대화의 과제인 동시에 한국 민족주의의 과제가 된 '민족의 통일, 산업화, 민주화'라 할 수 있다. 이승만 정권은 '민주적 민족주의'를 주장하면서 이 세 가지 과제 중 어느 것도 추진하지 않았고, 이 과제는 말 그대로 이승만 이후의 사람들에게 과제로 남게 되었다.

이제 본격적으로 한국 공식 민족주의의 기원이 된 이승만 민족주의

---

98. 위에서 언급했듯이 식민통치는 피식민 주민에게는 기본적으로 독재이고, 이런 의미에서 식민통치는 권위주의를 내장한 체제라 할 수 있다. 특히 한국의 경우, 권위주의가 일본식 근대화와 인적, 이념적 연속성을 가지고 있다는 점에서 식민통치와 권위주의의 관계는 매우 직접적이다. 방기중 등의 일련의 연구는 식민지적 근대화와 권위주의의 연관성을 잘 보여 준다. 방기중 편, 『일제 파시즘 지배정책과 민중생활』, 혜안, 2004; 『일제하 지식인의 파시즘-체제인식과 대응』, 혜안, 2005; 『식민지 파시즘의 유산과 극복의 과제』, 혜안, 2006.

를 분석한다. 여기서는 이 글의 민족주의 정의에 따라 이승만의 전통에 대한 인식에서 출발하여 이승만의 민족 이익에 대한 규정, 그리고 이승만의 사명에 대한 규정 순으로 서술한다. 이러한 민족주의의 구성을 통해 우리는 충효라는 유교주의적 사상을 가진 서구주의자라는 이상한 의식 조합과 민족의 통일을 위해서는 반공만이 살길이라는 반공주의, 그리고 통일을 위해서는 어떠한 갈등도 용납하지 않는 집단주의를 만나게 될 것이다.

1. 동양과 서양의 권위주의적 만남

이승만은 애국계몽 운동가였고, 그의 사상은 대부분의 애국계몽 운동가들이 수용했던 일본식 사회진화론에 입각했다. 찰스 다윈의 진화론을 사회에 적용한 사회진화론은 '약육강식', '적자생존'의 세계관을 반영하고 있지만, 서구의 사회진화론과 일본식 사회진화론의 결정적인 차이는 경쟁의 단위, 즉 경쟁하는 주체가 개인이냐, 국가냐이다. 서구 사회진화론의 경쟁 단위가 '개인'이라면, 일본의 사회진화론은 '민족'이다.[99]

서구의 사회진화론은 근대 서구 사상의 특징이자 한계인 일국 단위에 입각한 사상이었고, 적자생존은 한 사회 내의 사람들 간의 경쟁을 통해 이루어진다. 따라서 서구의 사회진화론은 사회 내의 계층 갈등 혹은 빈부 갈등을 정당화한다는 점에서 비판받는다. 반면 사회진화론이 일본으로 수입되면서 나타난 일본의 사회진화론은 경쟁의 단위가 개인에서 민족으로 바뀌고, 국가 간의 경쟁을 통해 적자생존이 일어나는 것을 당연하게 여기게 된다. 이러한 논리에 따르면 힘이 없는 나라, 문명에서 뒤진 나라가 힘센 문명국가의 식민지가 되는 것은 너무나 당연한 자연의 법칙이 된다. 따라서 일본식 사회진화론은 제국주의 국가들의 식민지 침탈을 정당화하는 이론이라는 점에서 비판받는다.

아직 제국주의 국가에 의해 국권을 빼앗기지 않았거나 초기 식민지 상태라면, 사회진화론에 입각한 애국계몽 운동의 논리적 귀결은 실력 양성론이다. 다행히도 우리가 아직 제국주의 국가의 식민지가 되지는 않았으니 빨리 실력을 양성하여, 다시 말해 문명화된 민족이 되어 독립

---
99. 박노자, 『우승열패의 신화』, 한겨레신문사, 2005.

국가를 건설하자는 논리가 성립하는 것이다.

그러나 식민지가 공고화되면 이러한 사회진화론에 입각한 실력양성론은 일본의 제국주의 점령을 정당화하는 논리로 발전한다. 왜냐하면, 우리가 실력이 없으니 일본에 지배당하는 것은 너무나 당연하기 때문이다. 따라서 사회진화론에 입각하면 일본 제국주의에 저항하는 것은 무모한 일이 된다. 능력 없는 사람들이 능력 있는 사람들의 통치를 받는 일은 당연하고 저항해 봐야 승리할 수도 없기 때문이다. 이러한 논리의 귀결은 두 가지일 수밖에 없다. 하나는 일본 제국주의에 순종하는 길을 선택하거나 다른 하나는 더 많이 문명화된 국가에 우리 민족을 의탁하는 것이다. 전자가 자치론에 이어 내선일체론으로 발전했다면, 후자는 외교론이라고 할 수 있다.

자발적 식민지화라고 할 수 있는 이러한 길을 벗어나는 길은 의외로 단순하다. 사회진화론적 세계관을 버리면 되는 것이다. 신채호와 같은 많은 독립운동가는 사회진화론적 세계관에 따라 애국계몽 운동을 하였지만, 나라가 일본 제국주의의 식민지가 되자 그 논리의 한계를 깨닫고 무장투쟁을 비롯한 치열한 독립운동의 길을 걸었다.

춘원 이광수가 애국계몽 운동에서 내선일체론으로 발전한 대표적인 인물이라면 이승만은 애국계몽 운동에서 외교론으로 나아간 대표적인 인물이다. 이승만의 세계관은 청년기에서 노년기에 이르기까지 일관되게 사회진화론이었다.

다음의 인용문은 이승만의 사회진화론이 어떤 것인지를 잘 보여 준다.

지구상에 15억만명이 되는 오색 인종을 통합하여 세 가지 등분에 구별하나니 문명 개화한 사람과 반쯤 개화한 사람과 야만되는 종류라. 이 세가지에 등분으로 나뉘어 구별함에 야만이라 하는 것은 오랑캐라 하는 뜻이라 야만 인종에도 또한 두가지 구별이 있어 더욱 심한 자는 짐승보다 좀 다를 뿐이라.

… 그 구별은 아래 대강 다 설명하려니와 그 부강문명함이 다 교화에서 말미암아 됨이라, 어찌 상고할 바—아니니오. 대개 이 세가지 등분으로 모든 사람을 구별하매 장단 우열이 실로 판이한지라 더 개명한 사람들은 천하에 편안하여 남들과 다 통하기를 위주하나니 그 통하려는 본의인즉 실로 남을 해치고 자기들의 이익만 얻고자 함이 전혀 아니오 다만 어두운 사람들도 다 자기네 같이 개명하여 상등지위에 오르고 공변된 이익을 함께 누리고자 함이니 그 뜻이 좋기도 하거니와 천리에 당연함인즉 인력으로 막을 수 없는 바—어늘, 미개한 사람들은 까닭도 모르고 당초에 남의 것은 보기도 싫고 듣기도 싫다 하며 편리한 기계와 공교한 물건을 보면 사서 쓰기는 먼저하며 남의 재주는 배우지 않고 썩은 물건만 실어들여 귀한 돈을 바꾸어 보내며 어두운 구석에서 어둡게 살기를 편히 여길 뿐인즉 마침내 멸망을 자초하여 없어지기에 이르는 바—라.[100]

위 인용문은 1905년에 출간한 이승만의 『독립정신』에 나온 것이다. 여기서 이승만은 세계의 인종을 세 개로 분류하고 있다. 그에 따르면 세계의 인종은 등급에 따라 문명 개화한 사람, 반쯤 개화한 사람, 그리고 야만되는 사람으로 구별된다. 그리고 문명 개화한 사람에는 서구와 일본이, 반쯤 개화한 사람에는 우리가, 그리고 야만된 사람으로는 중국이 들어간다. 이승만이 조선인을 반쯤 개화한 사람으로 분류한 것은 실

---

100. 이승만, 『독립정신』, 정동출판사, 1993, 71-73쪽.

력양성을 통해 빨리 문명 개화한 사람으로 전환할 수 있다는 바람이 섞인 것으로 보인다.[101]

당시의 조선인이 어느 범주로 분류되든, 이승만은 사회진화론의 세계관 혹은 요즘 식으로 하면 오리엔탈리즘적 인식론에 입각해 세계를 문명과 야만이라는 틀로 구분한다. 그리고 문명과 야만이라는 이분법에 기초해 문명한 자들이 미개한 자들을 교화할 의무가 있으며, 미개한 자들은 문명한 자들의 교화를 받아들임으로써 더 나은 삶을 살 수 있다고 인식한다. 이승만은 서구 사회가 비서구 사회를 제국주의적으로 침탈할 때 제국주의를 정당화하는 논리인 '문명의 사명론', 즉 문명화된 사람들이 야만인 사람들을 문명화시켜야 한다는 논리를 그대로 따르는 것이다. 그가 이러한 '문명의 사명론'에 철저히 따르기에 위의 인용문에서 나타나듯이 서구의 제국주의적 침탈은 전혀 악한 일이 아니라고 인식한다. 그에 따르면 서구의 제국주의적 침탈은 선한 뜻을 가졌을 뿐 아니라 천리를 행하는 일인 것이다.

이러한 그의 인식에 따를 때 만약 우리의 힘이 모자란다면 더 나은 문명국가에 우리나라를 맡기는 것은 지극히 당연한 논리적 귀결이다. 위의 인용문에서 알 수 있듯이 문명 개화한 사람들은 자신들의 이익이 아니라 개화의 사명으로 천리를 따르는 것일 뿐이고, 미개한 사람들은 배우지 아니하기 때문에 결국 멸망을 자초할 것이기 때문이다. 이런 인

---

101. 전통적인 문명/야만의 이분법에서 반 개화한 사람이 들어가는 것은 일본 개화기의 지식인 후쿠자와 유키치(福澤諭吉)의 야만과 문명의 구별과 동일하다. 후쿠자와가 이런 구분법을 만든 것은 사회진화론에 입각해 비서구 국가이면서 제국주의 국가가 되려고 하는 일본의 현실을 정당화하기 위해서였다. 다시 말해 일본은 서구보다는 미개에 속하지만, 아시아에서는 가장 문명화되었기 때문에 '문명화의 사명'을 행사하기 위해 제국주의적 침략을 해야 한다는 논리를 성립시킨 것이다.

식하에서 이승만이 1919년 파리 강화회의에서 미국 대통령에게 위임통치청원서를 보낸 것은 그로서는 제일 나은 선택이라 할 수 있다.

> 한국이 일본의 속박을 벗고 자유를 획득하고자 하는데 한국이 완전한 정부를 수립하고 내치와 외교의 권리가 있을 때까지는 국제연맹 위임통치에 붙여서 보호를 받게 하여 달라.[102]

위 인용문은 내치와 외교의 권리가 있을 때까지 위임통치를 청원하고 있다. 그의 인식에 따를 때 아직 한국은 내치와 외교의 권리가 없으므로, 즉 아직 국민의 의식이 완전한 독립을 이룰만한 경지에 이르지 못했기 때문에 위임통치를 받아야 한다. 그가 독립의 방도로 외교론을 주장하고, 위임통치까지 주장하는 것은 그의 세계관이 문명과 야만의 이분법에 기반하고 있기 때문이다. 이러한 인식틀에 따르면 아직 우리가 미개하므로 문명한 국가와 대결이 불가능하므로 외교를 통해서만 민족의 독립이 가능하기 때문이다.

문명과 야만을 구별하는 이승만의 인식은 그의 인생 전반에 걸쳐 나타난다.[103] 그러나 이러한 인식에 따르면 민족주의적 동원이 어려워진다.

---

102. 서중석, 「이승만 대통령과 한국 민족주의」, 송건호, 강만길 편, 『한국민족주의론 II』, 창작과비평사. 1989, 228쪽.
103. 예를 들어 그는 전쟁 시기에 다음과 같은 연설을 한다. "외국인들이 송도를 보고 송도는 잘 만들었으나 한인들이 이것을 더럽게 했다고 하니 그 결과는 한인들은 금수강산에 살 자격도 없고 살려고도 아니하고 개똥밭을 만들어놓고 있다고 할 것이다. 그러니 야만 대우를 받게 될 것이요 타국인들이 들어와서 잘 살게 해야 할 것이다" 「조국은 절대통일, 국민은 신생활운동 긴요」, 1950. 9. 20. 공보처, 『대통령이승만박사담화집』, 1953, 41쪽.

만약 민족적 자긍심을 강조할 수 없다면 정권을 위한 동원이 불가능하기 때문이다. 이승만은 이러한 문제를 해결하기 위해 앞에서 언급했던 비서구 사회의 민족주의 모방의 방식 중에 '혼합형'을 택한다. 즉 동양과 서양을 자신의 방식으로 재구성함으로써 민족의 전통을 발명한다.

이승만이 발명한 전통은 유교적 가치 및 생활양식이다. 그는 전형적인 동도서기적 방식을 활용하여 전통이 무엇인지를 규정한다. 그는 우리의 긍정성, 즉 민족주의적 동원을 위해 우리와 서양이 동일하다고 주장한다. 동양과 서양의 동일성을 통해 동원의 근거를 마련하는 것이다.

> 그럼으로 유교와 예수교에는 별로 모순이 업는 줄로 나는 판단하는 바이며 예수교는 하나님을 섬겨서 올흔 일을 해하며 인생을 사랑해서 독화를 함앙 식이므로 인간에 천국을 이루어가지고 사람들이 육신(肉身)으로도 복을 밧거니와 영혼의 영생의 길을 찻게 만든 도이요 유교는 이 세상에서 올흔 일과 자선(慈善)을 행함으로 세상에서 복리를 모든 백성과 동일히 밧자는 것이므로 그 신령에 대한 로선에는 다른 조건이 투철히 잇스나 세상에서 복리를 누리는 도리에는 부자유친 군신유의 부부유별 장유유서 붕우유신의 오륜(五倫)으로 인생이 금수와갓지 아흔 그 대지로 례의 지국에 이르는 것에 드러서는 오희려 유교가 더 세밀하고 또 이 도리에 버서나고는 소위 문명정도에는 나가기가 충분한 정도에 이를 수 업슬 것이다.[104]

그는 문명과 야만의 이분법을 가졌지만, 민족주의적 동원을 위해 동

---

104. 「유교의 교훈을 직혀 예의지국이 되자」 공보처, 『대통령이승만박사담화집 제2집』, 1956, 244-245쪽.

양, 즉 전통을 자랑스럽게 구성하는데 그것이 바로 유교의 재발견이다. 인용문에서 알 수 있듯이 그는 동양의 도를 유교로, 서양의 도를 기독교로 정의하고, 유교를 기독교와 일치시킴으로써 유교를 재발견한다. 전형적인 오리엔탈리즘이기보다는 동과 서의 일치를 통해 유교를 강화하는 것이다. 동서의 단순한 일치를 넘어 일제의 도의론처럼 동양의 도의 우수성을 강조하는데, 그에 따르면 유교가 우수한 것은 기독교 신앙과 동일하기 때문이고 동양의 도의 핵심은 삼강오륜이다. 이렇게 되면 서양보다 동양의 도가 더 세밀해지고, 삼강오륜을 지켜야만 문명인이 될 수 있다는 주장이 성립하게 된다.

이러한 논리가 구성되면 근대화가 될수록 유교적 가치는 강화될 수밖에 없다. 민족은 문명화되어야 하는데 그 문명화의 목표인 서구, 즉 기독교의 가치가 우리 안에 내재하는 삼강오륜이라면 문명화가 된다는 것은 유교적 가치를 발전시켜 나가야 하는 것이기 때문이다.[105]

이승만의 이러한 사상은 단순히 그의 연설문이나 저작에만 머문 것이 아니다. 그의 사상은 민족적 민주주의 혹은 일민주의적 민족주의로 정리되어 신생 정부의 교육이념이 되었고, 정당의 기본 강령이 되었을 뿐 아니라 대한청년회를 비롯한 관변단체의 기본 목표가 되었다.[106]

---

105. 이것은 한국적 옥시덴탈리즘을 보여 준다. 그는 서양을 삼강오륜으로 재구성함으로써 봉건적 유교 윤리를 서양의 이름으로 재구성하는 것이다.
106. 일민주의는 이승만 정권을 상징하는 자유당을 만들 때 기본이념 또는 정강이 되었을 뿐 아니라, 안호상에 의해 교육이념이 되었고, 학생 통제 조직이자 군사훈련 조직인 학도호국단의 지도이념이었다. 일민주의의 4대 정강, 즉 1. 문벌을 타파해서 반상의 구별을 없이 할 것, 2. 빈부를 동등하게 대우하고 자본가와 노동자가 협조해서 같이 이익을 보게 할 것, 3. 남녀동등을 실행할 것, 4. 지방구별을 없게 할 것에서 알 수 있듯이 일민주의는 강령상으로만 보면 별 특징이 없는 이념이지만, 파시즘적인 유기체적 집단주의를 강조함으로써 권위주의와 집단주의를 재생산했다. 일민

일민주의의 대표적인 이론가인 안호상은 또 다른 형태의 동도서기론을 통해 권위주의를 재생산한다. 안호상은 홍익인간의 정신과 신라의 화랑도 사상에서 민주주의를 발견하고, 이는 서구의 민주주의와 공산주의적 민주주의와는 다른 '민족적 민주주의'라 명명한다. '일민주의=전통적 민주주의=민족주의', '서구적 민주주의=공산주의=반민족주의'로 정의함으로써 우리 전통을 민주주의의 원천으로 삼는다. 그런데 이러한 민족적 민주주의는 현재 우리가 말하는 민주주의가 아니라 유기체적 민족주의에 불과하다. 다시 말해서, 개인이 집단에 복종하는 전체주의적 사유로 전통을 발명하여 권위주의를 재생산하는 전형적인 담론이라 할 수 있다.

일민주의는 대단히 독특한 주장이지만 안호상, 양우정 등의 일민주의자들이 당시 지식인 사회에서 이단적인 인물도 아니었고, 국가주의적이고 전체주의적인 사유가 소수 의견도 아니었다는 사실에 주목할 필요가 있다. 당시 지식인 사회에서, 좀 더 정확하게 독재적 공론장에서 국가주의는 주류 담론이었다. 이는 서양 문명의 몰락과 그에 대한 대안으로서의 동양이라는, 1930년대 일본이 만든 동양론에 영향을 받은 것으로,[107] 식민지적 공론장에서 독재적 공론장으로 이어졌던 것이다.

당시 독재적 공론장이 식민지적 공론장의 연장선에 있었기 때문에 '일민주의'라는 특정 사상이 영향력을 잃더라도 그 기반이 되는 도의

주의는 한국전쟁 이후 반공이 더 효과적인 이데올로기가 되면서 소멸하였다.
107. 이러한 인식은 박정희 시기의 '민족적 민주주의론'으로 이어져 한국 권위주의의 전형적 정당화 담론의 바탕이 된다. 윤상현, 「1950년대 엘리트 지식인들의 국가주의적 민족주의 담론」, 『한국근대사연구』 제66집, 2013a.

론적 사고는 사라지지 않았다.[108] 특히 교육계를 중심으로 도의교육론이 새롭게 등장하는데 이는 1950년대 말 도덕교육으로 개명되어 권위주의 정권 시기의 소위 국민윤리의 원류가 되었다.

앞에서 살펴보았듯이 도의의 핵심은 충군애국이다. 일제 시기는 도의를 '수신'이라는 교과목으로 가르쳤는데 일제의 수신 교육은 책임, 공정, 효제 등의 개인윤리를 가르쳤지만, 결국 가정윤리인 효를 충이라는 국민윤리로 연결하여 '국체 이데올로기=충군애국'을 주입하는 교과목이었다고 할 수 있다.

전후의 도의교육론은 민족적 전통과 민주주의를 결합하여 새로운 국민윤리를 수립하려는 시도로 '민족적 민주교육'의 연장선에 있었다. 도의교육은 민족주의, 민주주의, 반공주의를 표방하였는데, 그 핵심은 국가에 충성하는 국민을 국민윤리로 제시하여 국민과 시민사회에 대한 통제를 강화하는 것이었다. 따라서 도의교육은 교과 수업과 함께 학생 생활 지도를 병행하였는데 강제동원과 집단훈련, 풍기단속이라는 일상에 대한 통제가 학생 생활 지도의 주 내용이었다. 도의교육은 국가의 국민에 대한 통제 혹은 수동적 국민 만들기를 전형적으로 보여 주는 것으로 학교생활뿐만 아니라 풍기단속을 통해 일상생활까지를 통제함으로써 시민사회마저 획일화하려는 국가의 통제 담론이었다고 할 수 있다.[109]

---

108. 1950년대의 도의 담론의 재등장은 전후의 사회적 혼란에 대한 대응의 측면도 있는데, 전후의 도의론은 민족정신과 전통을 강조하는 입장과 후진성을 극복하고 근대적 시민윤리의 확립을 주장하는 입장으로 나뉜다. 이에 관해서는 홍정완, 「전후재건과 지식인층의 '도의' 담론」, 『역사문제연구』 통권19호, 2008 참조.
109. 도의교육에 관해서는 이동헌, 「1950년대 국민화 담론연구: 도의교육을 중심으로」, 『한국학논집』 제43집, 2008; 이유리, 「1950년대 도의교육의 형성과정과 성

이승만과 당시 지배 엘리트층의 민족주의는, 한국 사회에서 지속적으로 유지되는 유교주의적 가치, 특히 충효를 중심으로 한 유교주의적 가치가 근대화가 진행될수록 사라지는 것이 아니라 오히려 강화될 수 있었던 담론적 구조를 보여 준다. 또한, 종족적 민족주의에 입각해 과거의 발견을 통해 민족 내부의 갈등을 봉합하고 불만을 억압하려는 권위주의적 담론을 보여 준다.

이승만은 전통을 발명함으로써 전근대적 가치를 재생산했다. 이승만의 민족주의 담론은 그의 연설문과 책에만 머무는 것이 아니라 교육과 같이 시민사회의 다양한 통로를 통해 일반 시민들의 의식을 잠식해 갔다. 따라서 연고주의와 집단주의는 전통의 지속이라기보다는 국가에 의해, 다시 말해서 정부 주도의 공식 민족주의에 의해 만들어지고 재생산된 의식이라 할 수 있다. 이러한 담론이 독재라는 지배 구조와 결합하면 연고주의와 집단주의적 행위양식은 오히려 강화된다. 이승만 시기의 민족주의는 유교와 종족적 민족주의라는 전통을 발명했고, 이 전통은 독재라는 구조와 결합하면서 지속적으로 재생산되었던 것이다. 이승만의 담론 전략은 시민사회를 통제할 수 있는 압도적인 물리력을 가진 통치 권력에 힘입어 '분화와 탈분화의 동시 진행'이라는 식민지적 메커니즘을 지속시켰고, 이를 통해 '비동시성의 동시성'은 재생산되었다.

격」, 『한국사연구』 144집, 2009 참조.

2. 민족의 이익으로서 반공민족주의

대중적으로는 '빨갱이', '색깔론'으로 잘 알려진 한국의 반공주의는 좌익과 우익의 이데올로기 격전장이었던 해방 정국과 남북한의 단독정부 수립, 그리고 피비린내 나는 한국전쟁을 걸쳐 장기간에 걸쳐 성립되었다. 이러한 기 반공주의의 성립 과정에서 가장 치명적인 사건은 '한국전쟁'이었다. 한국전쟁은 남북한 주민들에게 남북의 적대 관계를 단순히 이데올로기적 대립이 아니라 생존의 문제로 만들었고, 남북 주민들에게 지우지 못할 깊은 상처를 만들었다. 그 상처는 가족과 동료를 잃은 분노이기도 했고, 좌익 혹은 우익으로 몰려 목숨을 빼앗기거나 패가망신할 수도 있는 두려움이기도 했다. 어쨌든 사람들은 살아남기 위해 상대방의 이데올로기를 적대시했고, 남한에서는 반공주의가 내면화되었다.

한국에서 반공주의가 시민사회에서 이루어진 합리적 토론이 아니라 목숨을 건 전쟁이라는 물리적인 방식으로 안착했지만, 그렇다고 반공주의가 단순히 물리적 힘에 의해서만 성립된 것은 아니었다. 반공주의는 다른 한편으로 다양한 주체에 의한 담론적 생산물이었으며, 이승만의 반공주의는 그중 가장 정치적으로 성공한 반공주의 담론이었다.

이승만의 반공주의가 성공적일 수 있었던 것은 이승만이 반공주의와 민족주의를 결합해 반공민족주의를 구성했기 때문이다. 해방 시기의 헤게모니 담론, 즉 모든 사람이 당연하게 여겼던 민족주의의 내용으로 반공주의를 구성함으로써, 다시 말해서 이승만은 '반공민족주의'를 구성함으로써 정치적 성공을 거둘 수 있었고 독재를 유지할 수 있었다.

이승만의 민족주의에서 반공주의는 민족의 이익이었다. 민족의 이익이 현재의 임무를 규정한다면 이승만은 민족의 사명인 민족의 독립을 위해 그리고 민족의 통일을 위해 현재 우리는 반공을 해야 한다고 주장함으로써 민족의 이익으로서의 반공주의를 정당화했다.

반공주의와 민족주의의 결합은 무엇보다 북한 정권이 소련 제국주의의 괴뢰정권이라는 주장에 근거한다. 북한은 소련에 의해 점령되었고, 소련 제국주의가 북한을 식민지화한 데에 이어 다시 한국을 식민지화하려 한다는 것이 당시 이승만을 비롯한 지배 세력의 기본주장이었다. 이 주장에 따르면, 한국의 반공주의는 정치체제를 둘러싼 이데올로기적 갈등으로 형성된 다른 나라의 반공주의와 그 성격이 다르다. 한국의 반공주의가 적어도 이승만에게 있어서는 독립운동의 연장선에 있는 민족주의라는 것이다.

이승만이 처음부터 반공주의적 입장을 명확히 한 것은 아니었다. 이승만은 공산주의에 대한 깊이 불신하고 있었지만, 해방 정국에서 공산주의에 대한 관점은 자신의 정치적 입지에 따라 변화하였다. 이승만은 해방 직후 좌우합작으로 가장 강력한 조직을 구성하였던 조선인민공화국의 주석으로 추대되었을 때는 "나는 공산주의에 대해 호감을 가지고 있는 사람입니다. 그 주의에 대해서도 찬성하므로 우리나라의 경제정책을 세울 때 공산주의를 채용할 점이 많습니다"[110]라고 하였다가, 조선공산당과의 합작이 결렬되자 "국경을 없이 하여 나라와 동족을 팔아먹고", "로국을 저의 조국이라 부르는 파괴분자"[111]라고 비난하는 등 정치적 환경에 따라 관점을 달리하였다.

---

110. 『매일신보』, 1945. 10. 26., 국사편찬위원회, 『(자료)대한민국사. 1』, 1968, 285쪽.
111. 『서울신문』, 1945. 12. 21., 국사편찬위원회, 『(자료)대한민국사. 1』, 1968, 611-612쪽.

이승만이 반공민족주의를 구성하고 그 중심적인 인물이 되는데 결정적으로 기여한 사건이 모스크바 삼상회의 결정으로 인한 신탁통치 정국이다. 이승만은 모스크바 삼상회의가 벌어지는 와중에 소련이 신탁통치를 주장하고 있음을 강력히 시사했다.[112] 이승만은 해방 이후 국민들에게 강력하게 남아있는 민족주의적 감정을 동원하여 공산주의자들이 우리나라를 소련의 속국으로 만들려 한다고 주장함으로써 반공민족주의를 본격적으로 형성한다. 반탁 운동을 통해 자신을 민족주의 세력으로 자리매김하고 단정 운동을 통해 단독국가를 수립한 이승만은 초대 대통령 취임사를 통해 민족을 위해 공산주의를 반대한다는 주장, 즉 반공민족주의를 명확히 천명한다.

기왕에도 누가 말한바와 같이 우리는 공산당을 반대하는 것이 아닙니다. 공산당의 매국주의를 반대하는 것이므로 이북의 공산주의자들은 절실히 깨닫고 일제히 회심개과해서 우리와 같은 보조를 취하여 하루바삐 평화적으로 남북을 통일해서 정치와 경제상 모든 복리를 다같이 누리기를 바랍니다[113]

위 인용문에서 알 수 있듯이 이승만은 독립운동의 연장선에서 반공주의를 설파하고, 이를 통해 민족의 통일이라는 과제를 제시한다. 그러나 민족의 독립과 통일을 위한 민족주의는 점차 내부의 적에 대한 통제 이데올로기로 변화한다. 남한 내부에 있는 반민족주의자들을 감시하고, 나아가 시민들을 통제하는 이념으로 변화하는 것이다.

---
112. 이러한 시도는 무엇보다 여론조작을 통해 이루어졌다. 이에 관해서는 김정훈, 앞의 책, 4장.
113. 대통령취임사, 1948. 7. 29. 공보처, 『대통령이승만박사담화집』, 1953, 3쪽.

소위 우익분자라는 중에서도 속으로 운동해서 언제든지 소련군이나 공산당이 이남으로 침입할 때에는 자기들이 살길이 있어야 되겠다는 의도를 가지고 연락과 음모를 행하고 있는 중이니 이런 분자들에게는 국군이나 경찰의 힘이 밎이기 어려울것이오 오직 열렬한 애국남녀의 성심성력으로만 제거할 수 있을것이니 이것이 오직 우리의 생존을 유지하고 보전하는 유일한 방책입니다.[114]

위의 인용문이 가르쳐 주듯이 반정부 인사는 반체제이고 반체제 인사는 빨갱이라는 주장이 이때부터 형성되었고, 이는 박정희 체제를 거쳐 최근까지 이어지고 있다. 색깔론에서 알 수 있듯이 일부 세력이 그들의 이익에 반하는 사람들을 공산주의와 관계가 있든 없든 무조건 빨갱이로 색깔을 입히는 현상은 바로 이승만 시기에 완성되었다.

한국전쟁 이후 일민주의가 담당했던 민족주의는 반공민족주의가 완전히 대체하게 된다. 또한, 반공민족주의는 전쟁 이후 시민사회의 일상에 침투하게 된다. 예를 들면, 1954년에 박문출판사에서 발행된 『반공독본』의 교수지침을 보면, 반공교육을 우리 민족의 사활문제(死活問題)라 규정하고, "우리나라의 건국 이념과 민족 전통을 투철히 알리어서 공산주의가 우리 민족과는 어느 모로 보든지, 불구대천(不俱戴天)의 반대임을 명확히 이해하게 할 것"을 주문하고 있다.[115] 공산주의를 반대하는 이유가 무엇보다도 민족의 전통과 일치하지 않음을 주장하는 것이다.

---

114. 김광섭 편, 『이대통령 훈화록』, 중앙문화협회, 1950, 17쪽.
115. 한국교육문화협회, 『반공독본』(4), 박문출판사, 1954, 뒷표지. 후지이 다케시, 「1950년대 반공교재의 정치학」, 『역사문제연구』 통권30호, 2013, 62쪽에서 재인용.

전쟁 후 모든 출판물에 반드시 게재되어야 했던 '우리의 맹세' 역시 시민사회를 통제하기 위해 반공민족주의가 활용되었음을 잘 보여 준다.

1. 우리는 대한민국의 아들 딸 죽음으로써 나라를 지키자.
2. 우리는 강철같이 단결하여 공산 침략자를 쳐부수자.
3. 우리는 백두산 영봉에 태극기를 날리고 남북통일을 완성하자

우리의 맹세는 일제 시기의 저항민족주의를 상기시키면서 민족의 사명인 통일을 통해 반공주의를 정당화하는 것이다. 이렇게 이승만 정권은 반공주의를 통해 시민사회를 통제하였다.

이러한 반공주의의 논리는 무책임한 정부와 시민의 무조건적인 복종을 정당화하는 논리를 형성한다. 이승만은 일본 제국주의의 기억, 그리고 전쟁의 기억을 재생산하면서 반공을 생존의 문제로 언급한다. 따라서 목숨을 걸고 나라를 지키기 위해서 그리고 통일을 이루기 위해서 중요한 것은 단결이다. 단결은 내적 갈등을 무력화시키는 논리로 시민사회에 대한 통제와 정권에 대한 무비판을 의미한다. 이승만은 자신의 연설문집 곳곳에서 정부에 대한 비판은 곧 매국이라는 논리를 펼친다. 정부를 비판하는 것은 적을 도와주는 일이 되고, 이는 현재의 위기를 더욱 심화시키는 일이 된다. 이는 권위주의 시기의 지배 담론의 핵심 논리였던 '정부 비판=반체제=빨갱이'라는 논리의 초기 형성을 잘 보여 주고 있다.

정부에 대한 비판 금지는 마치 북한에서 수령은 절대 잘못할 수 없다는 '수령의 무오류성'과 같이 이승만의 무오류, 혹은 정부의 무오류를

낳고 이는 결국 정부의 무책임성을 낳는다. 정부는 잘못한 것이 없고 위기는 단결하지 않아서 발생했으며, 미래를 위해서는 내부의 토론이나 갈등이 아니라 무조건적으로 단결해야 한다는 논리가 성립하게 된다.

한국전쟁 당시, 전쟁이 나면 평양에서 점심을 먹고 신의주에서 저녁을 먹을 것이라고 호언장담했던 이승만이 서울 전황이 불리해지자 '뭉치면 살고 흩어지면 죽는다'[116]라며 결사 항전을 외치는 방송을 내보내는 와중에 자신은 대전으로 피신한 후 서울의 유일한 피난 출구였던 한강 다리를 폭파해버렸다는 사실은 무책임한 정치의 일례를 보여 준다. '세월호 사건'에서 알 수 있듯이 정부는 아무런 책임을 지지 않는 '무책임의 정치'의 원형을 이승만에서 발견할 수 있다.

'무비판 정치=무책임 정치' 논리를 구성한 이승만은 자율적인 시민사회에도 단결의 논리를 도입하여 식민지적 공론장에 이은 독재적 공론장을 구성한다.

이 이유를 충분히 이해해서 파당적 사상이나 습관을 초월하고 오직 민족의 공동생존을 유일한 목적으로 삼아서 민족운동의 중추기관인 국민회와 청년당과 부녀회등을 방방 곡곡에 설립하고 확대해서 공산팟쇼와의 투쟁에 같은 보조를 취하여 결정적인 투쟁을 기하기를 바랍니다. 이상 말한 일민주의가 민주주의에 유일한 토대임을 사람마다 신조로 믿고 지켜나가기를 결심하면 이것이 민국복리에

---

116. 같은 문구가 있는 『일민주의개술』의 다음 인용문을 보면, '뭉치면 살고 흩어지면 죽는다'는 주장이 얼마나 파시즘적 발상인지를 알 수 있다. "하나가 밑처 되지 못한 바 있으면 하나를 만들어야 하고 하나를 만드는 데 장애가 있으면 이를 제거해야 한다. 누구던지 독자의 일념이 일어날 때 이 하나에 위반되는바 있거든 버리라. 이 일념에서 민족이 깨어진다. 항여 분열을 가지고 일체에 더하려 말라. 알라 헤치면 죽고 뭉치면 산다". 이승만, 『일민주의개술』, 1949, 10쪽.

만년기초임을 확실히 믿는 바이며 모든 동포가 나와같이 믿고 실천하기를 바라는 바입니다.[117]

그의 이러한 주장은 주장에만 머무르지 않았다. 그는 대한노총, 대한부인회 등의 자발적이어야 할 시민사회 조직들을 위로부터 조직했다. 즉 시민사회의 다양한 조직을 '관변단체'로 만들고 정권의 위기마다 정권수호를 위해 동원했다. 이는 앞에서 언급했던 식민지적 공론장의 관행이 재생산되는 것을 의미하며, 나아가 연고주의와 집단주의 행위양식이 재생산되는 것을 의미한다.[118]

색깔론의 형성, 즉 반공주의 형성은 반공민족주의라는 민족주의 담론에 힘입은 바 크고, 이러한 반공민족주의는 단순히 민족주의적 동원에만 활용된 것이 아니라 민주주의와 시민사회를 억압하고 탄압하는 데 활용되었다. 바로 이러한 반공민족주의로 인해 집단주의적 사유만을 강요하는 일종의 가짜 공론장인 '독재적 공론장'은 활성화되었고, 이에 저항하는 '민주적 공론장'은 빨갱이로 매도당할 수밖에 없었다. 이러한 독재적 공론장 속에서 사람들은 생존하기 위해, 때론 성공하기 위해 민주주의와 개인주의적 행위양식을 버리고, 권위주의적이고 집단

---

117. 김광섭 편, 앞의 책, 135쪽.
118. 시민사회에 대한 통제가 항상 성공적인 것은 아니었다. 교육의 경우, 이승만 정권은 반공교육을 강화했지만, 교육계에서는 위로부터의 반공교육과 교육계의 주요 흐름이었던 새교육 운동의 갈등으로 인해 아동의 주체성을 강조하는 새교육 운동의 한계 내에서 반공교육이 실시되었다. 교육의 영역에서 학생들의 주체성이 부정되면서 반공교육이 전면화된 것은 박정희 정권이 들어선 이후라고 할 수 있다. 이에 관해서는 강일국, 「해방이후 초등학교의 교육개혁운동과 반공교육의 전개과정」, 『교육사회학연구』 제12권 2호, 2002.

주의적인 행위양식을 경험으로 체득했다. 반공민족주의는 이견을 허락하지 않는 민족주의였고, 내적 단결만을 강조한 민족주의는 집단주의를 재생산할 수밖에 없었다.

　이렇게 민족주의적 동원의 논리가 형성되면 개인주의는 억압되고 집단주의는 강화될 수밖에 없다. 개인의 개성이 민족의 이익 앞에서 무시되는 것이다. '우리'는 식민의 위협 앞에서, 그리고 심각하게는 전쟁의 위협 앞에서 '하나'가 되어야만 한다. '뭉치면 살고 흩어지면 죽는다'는 이승만의 주장이 전쟁의 상황에서 얼마나 큰 위력을 가졌을지는 상상할 수 있을 것이다. 그는 민족을 '하나'로 만듦으로써 정권을 유지할 수 있었지만, 이는 한편으로 개인주의의 발전을 지속적으로 지체시키면서 집단주의를 끊임없이 강화하는 것이었다.

3. 민족의 사명과 분단민족주의

일제 식민지화 이후로 우리 민족의 소원은 독립이었고, 해방 이후에는 통일된 독립국가였다. 이는 저항민족주의로 출발한 한국 민족주의가 식민 지배를 겪으면서 유례없을 정도의 민속적 통합과 민족적 정체성을 확립했다는 것을 의미한다. 따라서 압도적인 통일독립국가에 대한 민족의 염원을 거스르면서 분단 정권의 성립을 주장하는 것은 정치적으로 보면 대단한 도박이 아닐 수 없다. 그러나 남북한에서 이러한 도박은 성공을 거두었고 남북한은 단독정부를 수립하고 급기야 전쟁과 기나긴 분단체제를 성립하게 되었다.

남북한 분단에 압도적인 힘을 발휘한 것은 주지하다시피 냉전체제였다. 2차대전 이후 새롭게 부상하던 사회주의 소련과 이를 저지하려는 미국 간의 세계적 대립체제였던 냉전체제의 성립으로 한반도에는 우리도 모르는 사이 38선이라는 분할 점령선이 그어졌고, 미군과 소련군의 분할 점령이 이루어졌다. 또한, 우리의 의사와 상관없이 '모스크바 삼상회의'를 통해 한반도의 운명이 결정되었고, 이는 '미소공동위원회'로 이어져 미국과 소련이 한반도의 미래를 결정하게 되었다. 그리고 그 결과는 우리가 아는 바와 같이 분단 정권의 수립이었다.[119]

해방 시기 미소의 의도가 아무리 중요했다고 하더라도 미소가 과거식

---

119. 한반도의 운명에 미소 양 강대국의 영향력이 절대적이었다는 사실은 남북한의 지도자를 통해서 잘 알 수 있다. 냉전체제 아래의 한반도에서 남북한의 지도자가 갖추어야 할 조건은 두 가지였다. 첫째, 민족주의자일 것, 둘째, 미소의 영향력 아래에 있을 것이었다. 이승만과 김일성은 이 두 조건을 충족했고, 남북한의 지도자로 선택될 수 있었다. 이에 관해서는 이종석, 『분단시대의 통일학』, 한울, 1998.

의 재식민지 정책을 추진하지 않는 한 남북한의 정치 지도자들에게 통일독립국가를 설립할 수 있는 공간은 존재했고, 김구, 김규식 등의 지도자들은 '미소공동위원회'의 결렬에도 불구하고 '통일임시정부' 수립을 위해 노력했다. 좌우합작 운동은 당시 통일독립국가에 대한 대중적 열망이 얼마나 강렬했는지를 잘 보여 준다.

단독정부 수립을 시도했던 남북한의 지도자들은 한편으로 이러한 대중적 요구를 수용하면서 다른 한편으로 단독정부 수립을 정당화하는 담론을 구성해야 했다. 이를 위해 이들이 활용한 담론 역시 '민족주의'였다. 남북한의 지도자들은 민족의 통일을 위해서는 분단 정권을 먼저 수립해야 한다는 '통일을 위한 분단민족주의'를 주장했던 것이다.

'통일을 위한 분단민족주의'는 통일을 위해서는 먼저 자신의 지역에 통일을 위한 교두보를 확보하고 이를 기반으로 다른 지역을 통일하자는 논리였다. 이 논리는 미국과 소련을 제국주의로, 그리고 남북한의 지도자를 괴뢰로 정의함으로써 정당화되었다. 이승만은 지금 북한이 소련 제국주의자들에 의해 식민지화되었으니 일단 해방된 남한만이라도 먼저 단독정부를 수립하고, 이를 기반으로 차후에 통일을 모색하자는 주장을 펼쳤다.

'통일을 위한 분단민족주의'가 명시적으로 나타난 것으로 정읍발언을 들 수 있다. 최초의 단독정부 수립 발언으로 유명한 정읍발언[120]에서 이승만은 분단 정권 수립이라는 반민족주의적 주장을 제국주의에 대한

---

120. 처음으로 단정 수립을 주장한 것으로 유명한 '정읍발언'은 미소공동위원회의 공전과 찬탁·반탁의 갈등이 이루어지던 1946년 6월 3일에 전국 순회 연설 중이던 정읍에서 이승만이 한 연설이다.

반대라는 민족주의적 주장으로 변형하여 민족주의적 호소를 통해 단
정 수립을 정당화한다.

> 이제 우리는 무기 휴회된 공위가 재개될 기색도 보이지 않으며, 통일 정부를 고
> 대하나 여의케 되지 않으니, 우리는 남방만이라도 임시정부, 혹은 위원회 같은 것
> 을 조직하여 38 이북에서 소련을 철퇴하도록 세계 공론에 호소하여야 될 것이다.

　위 인용문에서 나타나는 논리는 명확하다. 북한은 소련 제국주의에 식민지화될 위기에 있고 이를 물리치기 위해서는 일단 남한에 정부를 수립하여 제국주의 세력에 맞서 싸워야 한다는 것이다. 이러한 논리는 북한의 김일성도 동일했다. 김일성은 미 제국주의에 맞서 북한에 민주기지를 먼저 건설하고, 민주기지 건설에 기반해 남한을 해방시켜야 한다는 국토완정론을 주장했다. 완전히 동일한 논리가 남북한 단독정부 수립자들에 의해 재생된 것이다. 이러한 논리 구성은 당시에 독립을 향한 민족주의적 열망이 대단히 강력해 지도자들조차 이 열망을 거부할 수 없었기 때문에 분단 정권 수립을 정당화하기 위해서는 민족주의 담론을 재구성할 수밖에 없었음을 잘 보여 준다.
　'통일을 위한 분단민족주의' 혹은 북한식 '민주기지론'의 대칭 개념으로서 '자유기지론'[121]은 단순히 말에 머문 것이 아니라 시민사회 내의 다양한 사회운동으로 나타났고, 이승만 지지 세력들은 "한번 뭉쳐 민

---

121. 이종석은 북한이 민주기지론을 갖고 있듯이 남한은 그런 표현을 사용하지 않았지만 '자유기지론'에 입각하고 있다고 주장한다. 이러한 자유기지론은 민주화 이전까지 권위주의 정부를 관통하는 통일 담론이다. 또한 1990년대 이후에 확산된 흡수통일론에는 민주기지론적 성격이 내포되어 있다. 이종석, 앞의 책.

국수립(民國樹立), 다시 뭉쳐 남북통일"이라는 슬로건으로 단정 수립을 정당화했다.

분단 정권을 정당화하는 '선정부수립-후통일' 논리는 심화되는 냉전체제를 내면화함으로써 다시 한번 정당화된다.

> 이 세상은 양진영이 공존할 수 없는 것이며 미국친구들도 말하기를 둘중에 하나는 죽어야만 세계가 평화롭게 될것이라고 하고있다. 그러므로 조만간 승패를 결정하게 될것이다. 우리도 이 공산주의진영과 투쟁하여 민주진영을 만들어 독립국가로 출발하게 될 것인바 여러분도 한뜻으로 굳게 단결하여 민주국의 발전을 기하도록 노력하여 주기 바란다.[122]

인용문에서 알 수 있듯이 세계는 공산주의 진영과 민주 진영으로 나뉘어 있고, 두 진영은 사생결단을 내야 하므로 우리는 일단 민주 진영의 일원이 되어 단독정부를 출범시키는 것이 정당하다는 것이다.

세계적인 냉전체제가 결국은 한쪽은 죽어야만 하는 체제이고, 단독정부의 수립이 통일국가를 만들기 위한 일보 후퇴의 과정이라면 이승만에 있어 통일은 남한에 의한 흡수통일일 수밖에 없다. 그런데 이승만의 흡수통일론은 현재 우리가 생각하는 흡수통일론, 즉 압도적인 체제 우위를 통한 평화로운 흡수통일이 아니라 무력에 의한 흡수통일론, 즉 북진통일론이다. 정부 수립 이후 이승만은 무력에 의한 북진통일을 더욱 명백히 주장한다.

---

122. 「국회일회정기회의폐회식치사」, 1949. 5. 3., 공보처, 『대통령이승만박사담화집』, 1953, 18쪽.

한국은 한 몸뚱이가 양단된 셈이다. 한국은 앞으로 장기간 남북분단을 용인하지는 않을것이다. 우리가 전쟁으로서 이 사태를 해결해야할 때에는 필요한 모든 전투는 우리가 행할것이다. 우리는 우리의 우인에게 우리를 위하여 싸워달라고 요청하지않는다. 이 대사상냉정전쟁(大思想冷靜戰爭)에 있어서 우리는 공산주의를 저지하기 위하여 가능한 모든 일을 밀것이다. 중국 또는 여하한 국가가 적화할지라도 우리는 우리의 독립을 유지할것이다. 남한은 미국의 경제적 군사적 정신적 지지를 필요로 한다.[123]

이승만은 냉전체제라는 국제적인 정세 속에서 공산주의와 싸울 것을 명확히 하면서 이 냉전의 연장선에서 우리 독자의 힘으로 분단 문제를 해결할 것임을 천명한다. 이러한 이승만의 북진통일론은 김일성의 국토완정론과 동일한 논리 구조지만 현실에서는 엄연한 차이가 있다. 북한은 자신들의 민주기지론에 입각해 남한 해방을 위한 현실적인 군사적 준비를 했지만, 남한은 무력에 의한 통일을 주장하면서도 현실적인 군사적 준비를 하지 않았던 것이다. 따라서 그 결과는 '점심은 평양에서 먹고 저녁은 신의주에서 먹자'는 호언장담과 달리 한국전쟁 초기 군사적 완패로 나타났다.

이승만은 전쟁 중에도 북진통일론을 정당화하기 위해 민족주의적 동원[124]을 멈추지 않을 뿐 아니라 전쟁이 끝난 후에도 북진통일론을 포기하지 않는다.

---

123. 「장기의 분열불용인, 타국적화해도 우리는 독립유지」, 1949. 11. 2., 공보처, 같은 책, 24쪽,
124. "공산 치하에서 고통받고 있는 이들을 해방시키지 않는다면 잠시라도 쉴 수 없을 것이다." 「대통령취임사」, 1952. 8. 15., 공보처, 같은 책, 99쪽. ,

지금 세계의 인심이 많이 돌아서서 … 『구라파』의 『파란』과 『항가리』는 … 이 사람들이 일시로 일어나서 애국남녀 여러만명이 저희국권과 자유권을 위해서 목숨을 영광스럽히 희생하며 … 이 풍조를 따라서 미국안에서도 공론이 비등하고 있는 중이니 이와같이 점차로 일어나게되면 우리가 단독으로라도 일어나서 북진통일을 기획하기를 또한 희망할수 있을것이므로 작년 이만때에 비교하면 우리는 비로서 서광을 보게 되는 것입니다[125]

냉전 시기, 동구 사회주의권에 균열을 일으켰던 헝가리 사태를 맞이하면서 이승만은 단독으로라도 북진통일을 할 수 있는 세계적인 정세가 조성되고 있음을 주장하면서 북한 동포들의 궐기를 촉구한다. 물론 전후에도 북진통일을 위한 실질적인 준비는 이루어지지 못했다. 경제는 미국의 원조로 유지되었고, 국방은 주한미군에 의존하는 상태에서 이승만은 정권의 재생산을 위해 공허한 주장을 남발한 것이다.

이승만의 무력에 의한 북진통일론은 1950년대를 살지 않았던 사람들에게는 대단히 생경한 주장이다. 1960년대 이후 우리나라의 통일론은 항상 평화통일론이었기 때문이다. 그런데 더 놀라운 것은 무력통일론을 정당화하는 논리가 남북한이 똑같다는 점이다. 남북한은 모두 상대방이 제국주의 세력이 수립한 괴뢰정권에 의해 억압당하고 있으니 민족의 진정한 해방을 위해서는 먼저 해방된 지역부터 정부를 수립하고 아직도 해방되지 못한 지역을 해방해야 한다는 민족주의 담론을 적극적으로 활용하였다. 이들은 민족의 사명으로 통일을 규정하고 이를

---

[125]. "世界人心은反共에로集結" 북한동포에게 멧시지, 1957. 1. 1., 신문학회 편, 『한국의 백서: 대통령 이승만 박사 정책교서-반공통일편』, 1957, 22-23쪽.

IV. 공식 민족주의의 탄생과 식민지 행위양식의 재생산

위해서는 분단 정권을 성립해야 한다는 단계론적 사고, 즉 분단민족주의 담론을 통해 민족주의적 동원을 했던 것이다.

V. 발전민족주의와 동도서기론

이승만의 민족주의를 한마디로 정의하면 반공민족주의였고, 이 반공민족주의는 민족의 독립을 추구했던 저항민족주의에 의해 정당화되었다. 일본의 지배로부터 독립해야 한다는 저항민족주의가 소련의 괴뢰정권인 북한을 해방시켜야 한다는 반공민족주의로 구체화되면서 다양한 시민이 존재해야 할 시민사회는 그의 주장대로 '일민주의'가 되어갔다. 다양성과 갈등이 인정되지 않고 오직 정권의 주장에 대한 충성만이 강요되는 민족주의는 우리의 행위양식을 집단주의적이고 연고주의적으로 만드는 데 결정적으로 기여하였다. 이승만 정권은 한국 사회의 특징인 '비동시성의 동시성'을 재생산하는 메커니즘인 '분화와 탈분화의 동시 진행'을 권위주의적 통치라는 구조와 반공민족주의라는 담론을 통해 재생산했던 것이다.

  이승만 정권의 재생산에 담론적으로 기여했던 '독재적 공론장'이 압도적이었기 때문에 잘 드러나지는 않았지만, 이 시기에도 일제 시기의 '민족적 공론장'을 계승한 '민주적 공론장'이 자라고 있었다. 해방된 지 불과 15년 만에, 그리고 전쟁의 참화가 종전으로 귀결된 지 불과 7년 만에 시민들에 의한 민주주의 혁명이 가능할 수 있었던 것은 일제 시기 민족적 공론장에서 형성된 민족주의가 단순히 종족적 민족주의가 아니라 시민적 민족주의를 내포한 '민주주의적 민족주의'였기 때문이었다. 적나라한 생존의 몸부림으로 가득했던 전쟁의 참화 속에서도, 깡패를 동원한 무자비한 억압 속에서도 민족적 공론장의 뒤를 이은 민주적 공론장은 면면히 유지되고 있었고, '민주주의적 민족주의'를 바라는 힘이 4.19혁명으로 폭발했던 것이다.

  해방 국면처럼 4.19혁명의 공간 역시 백가쟁명의 공간이었다. 4.19혁명의 공간에서 다양한 주체들이 다양한 근대적 과제를 제출했고, 위로부터 상상한 서구가 아니라 아래로부터 상상한 서구를 제시했다. 민주주의, 평등주의, 개인주의, 인권 등 민주주의적 민족주의가 상상했던 서구, 즉 왈러스틴(I. Wallerstein)의 개념을 빌리면 효율성만을 추구하는 '기술적 근대'만이 아니라 민주주의와 인권을 대변하는 '해방적 근대'를 근대로 상상했고[126], 분단민족주의를 통일민족주의로 전환하기 위한 다양한 시도가 나타났다. 이러한 민주적 공론장의 폭발과 이승만 독재정권을 대체한 제2공화국의 성립은 한국 민주주의의 새로운 출발점인 동시에 한국 민족주의의 새로운 변화의 계기였다.

새로운 사회, 새로운 민족주의의 계기였던 4.19혁명은 5.16군사쿠데타에 의해 미완의 혁명으로 끝났다. 그러나 한번 꽃을 피운 민주주의에 대한 희망은 쉽게 가라앉지 않는다. 5.16쿠데타의 주역들은 이것을 잘 알고 있었다. 이들은 한편으로 억압의 방법을 사용하였지만 다른 한편으로는 4.19혁명의 열기를 다른 방면으로 돌려야 한다는 점을 잘 알고 있었다. 이러한 군사 정권의 인식은 쿠데타의 제일성인 혁명 공약에 잘 나타난다.

1. 반공을 국시의 제일의로 삼고 지금까지 형식적으로 구호에만 그친 반공태세를 재정비 강화한다.
2. 유엔헌장을 준수하고 국제협약을 충실히 이행할 것이며 미국을 위시한 자유우방과의 유대를 더욱 공고히 한다.

---

126. Wallerstein, I., *After Liberalism*, New York: The New Press, 1995.

3. 이 나라 사회의 모든 부패와 구악을 일소하고 퇴폐한 국민도의와 민족정기를 다시 바로 잡기 위하여 청신한 기풍을 진작시킨다.

4. 절망과 기아선상에서 허덕이는 민생고를 시급히 해결하고 국가 자주경제 재건에 총력을 기울인다.

5. 민족의 숙원인 국토통일을 위하여 공산주의와 대결할 수 있는 실력배양에 전력을 집중한다.

6. (군인) 이와 같은 우리의 과업이 성취되면 참신하고도 양심적인 정치인들에게 언제든지 정권을 이양하고 우리의 본연의 임무에 복귀할 준비를 갖춘다.

  (민간) 이와 같은 우리의 과업을 조속히 성취하고 새로운 민주공화국의 토대를 이룩하기 위하여 우리는 몸과 마음을 바쳐 최선의 노력을 경주한다.

혁명 공약은 이승만 정권과 쿠데타 세력 간의 연속과 단절을 잘 보여 준다. 우선 혁명 공약 1, 2, 3항까지는 이승만 정권과의 연속성을 보여 준다. 1항과 2항은 당시의 국제 정세를 반영하면서 동시에 쿠데타 세력의 신분증과 같은 조항이라 할 수 있다. 당시의 냉전적 세계 질서 속에서 미국이 주도하는 자유 진영의 질서를 받아들인다는 것은 너무나 당연한 일이고, 이것은 정당성이 부족했던 쿠데타 세력이 미국에 보내는 일종의 신분증명이라 할 수 있다. 또한, 3항은 부정부패 일소라는 시대적 요구에 대한 반영이라고 할 수 있지만, 다른 한편으로는 국민도의와 민족정기라는 단어에서 알 수 있듯이 이승만처럼 국민의 의식을 민족주의에 기반해 지속적으로 통제해 나가겠다는 것을 보여 준다.

이승만과 박정희의 단절은 4항과 5항에서 명확하게 나타난다. 3항과 4항은 이승만이 아니라 4.19혁명 이후의 정서를 반영하는 것이면서 동시에 장면 정권의 정책을 이어받는 것이라 할 수 있다.[127] 3항에서 박정희는 근대화의 과제, 즉 경제발전의 과제를 제시하고 있으며 4항에서는 후에 이승만식 북진통일론이 아니라 선건설론을 제시하고 있다. 결국, 혁명 공약은 이승만이 반공주의를 이어받으면서, 경제발진이라는 새로운 과제를 제시한 것으로 요약될 수 있다.

혁명 공약에서 제시한 공약들은 6항, 즉 민정 이양의 약속을 제외한다면 박정희 정권 내내 약간의 변주가 있기는 하지만 기본적으로 유지되었다. 1, 2항의 반공주의는 정권 유지의 기본 정당화 담론으로 지속적으로 활용되었고 3항은 새마을 운동을 비롯한 다양한 정신개조 운동으로 이어갔으며, 4항은 경제개발 제일주의로 5항은 선건설 후통일론으로 이어지면서 박정희 정권의 핵심적인 통치이념을 이룬다.

혁명 공약에서 알 수 있듯이 박정희는 이승만이 만든 반공주의의 토대위에서 경제발전을 추구하려고 했다. 이는 한편으로 반공주의로 시민사회에 대한 억압과 통제를 지속하면서 다른 한편으로 경제발전에 대중을 동원해야 하는 억압과 동원의 이중적 과제를 수행하는 것이었다.

박정희의 초기 집권 과정은 바로 이러한 억압과 동원의 이중적 과정이었다. 우선 박정희의 발전주의는 1963년 5대 대통령 취임사에서 '조국 근대화'로 정식화되면서 동원의 이데올로기로 작동한다. 당시 경제발전이라는 목표는 추진 노선의 차이는 있을지언정 박정희 시기의 대표적인 반정부 잡지라 할 수 있는 '사상계'의 필진들도 기본적으로는 동

---

127. 군사 정권기의 박정희 정책은 사실상 장면 정권 및 보수 세력이 주장한 정책과 차이가 나지 않는다. 홍석률, 「1960년대 지성계의 동향: 산업화와 근대화론의 대두와 지식인 사회의 변동」, 한국정신문화연구원 편, 『1960년대 사회변화연구: 1963~1970』, 백산서당, 1999.

의하는 목표였기 때문에 그것이 실적으로 보장되는 한 큰 문제 없이 진행될 수 있었다.

문제는 다른 곳에서 발생했다. 사상계를 비롯한 비판적 지식인들은 박정희의 경제발전에는 암묵적 동의를 보내고 있었지만, 그의 민정 이양 약속 폐기에 분노했고, 뒤이은 한일국교정상화 협상을 굴욕적인 협상으로 인식했다. 지식인들의 이러한 불만은 1964년 6·3한일국교정상화 반대 시위로 나타났고, 박정희는 이를 계엄령 선포라는 폭력적 방식을 통해 진압해야만 했다.

6·3시위에 대한 강력한 억압은 박정희 정권에게 일시적 평온을 가져다주었다. 그리고 이러한 평온은 무엇보다 박정희 정권의 정당화의 원천인 경제발전이 실적으로 나타났기 때문이었다. 박정희가 유신을 앞두고 쓴 『민족의 저력』에서 "1967년 대통령 선거에서 4년 전보다 훨씬 많은 표차로 승리를 거두었을 때, 나는 집권 이래 오직 경제발전이라는 실적을 통해서만 국민들로부터 인정을 받고 집권의 정당성을 얻으려던 나의 결의가 6년 만에 이룩된 것을 보아 감개무량하였다."[128] 하고 회고하였듯이 경제성장으로 인해 박정희 정권은 장기집권을 향해 안정적인 순항을 하는 듯했다.

그러나 1960년대 말에 이르면 산업화의 성공은 그에 따른 위기를 낳았다. 위기는 이중적이었다. 한편으로 산업화가 진행됨에 따라 성과의 분배를 둘러싼 갈등이 나타났다. 전태일 분신으로 상징되는 광범위한 노동 계급 및 도시 빈민의 형성은 발전이 만든 새로운 갈등 구조를 형성했다. 다른 한편 산업화의 성공은 시민 의식의 성장을 낳았다. 박정

---

128. 박정희, 『민족의 저력』, 광명출판사, 1971, 169쪽.

희 정권은 경제발전이 정권의 정당성을 보장해 줄 것으로 기대했지만, 시민 의식의 성장은 민주주의에 대한 요구를 낳았고, 이는 정상적인 선거를 통해 더 이상 집권하기 불가능할 정도에 이르게 되었다.

박정희는 이러한 이중적 도전에 직면하여 3선을 정당화하는 개헌을 통해 집권을 연장하더니 1972년에는 유신헌법을 제정하여 영구집권을 시도했다. 이와 함께 박정희는 통제와 동원을 위한 통치 담론을 재구성한다. 이러한 재구성에서 역시 핵심적인 것은 민족주의 담론의 재구성이다. 박정희는 민족의 전통, 이익, 사명을 새롭게 구성함으로써 대중을 동원하는 한편 통제하는 이데올로기를 완성해 간다.

이승만의 민족주의가 반공민족주의였다면, 박정희의 민족주의는 발전민족주의다. '발전민족주의'란 국민을 발전에 동원하기 위해 민족주의를 재구성했다는 것을 의미한다. 박정희는 정권 정당성의 원천을 무엇보다 경제발전에서 찾았고, 국민을 발전에 동원하기 위해 민족주의를 활용했다. 이와 함께 이승만 시기의 반공은 억압의 이데올로기에서 동원의 이데올로기로 전환되었고, 충효라는 도의는 계속 강조되었지만 근면과 효율성이라는 새로운 국민도의와 결합하여 '순종적 산업역군'을 만드는 데 활용되었다.

박정희는 민족의 전통을 긍정적으로 규정하면서 전형적인 지배 계급의 옥시덴탈리즘인 동도서기론을 제시했다. 또한, 민족의 이익은 이승만의 반공에 발전을 결합하여 반공을 위해서는 발전을 해야 한다고 주장했다. '싸우면서 건설하자'는 구호로 정리되는 이러한 담론은 반공이 억압의 담론에서 동원의 담론으로 전환됨을 보여 준다. 박정희는 또한 민족의 사명을 조국 근대화 혹은 민족중흥으로 정의하면서 민족의 사명을 위해 조국에 충성하고 발전에 매진하자고 대중들을 설득했다. 이러한 박정희식 민족주의 담론이 지향하는 바는 명확했다. 민족주의 담론을 통해 대중들을 자발적으로 정권에 복종시켜 정권을 재생산하는 것이었다.

박정희가 생산해낸 민족주의가 우리 사회에 남긴 유산은 명확하다. 일제 시기부터 이어온 행위양식의 지속적인 재생산이다. 박정희 시기는 한편으로 경제발전, 즉 근대화가 이루어지는 시기이면서 다른 한편으로 봉건적인 충효의 유교 담론이 재생산된 '비동시성의 동시성'의 시기였다. 이는 산업화에 의해 사회의 분화가 일어나지만, 다른 한편 박정희의 독재적 통치로 인해 분화된 시민사회가 다시 정치로 통합되는 '분화와 탈분화의 동시 진행'이 일어나는 시기였다. 바로 이런 점에서 박정희 시기는 가족주의, 연고주의, 집단주의라는 행위양식이 제도와 담론을 통해 지속적으로 재생산되었던 시기였다.

1. 동도서기론과 연고주의 및 한국적 실용주의의 재생산

한국의 지배 담론 역사에서 민주주의는 그냥 민주주의가 아니라 '민족적 민주주의'였다. 이승만이 민족적 민주주의를 주장했듯이 박정희 역시 민족적 민주주의를 주장했다. 민족적 민주주의라는 기표는 분명히 식민지 시기의 민족적 공론장에서 형성된 '민주주의적 민족주의' 담론에 영향을 받은 것이지만, 그것의 의미는 일민주의가 그러하듯 일본의 식민 담론에 영향을 받은 것이라 할 수 있다.

일제 식민 담론은 일제 강점기 사범학교 선생이었으며 일본군 장교였던 박정희에게 그의 통치를 정당화하는 담론을 제공한 것으로 보인다. 먼저, 일본의 동양 담론이 그것이다. 일제 말기에 형성된 일본의 동양 담론[129]은 서구 근대의 극복이라는 미명하에 서구의 개인주의와 민주주의 및 서구 자본주의를 부정하고 그것의 대안으로 동양적 도의를 제시했다. 그러나 동양적 도의라는 것은 사실상 천황에 대한 충성을 의미하는 전체주의적 사고였고, 박정희의 민족적 혹은 전통적이라는 말은 충군애국의 정신을 의미했다. 다음으로 박정희가 생각하는 민주주

---

129. 일본의 동양 담론은 초기에는 청에 대응하여 일본이 동아시아 질서를 재편하기 위해 만든 담론이었으나, 일본의 제국주의 침략이 진행됨에 따라 반서구주의, 반근대주의를 통해 일본 제국주의를 정당화하는 담론으로 전환한다. 이 일본의 동양 담론이 한말에는 '삼국제휴론'과 같은 인종주의적 관점으로 도입되었고, 중일전쟁 이후에는 '대동아공영권'을 정당화하는 담론으로 식민지적 공론장에 참여하는 지식인들에게 소비되었고, 해방 후에는 일민주의, 민족적 민주주의론 등으로 살아남아 '독재적 공론장'을 정당화하는 담론으로 이어졌다. 이에 관해서는 정종현, 『동양론과 식민지 조선문학: 제국적 주체를 향한 욕망과 분열』, 창비, 2011. 한말 동양 담론의 긍정적 영향에 관해서는 홍정완, 「한말 '동양'·'아시아' 담론과 '민족'의 발견」, 『동방학지』 제180집, 2017.

의 역시 일제 말기의 파시즘적 민주주의, 즉 관료적 효율성만을 중시하는 민주주의였다. 이는 박정희가 주장했던 '행정적 민주주의'라는 말에서 명확히 드러나는데 그에게 민주주의는 행정적 효율성 그 이상이 아니었다.[130]

박정희가 이러한 의미를 지닌 민족적 민주주의를 주장한 것은, 그가 일본의 화혼양재와 같은 동양과 서양에 관한 관점, 즉 '동도서기론'에 입각하고 있기 때문이다. 이승만은 일본의 초기 제국주의 담론인 일본식 사회진화론에 영향을 받아 먼저 문명화된 국가의 '문명의 사명'에 대한 믿음을 갖고 있었지만, 그는 일본보다는 문명의 본류인 서양, 특히 미국을 사고와 판단의 준거로 삼았다. 이와 달리 일제가 전쟁을 향해 치달던 시기의 일제 지배 담론에 영향을 받은 박정희는 일제 식민교육을 충실히 받아들여 동양을 후진적으로 보지 않았으며, 서양을 또한 선진적으로만 보지 않았다. 그에게 동양의 정신은 서구 근대를 극복할 가능성이 있는 것이었고, 서양은 오직 기술적 근대 혹은 경제적 합리성으로만 의미가 있는 것이었다. 비서구 사회의 민족주의에서 가장 일반적으로 나타나는 민족주의 담론인 '혼합형 민족주의' 중에서 동북아시아 지배 세력들이 전형적으로 채용했던 '동도서기론'이 박정희 민족주의 담론에서 다시금 재현되는 것이다.[131]

박정희의 동도서기론은 오리엔탈리즘의 전형적인 이분법을 수용하면

---

130. 박정희가 처음부터 서구 민주주의에 대해 비판적이었다는 주장에 관해서는 이완범「경제개발5개년 계획의 입안과 미국의 역할」, 한국정신문화연구원 편,『1960년대의 정치사회변동』, 백산서당, 1999 참조.
131. 동양에 의한 서구의 담론적 재생산을 의미하는 옥시덴탈리즘이라는 관점에서 볼 때, 박정희의 민족주의 담론은 동양의 지배 세력들이 보인 전형적인 옥시덴탈리즘의 재현이라 할 수 있다.

서, 지배의 재생산을 위해 동과 서를 재발명한다. 다시 말해서 박정희는 '동양=정신, 서양=물질'로 규정하고, 서구의 정신, 즉 개인주의나 민주주의는 받아들이지 말자고 주장하는 것이다. 그에 따르면,

> 일찍이 우리 선조들은 「동도서기」라는 말을 하였습니다. 이것은 우리 선조들이 근대화의 예지를 훌륭하게 터득하였음을 한마디로 표현한 말입니다.
> 이 말은 서구의 과학문물은 받아들이되, 그것은 어디까지나 우리의 문화적 토양에 알맞게 받아들여야 한다는 것입니다.
> 외국의 사상과 문화를 받아들이되, 우리의 실정에 맞게 받아들여야 한다는 조상들의 이같은 태도야말로, 오늘에 사는 우리들에게는 다시 없는 귀중한 교훈이라 하지 않을 수 없습니다.[132]

박정희는 민족적 민주주의에서 알 수 있듯이 민족적인 것을 초기부터 강조했지만, 1970년대를 넘어서면서부터는 민족의 주체성과 자주성을 강조했고, 이것을 주체적 민족사관으로 표현하기도 하였다.[133] 위 인용문은 주체적 민족사관이 정립된 이후에 작성된 연설문으로 1960년대 말부터 정립되기 시작한 박정희 민족주의 담론의 특징을 명확하게 보여 준다.

그에 따르면 동도서기란 서양을 받아들이되 우리의 실정에 맞게 받

---

132. "제28회 서울대학교 졸업식 치사", 1974. 2. 26., 대통령비서실 편, 『박정희대통령연설문집 5 제8대편 상』, 1973e, 256쪽.
133. 민족주체성의 발견은 박정희의 독창적인 담론이기보다는 박종홍, 이선근과 같은 당시 지식인들의 담론에서 영향받은 것이다. 주체적 민족사관의 형성에 관해서는 황병주, 「박정희체제의 지배담론: 근대화담론을 중심으로」, 한양대학교 대학원 사학과 박사학위 논문, 2008, 3장 2절 참조.

아들이는 것을 의미한다. 그리고 이것이 바로 선조들이 터득한 근대화의 예지라는 것이다. 박정희는 여기서 동도서기의 정당성, 즉 당시 근대화의 정당성을 민족의 전통에서 구하고 있다. 더 정확히 말하면 동도서기를 민족의 전통으로 발명한다. 따라서 서구의 과학 기술만 받아들이고 다른 문화를 받아들이지 않는 것, 즉 도구적 합리성 혹은 기술적 근대의 수입과 해방적 근대 혹은 소통적 합리성의 배제를 민족적 전통으로 정당화하는 것이다.

오리엔탈리즘의 관점에서 보면, 박정희의 동도서기론은 전형적인 비서구 사회 민족주의의 인식을 재생산한다. 동/서의 이분법을 전제하고 '동양=정신, 서양=물질'로 규정한 후 동양의 정신에 입각하여 서구의 물질문명을 받아들여 서구를 따라잡자는 논리를 구성하기 때문이다. 이러한 인식에는 서구식 오리엔탈리즘을 답습하고 있다는 점에서 식민주의적 한계가 있다.

박정희의 인식이 전형적인 오리엔탈리즘을 반복하지만, 이것이 과연 오리엔탈리즘의 핵심인 서구에 의한 정신적 지배를 재생산하는지에 관해서는 다른 관점이 있을 수 있다. 먼저, 박정희뿐만 아니라 당시의 진보적 지식인들조차 공유하고 있던 선진/후진이라는 이분법에서 보면, 당장의 빈곤에서 그리고 압도적인 물질적 힘을 바탕으로 한 서구 세력과의 경쟁에서 살아남기 위해서는 '서구=물질'을 자신의 것으로 만드는 것, 다시 말해서 경제발전을 이루는 것은 비서구 사람들에게 무엇보다도 중요한 일일 수 있기 때문이다. 이 시기 전 세계적으로 진보주의자들의 주된 관심이 '저발전의 발전'의 문제, 즉 왜 비서구 사회의 국가들이 발전하지 못하는가라는 점, 그리고 현재에도 같은 문제가 지구촌을

괴롭히고 있다는 점에 비추어 볼 때 서구를 물질적으로 따라잡는 것 자체를 비난하는 것은 현실의 빈곤을 외면하는 것이라 할 수 있다.

다음으로, 박정희의 동도서기론에서 이미 동양은 서구와 대등한 존재라는 점이다. 일본의 동양론이나 이에 영향받은 박정희의 동도서기론에서 정신의 중심은 서양이 아니라 동양이다. 동양의 주체가 서구를 과학 기술 이외에는 한계가 있다고 규정할 때 서구는 더 이상 지적 권력의 중심일 수 없다. 박정희는 민족적 전통을 통해 서구의 개인주의와 민주주의를 완전히 거부하는 것이다.

박정희의 동도서기론은 이분법에 문제가 있는 것이 아니라 동양과 서양을 구성하는 방식에 문제가 있다. 박정희가 재구성한 동도서기는 전형적으로 지배 관계를 재생산하는 담론이며, 서구를 '기술적 근대'로 한정하는 담론이다. 박정희에게 동양이란,[134]

> 동양인에게는 서양인의 사고와 논리로는 정확하게 파악하기 어려운 신비스럽고 통일적이며 조화로운 정신문화가 있다.

---

134. 아래 인용문의 출처인 박정희가 1971년에 발간한 『민족의 저력』은 그가 1962년에 발간한 『우리 민족의 나아갈 길』과 민족의 역사 혹은 전통에 관한 관점에 있어 근본적인 차이가 있다. 박정희는 사회재건의 이념이라는 부제가 붙은 『우리 민족의 나아갈 길』에서 한민족의 과거를 반성해야 할 것으로, 한민족의 역사를 수난의 역사로 규정한다. 그는 이러한 인식에 입각하여 사회를 새롭게 재건하자고 주장한다. 이에 비해 『민족의 저력』에서는 역사 인식이 극적으로 달라진다. 이 책에서 박정희는 우리 민족의 전통을 빛나는 유산으로 표현한다. 비록 시련기가 있기는 하였지만 전반적으로 우리 민족은 평화 애호 민족이며 찬란한 민족 문화를 가진 민족으로 규정된다. 두 책 사이에 이러한 변화가 있었던 것은 1960년대 후반에 '주체적 민족 사관'이라는 동도서기론적 사관이 정립되었기 때문이다.

… 확실히 동양사람들의 문화안에는 무언가 동양다운 온화와 율동이 흐르고 있는 것이 사실이다.

이런 특성은 오랜 역사를 가지고, 꾸준히 창조적으로 발전해 온 민족 문화일수록 더욱 뚜렷하다.

우리 한민족이 크게 자랑으로 여기로 또한 무한한 긍지의 원천으로 삼는 것이 바로 반만년의 유구한 역사와 그 속에서 다듬어진 훌륭한 문화적 전통인 것이다.[135]

박정희는 서양인의 정서로서는 파악할 수 없는 '조화로운 정신문화'가 동양인에게는 있다고 주장한다. 그리고 그 무엇은 우리처럼 꾸준히 민족문화를 발전시켜온 민족에게는 더욱 뚜렷하게 나타난다고 주장한다. 동양의 정신이며 우리 민족의 문화인 이 조화로운 정신은 민족천성론으로 발전한다. 박정희는 유신체제 말기라 할 수 있는 1978년에 발간한 『민족중흥의 길』에서 '조화의 정신을 우리 겨레 특유의 생각과 생활 자세'라 규정하고, 이 정신의 근본을 '사회관계를 대립과 투쟁의 관계로 보지 않고 융화와 협동의 관계로 보는 것'이라 정의한다. 나아가 그는 우리 겨레의 천성인 조화로운 정신은 단군 시대에서부터 시작되었다고 주장한다.[136]

박정희에게 우리 민족은 조화와 협동의 정신을 가진 민족이다. 따라서 우리의 민족적 전통은 대립과 갈등에 기반한 서구 문화와 근본적으로 다르며 그런 의미에서 대립과 갈등에 기반한 서구식 민주주의는 필

---
135. 박정희, 앞의 책, 1971, 258쪽.
136. 박정희, 『민족중흥의 길』, 광명출판사, 1978.

요 없다. 우리의 민족적 천성이 이러하므로 현재 갈등의 원인은 우리 민족 내부에 있는 것이 아니라 오히려 외부, 즉 서양에 있는 것이다.

여기에 겹쳐서 서구의 문화가 우월한 과학기술과 국력을 등에 업고 물밀듯 들어오기 시작했다
우리에게 광복이라는 값진 선물을 안고 온 서구문명이 우리 앞에 내놓은 자유로운 개인주의와 민주주의는 우리가 느끼고 있던 감사와 친근감속에서 무비판적으로 받아들여짐으로써, 제도적, 사상적 측면에서 압도적이고 일방적인 영향을 미치게 되었다.
거기에다 민족사의 오점과 불명예의 책임을 전통문화의 탓으로 돌리는 풍조조차 생겨났다.[137]

위 인용문에서 알 수 있듯이 박정희에게 우리 전통은 우리 민족의 불행한 역사와 무관하다. 오히려 문제가 되는 것은 서구의 압도적인 물질문화 때문에 무비판적으로 수용된 서구의 개인주의와 민주주의라 할 수 있다. 박정희는 우리의 전통문화를 수용하면서 "선진국의 합리적이고도 능률적인 문화를 무조건 배척해서는 결코 안 된다."[138]는 동도서기론을 지속해서 주장한다.
박정희가 구성한 서구에서 배척되어야 하는 것은 개인주의와 민주주의이다. 경제발전을 위해서는 경제적 합리성은 수용해야 하지만 서구의

---

137. 박정희, 같은 책, 1978, 256쪽.
138. 박정희, 같은 책, 1978, 271-272쪽.

개인주의와 민주주의는 방종과 분열을 낳기 때문에 배척되어야 한다.

우리는 동서고금 어느 나라의 역사에서도 국민의 자제와 단합된 노력 없이 방종과 분열로 국난을 극복할 수 있었다는 사례를 알지 못합니다.
오늘날 서구사회의 양식있는 사람들은 복잡한 현대적 모든 위기상황을 효율적으로 극복해 나가기 위해서는 서구제국의 현정치질서도 미흡한 점이 한둘이 아니라는 것을 인식한 나머지, 이른바 <서구민주주의의 위기설>마저 대두되고 있읍니다. 그리고 이것을 극복하는 길은 오직 국민의 절제와 단결, 그리고 지도자의 영도력에 있음을 강조하고 있는 실정입니다.
이런 점에서도 우리는 유신체제의 역사적 정당성과 현실적 불가피성을 재확인하지 않을 수 없습니다.[139].

박정희의 영구집권을 가능하게 하는 유신체제를 정당화하기 위해 그는 서양의 민주주의를 위기를 양산하는 방종과 분열로 정의하고, 국민들의 절제와 단결, 그리고 지도자의 영도력을 그 대안으로 제시한다. 이렇게 박정희는 '서구=물질'이라는 오리엔탈리즘적 인식틀을 따르고 있지만, '서구=진보'라는 인식틀은 거부한다. 동양이 서구를 구성하는 옥시덴탈리즘을 통해 서구를 부정적인 방식으로 재현하는 것이다.
이렇게 서구의 민주주의를 부정적인 것으로 정의하면, 민주주의를 추구하는 사람들은 '사대주의자'로 정의된다. 정권을 재생산하기 위해 다시 한번 민족주의 담론이 동원되는 것이다.

---

139. "국민투표 실시에 즈음한 특별담화" 1975. 1. 22., 대통령비서실, 앞의 책. 1973e

민주주의도 좋고, 자유도 좋지만, 우리나라가 하나의 자주독립국가로서 앞으로 이 지구상에서 뻗어나가자면, 우선 우리 조상때부터 내려오는 뿌리깊은 사대주의근성을 뽑아내야 되겠다는 것입니다[140]

박정희는 민청학련 사건에 대해 언급하면서 외국의 힘을 통해 민족의 정권을 움직여 보려는 시도가 나타나는 것은 바로 조상 때부터 있었던 사대주의에 기인한다고 주장하고, 이러한 우리 민족의 뿌리 깊은 사대주의가 만든 것은 바로 현재의 '국적 없는 정신적 방랑아'[141]라 주장한다. 이러한 정신적 방랑으로 말미암아 민족의 사명을 깨닫지도 못하고 민족의 발전도 저지되었다는 것이다. 따라서 그에게 민족주의란 자주성을 갖는 것이고, 이것은 유신체제를 받아들이는 일이다.

박정희는 '동=조화, 서=갈등'으로 동양과 서양을 재구성함으로써 민족의 전통을 규정하고, 이를 통해 시민사회를 통제하려 했다. 따라서 민족의 전통을 통한 그의 시민사회통제 전략은 주체적 민족사관의 정립을 넘어 국민교육헌장, 충효 교육, 새마을 운동 등 다양한 정신개조 운동으로 나타났을 뿐 아니라 문화재의 발굴과 복원을 통해 민족의 전통을 물질화함으로써 민족의 역사와 전통을 재구성하였다.[142]

---

140. 「년두기자회견」 1975. 1. 14., 대통령비서실, 앞의 책. 1973e, 382쪽.
141. 「년두기자회견」 1973. 1. 12., 대통령비서실, 앞의 책, 1973e, 20쪽.
142. 박정희는 1962년 「문화재보호법」을 만들어 전통문화유산의 법적 제도적 기틀을 마련하였고, 1968년 문화공보부를 발족하여 전통문화의 발굴과 보존을 체계화하였다. 문화공보부는 문화재관리국을 통해 문화재의 조사발굴 활동, 전국민속종합사업, 전국명승조사사업, 전국 유형문화재 현황조사사업 등 다양한 사업을 진행하였고, 문화재개발 5개년계획(1969-74)과 제1차 문예중흥 5개년계획(1974-78) 등 장기적인 사업을 시행하였다. 박정희의 문화재 복원 및 성역화 사업에 관해서는 전재호, 「민족주의의 역사적 이용: 박정희의 전통문화정책」, 『사회과학연구』 7집,

박정희의 문화재 복원사업에서 가장 두드러진 것은 호국 문화유적의 성역화 사업이라 할 수 있다. 1966년의 현충사, 1970년대의 금산 칠백의총, 임진왜란 관련 유적, 강화도 유적, 유관순 윤봉길 등 항일 독립운동 의사들의 사당 건립 등이 이루어졌다. 중요한 점은 이러한 호국 문화유적의 성역화 사업이 단순히 유적을 복원하는 것이 아니라 국난극복 정신과 충효 정신을 체험하게 했다는 것이다. 나아가 1970년대 중반 이후에는 성역화 사업을 '국민관광'과 결합하여 많은 이들이 참배할 수 있게 했다.[143] 이는 국난이라는 위기를 기억하고 체험하는 물리적 공간의 창출을 통해 단결과 충효의 정신을 시민사회에 침투 내재화시키려는 전략의 일환이라 할 수 있다.

박정희는 동도서기론에 근거해 민족의 전통을 재구성했다. 동도서기론은 분명히 오리엔탈리즘의 동/서 이분법을 따르고 있지만, 그의 동도서기론은 오리엔탈리즘과 달리 서구의 지식 권력을 부정하고, 동양적 전통에 맞추어 세계 인식을 재구성하는 비서구 사회 지배 세력의 옥시덴탈리즘을 전형적으로 보여 준다. 물론 이러한 박정희의 동도서기론 달성하려는 목표는 명확하다. 조화의 정신, 단결, 충효라는 민족적 전통에 입각해 서구의 과학 기술만을 선택적으로 받아들이고, 개인주의, 민주주의, 시민적 자율성 같은 가치는 배제하려는 것이다. 결국, 박정희가 만든 민족의 전통은 권위주의를 재생산하기 위한 담론이었던 것이다.

1998; 은정태, 「박정희 시대 성역화사업의 추이와 성격」, 『역사문제연구』 통권15호, 2005 참조.
143. 은정태, 같은 논문.

2. 민족의 이익과 반공발전주의

이승만에게 민족의 이익은 반공주의였고, 박정희에게 민족의 이익은 반공주의와 발전주의였다. 박정희의 이러한 전략은 근대화의 목표 혹은 한국 민족주의의 목표인 산업화, 민주화, 통일 중 민주화와 통일을 부차화하면서 산업화를 전면화하는 것이었다. 혁명 공약에서 알 수 있듯이 박정희는 '선 건설-후 통일'을 명확히 했고, 반공주의는 이승만과 마찬가지로 통제의 이데올로기로만 사용되었다.

박정희 초기, 분리되어 있던 반공주의와 발전주의는 1960년대 후반에 이르면 반공발전주의로 결합한다. "싸우면서 건설하자"라는 당시의 구호에서 잘 알 수 있듯이 박정희의 이러한 노선은 '일면 생산, 일면 국방'으로 정리되고 1970년대에 이르면 '자주국방과 자립경제'로 재정립된다. 물론 자주국방과 자립경제는 시민사회의 분화를 억제하고 무조건적 단결을 요구하는 '국민총화'와 결합하고, 이것은 결국 민주주의, 개인주의, 인권의 지속적인 지체를 의미하는 것이기도 했다.

앞에서 언급했듯이 1961년 쿠데타 이후 초기의 저항을 무력으로 진압한 후 박정희 정권은 경제적 성공을 바탕으로 상대적으로 안정을 이루었다. 그런데 박정희가 재선에 성공한 다음 해인 1968년에는 남북관계 및 국제 정세의 불안으로 정권의 안정을 위협하는 위기가 찾아온다. 1월에 무장공비에 의한 청와대 기습사건이 발생했고, 미국의 푸에블로호를 북한이 납치하는 사건이 발생했을 뿐 아니라 국제적으로는 월남전으로 인해 남북한 관계는 극도로 긴장되게 되었다.

박정희는 이러한 위기를 돌파하면서도 자신의 최대의 성과인 경제발전을 위해 새로운 담론을 구성한다. 이제까지 억압의 이데올로기였던 반공주의를 생산의 이데올로기인 발전주의와 결합하는 담론을 구성한 것이다.

금년은 우리 민족이 정체와 굴욕을 박차고, 조국 근대화를 향해 전진을 시작한 1960년대를 결산짓는 해이며, 또한 민족의 중흥을 기약하는 대망의 70년대를 준비하는 해이며, 제 2차 경제개발계획의 제 3차년도로서 우리 민족에게 있어 실로 역사적으로 중대한 해가 되겠습니다.
그러나 그에 앞서, 보다 더 중요한 것은, 금년이야말로 우리모든 국민이 <싸우며 건설하자>는 각오와 신념을 굳건히 하고 일면국방, 일면건설에 우리 민족의 저력을 발휘해야 할 해인 것입니다.[144]

위 인용문은 박정희의 민족주의 담론을 잘 보여 준다. 그에 따르면 민족의 사명은 조국 근대화 혹은 민족중흥이고 이를 위해서 지금은 싸우면서 건설하는 일면 국방, 일면 건설을 해야 한다는 것이다. 박정희는 자신의 정당성의 원천이 경제발전에 있다는 점을 잘 알고 있었고, 이를 지속적으로 유지해야 한다는 점 역시 잘 알고 있었다. 따라서 그는 남북한의 긴장을 활용해 한편으로는 국민을 경제발전에 동원하고 다른 한편으로는 내부 갈등을 봉합하려는 담론을 구사했던 것이다.
박정희의 '싸우면서 건설하자' 담론은 같은 시기에 북한이 제시했던 발전 노선인 '경제와 국방의 병진 노선'과 논리적으로는 정확하게 일치

---
144. 「신년사」 1969. 1. 1., 대통령비서실, 『박정희대통령연설문집 3: 제6대편』, 1973c, 407-408쪽.

한다. 북한 역시 한반도에서 긴장이 심화되자 안보에 대한 위협을 심각하게 느꼈고, 위기를 해결하기 위해 '경제와 국방의 병진 노선'을 제시했던 것이다.

남북한의 위기 해결 담론은 논리적으로는 유사해도 현실적으로는 다른 의도를 가진 것이었다. 북한은 경제보다는 국방에 더 많은 자원을 투하함으로써 1960년대까지 높은 성장률을 보였던 경제발전이 정체되지만, 남한은 국방보다 경제에 더 집중함으로써 지속적인 경제발전을 이루어, 그 결과 1970년대 중반에 이르면 남북한의 경제력이 역전되는, 다시 말해서 남한이 북한의 경제력을 앞서게 되었다.

"국방 <이퀄> 경제 건설, 경제 건설 <이퀄> 국방이다, 즉 국방과 건설은 동의어이다."[145]라는 말에서 알 수 있듯이 '싸우면서 건설하자'는 경제발전을 위해 반공을 활용하는 경제발전 담론이지만, 다른 한편 반공을 통해 정권의 경제발전에 대해 반대하는 사람들을 통제하고 시민사회를 발전을 위한 동원에 철저히 종속시키려는 시도이기도 했다. 이 시기에 지금까지 이어져 오는 향토예비군, 민방위대가 만들어졌고, 고등학교에서 교련 교육을 시작했을 뿐 아니라 현재와 같은 '주민등록증' 제도가 갖추어졌기 때문이다.

이승만에게 반공은 구호였지만, 박정희에게 반공은 현실이었다. 이승만은 반공주의를 시민사회의 구석구석에까지 관철할 행정력을 갖추지 못했지만, 박정희는 그러한 행정력을 가지고 있었고, 모든 행정력을 총동원하여 시민의 일상을 규율하려 했다.

이 시기 학교에서는 반공교육이 단지 교과서로만 이루어진 것이 아니

---

145. 「년두기자회견」 1970. 1. 1., 대통령비서실, 같은 책, 1973c. 670쪽.

었다. 반공교육은 매일의 국기 강하식과 동시에 이루어지는 국기에 대한 맹세, 지금도 존재하는 매월 15일의 민방위 훈련, 그리고 매 학기 열리는 반공글짓기 대회, 반공 웅변대회, 반공 표어 및 포스터 그리기 등 일상의 활동에서 학생들에게 강제되었고, 이들이 고등학생이 되었을 때는 학도호국단과 교련 교육을 통해 전쟁의 위기와 함께 생존의 논리로서 반공이 다시금 체험되었다.[146]

반공의 삶은 성인이 되어서도 이어졌다. 대학에서는 총학생회 대신 학도호국단이 대학생들을 대표했고 이 학도호국단은 대학생들의 군사훈련인 교련 교육을 담당했을 뿐 아니라 합숙 군사훈련인 문무대 입소와 전방부대 입소 훈련까지 담당했다. 이런 훈련이 끝나면 군대가 기다리고 있었고, 제대하면 예비군, 민방위대로 이어져 시민의 전 생애는 반공의 삶으로 규율되었다. 또한, 반상회 등을 통한 일상의 감시는 말 그대로 반공이 내면화된 반공규율 사회[147]를 구축하기에 부족함이 없었다.

박정희는 반공과 발전을 통해 국민을 철저히 통제했지만, 앞에서 언급했듯이 경제발전의 성공은 위기를 가져왔다. 경제발전에 따른 계층갈등의 부상과 민주주의의 요구는 안정적인 정권의 재생산에 위기를

---

146. 유신체제 반공교육의 전략은 승공교육이라고 할 수 있는데, 공산주의와 민주주의의 비교를 통해 민주주의의 우월성을 강조하는 승공교육은 학생들에게 민주주의의 진정한 의미를 깨닫게 하여 정권에 비판적인 시민을 만들어 내는 의도하지 않은 결과를 낳았다. 유신체제는 이러한 상황을 극복하기 위해 반공교육을 북한과의 전쟁이나 간첩에 대한 실화 및 체험담 중심으로 전환한다. '이승복 이야기'로 상징되는 감각적 반공주의에 대해서는 이하나, 「유신체제 성립기의 '반공' 논리와 냉전의 감각」, 『역사문제연구』 통권32호, 2014 참조.
147. 조희연, 『한국의 국가·민주주의·정치변동: 보수·자유·진보의 개방적 경쟁구도를 위하여』, 당대, 1998.

Ⅴ. 발전민족주의와 동도서기론　**181**

가져왔고, 박정희는 주기적인 선거를 통한 정권의 재생산에 불안을 느끼기 시작했다. 박정희는 한편으로 경제발전을 지속하면서 다른 한편으로 경제발전이 낳는 불만에 대응하기 위해 새로운 담론 전략을 구상했다.[148]

정권의 위기에 대응한 박정희의 위기돌파 전략은 '제이경제론'이었다. 박정희는 1968년 연두 기자회견에서 제2경제란 말은 학술적, 학문적 용어가 아니라 자신이 생각한 말이라고 하면서 제이경제를 다음과 같이 정의한다.

> 증산이다, 수출이다, 건설이다 소위 통념적인 경제를 하나의 <제일경제>라고 이름을 붙일 수 있다면, 지금 말한 눈에 보이지 않는 정신적인 면이라든지. 또 우리의 마음가짐 등 우리 국민이 근대화를 하는데 있어서의 철학적인 바탕 또는 기조 등을 <제이경제>라고 해볼 수도 있지 않느냐[149]

위 인용문에 따르면 사회는 일반적 의미의 경제를 의미하는 제일경제와 의식적인 측면을 의미하는 제이경제로 나눌 수 있는데 우리의 목표인 근대화를 이루기 위해서는 제일경제만이 아니라 제이경제도 발전시

---

148. 기존의 연구들이 유신체제의 성립을 국내외적 위기상황에 박정희가 대응 결과물로 이해한 반면, 박태균은 유신체제를 국내외적 위기를 활용한 박정희의 적극적 선택의 결과로 이해한다. 박정희는 베트남전쟁과 남북 간의 위기 상황을 이용하여 징병제와 주민등록제 강화를 끌어냈으며, 제이경제론을 통해 정신적 측면의 통제 강화를 추진하는 등 위기가 현실화했던 1968년 이전에 이미 유신체제와 같은 통제 체제를 능동적으로 준비하고 있었다는 것이다. 박태균, 「1960년대 안보위기와 제2경제론」, 『역사비평』 통권72호, 2005.
149. 「년두기자회견」 1968. 1. 15., 대통령비서실, 앞의 책, 1973c, 134쪽.

켜야 한다. 이러한 박정희의 제이경제론은 경제를 발전시키기 위해서는 정신의 근대화가 중요하다는 것이다. 이는 한편으로 경제발전이 가져올 수 있는 의사소통적 합리성, 즉 민주주의와 인권 가치의 확산을 막으면서 다른 한편 정권의 경제발전 노선에 대한 비판을 제어하려는 의도가 있었다.

박정희의 제이경제론에 내포한 의도는, 제이경제가 무엇인지를 구체적으로 살펴보면 더욱 명확해진다. 제이경제는 먼저 긍정적인 사고로 정의된다.

> 우리가 근대화를 하는데 공장을 짓고 수출도 많이 하고 건설하는 것 그 자체만이 근대화의 길이 아닙니다. 모든 사물을 보고 평가를 하고 비판을 하는 데 있어서도 선의로 받아들이려 하고 모든 것을 긍정적으로 해석하겠다는 이러한 자세가 근대화에 요구되는 중요한 요소라고 생각합니다.[150]

여기서 박정희가 강조하는 것은 긍정적인 사고, 즉 무비판적 사고이다. 제이경제론이 경제발전을 뒷받침하는 담론이라면, 박정희가 기술적 근대 혹은 경제적 합리성의 확산을 막을 리는 없다. 그는 경제적 합리성의 확산과 함께 발전할 수 있는 의사소통적 합리성, 즉 비판과 토론의 문화를 막고 싶은 것이고 이런 의미에서 '무비판적 사고'를 강조하고, 이는 결국 효율성만을 추구하는 경제적 합리성의 일방적 발전을 추구하는 것이다.

제이경제는 무비판적 사고를 넘어 더 적극적인 내용을 갖는다. 그것

---

150. 「년두기자회견」 1968. 1. 15., 대통령비서실, 앞의 책, 1973c, 136쪽.

은 바로 국민도의와 사회윤리이다.

> 우리가 조국근대화라는 큰 과업을 완수하는 데 있어서 뭐니뭐니 해도 가장 중 유시해야 되겠기, 또한 중요한 것은 정신적인 면의 건설이리고 생각하며, 여기에 는 아무도 이론이 없을 줄 압니다. 정신적인 면의 근대화가 병행하지 않는 그러한 근대화라는 것은 참다운 근대화라고말하기 어렵지 않느냐고 생각됩니다.
> 따라서 건전한 국민 도의와 사회 윤리가 확립되고, 그 기반위에 물질적인 건설 이 이루어져야만 이것이 참다운 근대화인 것입니다.[151]

위의 인용문에서 알 수 있듯이 제이경제는 물질적인 건설의 기반이 되는 것이고, 그 기반이 바로 국민도의와 사회윤리이다. 결국, 제이경제 는 국민도의의 확립이라 할 수 있다. 여기서 박정희의 의도가 명확해진 다. 박정희는 경제발전을 위해, 궁극적으로는 정권의 재생산을 위해 정 신개조 운동을 진행시키고 싶었던 것이고, 정신개조의 원천으로 일본 천황제의 정당화 논리였던 국민도의론을 꺼내 든 것이다.

앞에서 살펴보았듯이 일본식 국민도의의 핵심은 충군애국의 정신이 다. 박정희는 국민이 충군애국, 총화단결의 정신으로 무장하기를 원했 다. 물론 이것은 경제발전을 가능하게 하는 생산적이고 효율적인 국민 이라는 요구와 병행하는 것이었다. 박정희는 동도서기론이 그러한 것처 럼 국민이 한편으로 일제식의 충군애국 정신을 가지면서 다른 한편으 로 경제적 합리성으로 무장하기를 원했고, 이런 의미에서 정신개조 운 동을 일으키게 되었다. 박정희의 제이경제론은 국민교육헌장, 새마을운

---

151. 「년두기자회견」 1970. 1. 1., 대통령비서실, 앞의 책, 1973c, 645-685쪽.

동과 같은 일련의 정신개조 운동의 기점이라고 할 수 있다.[152]

박정희의 반공주의는 반공발전주의였고, 그런 의미에서 생산적인 담론을 구성했다. 하지만 반공과 발전은 의도하지 않는 결과를 낳았다. 반공주의/민주주의의 이분법은 민주주의에 대한 기대를 낳았고, 발전의 성공은 의도하지 않는 사회 갈등과 민주주의에 대한 요구의 증가를 낳았다. 박정희는 발전주의를 지속하면서 시민사회에 대한 통제를 강화하기 원했고, 제이경제, 즉 정신개조 운동은 박정희의 이러한 필요를 충족시키는 발명품이었다. 이를 통해 국가의 시민사회에 대한 통제, 즉 국가와 시민사회의 탈분화는 지속되었고, 전근대적인 행위양식과 경제적 합리성의 일방적 발전은 지속될 수 있었다.

---

152. 이러한 정신개조 운동이 일상의 영역에도 영향을 미친 것으로 보인다. 1960년대 말 여성잡지를 분석한 김예림에 따르면, 당시 여성지가 창조해 낸 중산층 가정모델에서 여성은 한편으로 모범적이며 양식 있고, 경제개념이 투철한 안주인이면서, 다른 한편으로는 전통적인 '부덕'과 '내조'의 현모양처라 할 수 있다. 김예림, 「1960년대 중후반 개발내셔널리즘과 중산층 가정 판타지의 문화정치학」, 『현대문학연구』 제32집, 2007. 이러한 가정모델의 창조는 일상의 동도서기라 할 수 있는데, '우리=전통 가정, 서구=물질적 풍요'로 정의하는 것으로 이러한 이분법에 따르면 전통적인 가부장제가 재생산될 뿐 아니라 근면과 효율적 소비를 하는 경제적 합리성만이 발전하게 된다. 물론 이 과정에서 서구 시민사회의 기초를 이룬 인격적 관계로서의 가족은 배제된다.

3. 통일을 위한 사명, 민족중흥

우리는 민족중흥의 역사적 사명을 띠고 이 땅에 태어났다. 조상의 빛난 얼을 오늘에 되살려, 안으로 자주독립의 자세를 확립하고, 밖으로 인류 공영에 이바지할 때다. 이에, 우리의 나아갈 바를 밝혀 교육의 지표로 삼는다.

성실한 마음과 튼튼한 몸으로, 학문과 기술을 배우고 익히며, 타고난 저마다의 소질을 계발하고, 우리의 처지를 약진의 발판으로 삼아, 창조의 힘과 개척의 정신을 기른다. 공익과 질서를 앞세우며 능률과 실질을 숭상하고, 경애와 신의에 뿌리박은 상부상조의 전통을 이어받아, 명랑하고 따뜻한 협동 정신을 북돋운다. 우리의 창의와 협력을 바탕으로 나라가 발전하며, 나라의 융성이 나의 발전의 근본임을 깨달아, 자유와 권리에 따르는 책임과 의무를 다하며, 스스로 국가 건설에 참여하고 봉사하는 국민 정신을 드높인다.

반공 민주 정신에 투철한 애국 애족이 우리의 삶의 길이며, 자유 세계의 이상을 실현하는 기반이다. 길이 후손에 물려줄 영광된 통일 조국의 앞날을 내다보며, 신념과 긍지를 지닌 근면한 국민으로서, 민족의 슬기를 모아 줄기찬 노력으로, 새 역사를 창조하자.[153]

위의 인용문은 국민교육헌장이다. 1970~80년대에 초중등학교를 다닌 사람들이라면 선생님께 맞아 가면서 국민교육헌장을 외웠던 기억이 날 것이다. 국민교육헌장은 한편으로 정권에 의한 교육의 통제, 나아가 시민사회에 대한 통제를 보여 주지만, 다른 한편으로는 박정희의 통치

---
153. 박정희 시대의 국민윤리헌장이라 할 수 있는 국민교육헌장은 1968년 12월 5일에 선포되어 1993년까지 기념식을 개최하고, 초·중·고등학교 교과서에 수록되었으나 1994년 이후 기념식이 더 이상 이루어지지 않고, 교과서에서도 삭제되었다.

이데올로기, 즉 박정희 민족주의 담론의 핵심을 보여 준다.

국민교육헌장은 박정희가 제이경제론에서 제기한 정신개조 운동의 교본이자 완성본이라 할 수 있다.[154] 국민교육헌장은 먼저 민족의 사명을 규정하고 있다. '우리는 민족중흥의 역사적 사명을 띠고 이 땅에 태어났다'는 첫 문장은 박정희의 민족주의가 무엇보다 발전민족주의이고, 그가 경제발전을 가장 중시하고 있음을 명확히 보여 준다. 그에게 민족중흥은 바로 경제발전이기 때문이다. 또한, 국민교육의 목표가 '개인'이 아니라 '우리', 자아실현이 아니라 민족의 발전임을 명확히 함으로써 개인주의로부터 멀어진다.

다음 본문에 해당하는 두 번째 문단은 개인윤리, 사회윤리, 국민윤리로 구성되는데, 특히 사회윤리 부분은 박정희가 구성하고자 하는 행위양식의 핵심을 보여 준다. 사회윤리가 보여 주는 박정희식 인간, 혹은 박정희식 국민은 한편으로 능률과 실질을 숭상하면서 다른 한편으로 상부상조의 전통을 이어받은 협동하는 인간이다. 다시 말해서 한편으로 경제발전을 위해 생산적, 효율적인 인간이면서 다른 한편으로는 개인적 권리보다는 집단적 협동에 충실한 인간을 의미한다. 이러한 인간관은 한편으로 경제적 합리성에 입각한 실용주의적 행위양식을 권장하면서 다른 한편으로 집단주의적이고 국가주의적인 행위양식을 권장한다. 이 후자의 측면은 다음의 국민윤리에 의해 더욱 강화되는데 권리보다는 책임을, 개인의 발전보다는 국가의 발전을 우선시함으로써 국가주의를 더욱 강화한다.

---

154. 제이경제론과 국민교육헌장의 상관성에 관해서는 오성철, 「박정희의 국가주의 교육론과 경제성장」, 『역사문제연구』 통권11호, 2003; 황병주, 「국민교육헌장과 박정희 체제의 지배담론」, 『역사문제연구』 통권15호, 2005.

맺음말은 기존의 민족주의 담론의 결정체라 할 수 있다. 민족을 통해 정당화하는 반공민족주의가 먼저 나오고 '선 건설-후 통일'이라는 단계론적 통일론에 입각한 자유의지론적 통일민족주의가 나온 후 동도서기론적 민족주의 담론으로 정리하고 있다.

흥미로운 점은 이 국민교육헌장이 천황에 대한 충성을 맹세하는 일본의 '교육칙어'[155]와 형식적으로 완전히 똑같다는 점이다. 교육칙어가 천황의 신민을 만들기 위한 목적에서 만들어졌고, 국민교육헌장이 근대 민주국가의 국민을 만들기 위한 목적에서 만들어졌음에도 머리말, 본문의 개인윤리, 사회윤리, 국민윤리 그리고 맺음말의 순서는 완벽하게 일치하고 있다. 교육칙어와 국민교육헌장은 내용상으로도 일치하는데, 교육칙어가 사회윤리를 배제한 가운데 개인윤리를 국가에 대한 충성이라는 국가윤리와 직접 연결하여 천황제 민족주의를 완성하려 했

---

155. 1) 짐이 생각건대 皇朝皇宗(황조황종)이 나라를 열어 宏遠(굉원)한 덕을 세움이 深厚(심후)하도다. 우리 신민이 지극한 충과 효로써 억조창생의 마음을 하나로 만들어 대대손손 그 아름다움을 다하게 하는 것이 우리 국체의 정화인바 교육의 연원 또한 진실로 여기에 있을 터이다. 2) 그대들 신민은 부모에게 효도하고 형제에게 우애하며, 부부 서로 화목하고 붕우 서로 신뢰하며, 스스로 삼가 절도를 지키고 博愛(박애)를 여러 사람에게 끼치며, 학문을 닦고 기능을 익힘으로써 지능을 계발하고 훌륭한 인격(德器)을 성취하며, 3) 나아가 공익에 널리 이바지하고 세상의 의무를 넓히며, 4) 언제나 국헌을 무겁게 여겨 국법을 준수해야 하며, 일단 국가의 위급한 일이 생길 경우에는 의용을 다하여 공을 위해 봉사함으로써 천지와 더불어 무궁할 皇運(황운)을 扶翼(부익)해야 한다. 이렇게 한다면 그대들은 짐의 충량한 신민이 될 뿐만 아니라 족히 그대들 선조의 유풍을 현창할 수 있을 것이다. 5) 이러한 도는 실로 우리 황조황종의 유훈으로 자손인 천황과 신민이 함께 준수해야 할 것들이다. 이는 고금을 통하여 오류가 없으며, 이를 중외에 베풀더라도 도리에 어긋나는 바가 없다. 짐은 그대들 신민과 더불어 이를 항상 잊지 않고 지켜서 모두 한결같이 덕을 닦기를 바라는 바이다. 1890년 10월 30일. 번호는 1)머리말 2)개인윤리, 3)사회윤리, 4)국민윤리, 5)맺음말을 구분한다. 윤해동, 「'국체'와 '국민'의 거리-탈식민시기의 식민주의」, 『역사문제연구』 통권15호, 2005, 87쪽에서 재인용.

다면, 국민교육헌장 역시 개인윤리를 국가윤리와 직접 연결함으로써 국가주의적 민족주의를 구성한다는 점에서 같은 논리를 가진다고 할 수 있다.[156] 국민교육헌장은 천황에 대한 충성을 국가에 대한 충성으로 전환했을 뿐 일제의 논리를 반복하는 것이다.

국민교육헌장에 나타난 '나라의 발전이 나의 발전의 근본'이라는 문구에서 알 수 있듯이 박정희는 개인주의가 아니라 집단주의, 시민사회가 아니라 국가중심적 사고를 가졌다. 그의 민족주의는 '시민적 민족주의'가 아니라 '국가주의적 민족주의'인 것이다. 박정희가 국가주의적 민족주의라는 식민주의적 의식을 반복하는 것은 박정희의 인식에 일제가 구성한 유기체적 국가관이 뿌리박혀 있기 때문이다.[157] 박정희의 국가주의적 민족주의는 '유기체적 민족주의'에 의해 정당화된다. 민족은 하나의 생명체이고, 개인은 생명체의 기관이나 세포이기 때문에 민족의 생존은 개인의 생존과 불가분의 관계에 있다는 것, 즉 '민족=개인'이라는 것이 박정희의 민족관이다.

> 우리가 말하는 조국근대화나 민족중흥이란 말도 그 속에 나오는 조국, 민족이라 하는 것은 <나>를 확대한 <대아>가 조국이요 또 민족인 것이며, 조국 근대화와 민족중흥에 우리가 혼연히 참여해서 봉사하는 것은 남을 위해서 하는 것이 아니라, 나 자신을 위해서 하는 것이고, 우리 후손들을 위해서 하는 일이다.

---

156. 교육칙어와 국민교육헌장의 연결 지점에 관해서는 윤해동, 같은 논문, 2005 참조.
157. 한국 국가주의가 국가 유기체론에 영향받았고, 박정희의 국가주의 역시 그 연장선에 있다는 주장에 관해서는 박찬승, 「20세기 한국 국가주의의 기원」, 『한국사연구』 117집, 2002.

이러한 연대책임의식과 공동운명의식을 우리가 확실히 해야하겠습니다.[158]

박정희가 명확히 하고 있듯이 국가는 대아이고, 개인은 소아이다. 이런 의미에서 국가와 개인의 차이는 없어진다. '개인-국가-민족'이 되는 것이다. 그래서 연대책임 의식과 공동운명 의식을 가져야 하고, 국가가 잘되는 것은 개인의 잘되는 것이라는 결론이 나온다.

그렇게 때문에 국가가 잘 되는 것은 결국은 내가 잘되는 것이며, 민족이 잘되는 것도 결국은 내가 잘되는 것이며, 국가를 위해서 내가 희생을 하고 봉사를 하는 것은 크게 따지면 내 개인을 위해서 봉사하는 것이고, 우리 자손을 위해서 희생하는 것이다, 그렇기 때문에 우리가 국가를 위해서 충성을 하는 것은 미덕이다, 가장 보람있는 일이다, 이렇게 생각할 수 있는 것입니다.[159]

박정희가 유기체적 민족주의를 구성하여 얻으려는 것은 희생과 봉사, 그리고 국가에 대한 충성이다. 박정희의 민족주의 담론은 이렇게 일제 식민 시기의 근대화 메커니즘과 행위양식을 재생산하는 것이다.

개인과 국가의 일치는 근대 사회의 핵심인 공과 사의 미분리를 의미하고, 무엇보다 식민지적 근대화 메커니즘, 즉 '분화와 탈분화의 동시 진행'을 정당화하는 담론으로 작동한다. 유기체적 민족주의에서 민족과 국가의 이익은 개인의 이익에 앞설 수밖에 없고, 개인의 이익은 국가의 이익을 규정하는 정권의 이익을 앞설 수 없다. 역으로 정권은 민족

---

158. 「년두기자회견」 1970. 1. 1., 대통령비서실, 앞의 책, 1973c, 688쪽.
159. 「년두기자회견」 1970. 1. 1., 대통령비서실, 앞의 책, 1973c, 686-687쪽.

의 이익이란 명목하에 개인의 이익을 무한히 침해할 수 있으므로 결국 사적인 이익은 정권에 의해 규정될 수밖에 없고, 이를 통해 시민들의 자율적인 합의가 이루어지는 장소인 공론장은 국가에 의해 철저히 통제될 수밖에 없다. 국가에 의해 시민사회의 탈분화가 일어나는 것이다. 다시 말해 정권이 언론, 출판, 음악, 영화 등 시민사회의 자율적인 활동들을 검열이라는 이름으로 통제하는 것이 당연해질 뿐 아니라 경제에 개입해 정치자금이라는 명목으로 뇌물을 받고 특정 기업에 혜택을 주는 관치경제 역시 당연한 일이 된다.

공과 사의 미분리는 개인윤리의 부재를 낳고, 이는 사익의 무한 침투와 무책임의 정치를 낳는다. 사적인 것은 부정적이거나 없는 것이기 때문에 개인 책임에 기반한 개인윤리는 원천적으로 형성될 수 없다. 개인윤리가 부재한 상태에서 '사적인 것=공적인 것'이라는 논리가 성립하면 공적인 일에 사적 이익이 무한 침투하는 현상이 발생한다. 이러한 논리가 식민지적 공론장에서 시작되어 독재적 공론장에서 형성된 연고주의적 주체와 결합하게 되면 부정부패가 만연하는 것은 어쩌면 당연한 일이다. 또한, 개인윤리의 부재는 무책임 정치[160]를 낳는다. 1990년대 사회주의권이 붕괴할 때 유행한 문구, 즉 '모두의 것은 누구의 것도 아니다'라는 문구에서 알 수 있듯이 모두의 책임은 누구도 책임지지 않는다는 것을 의미하기 때문에 정권의 명령에 충성하는 한 누구도 책임지지 않는 행위양식이 형성되는 것이다. '4대강 사업'과 같이 잘못된 국책사업에서 반복적으로 나타나는 '영혼 없는 관료'들과 무책임한 자세는 그러한 행위양식이 뿌리 깊고 반복적으로 재생산되었다는 것을 보여 준다.

---

160. 마루야마 마사오, 『현대정치의 사상과 행동』(김석근 옮김), 한길사, 1997.

박정희에게 있어 통일은 민족의 사명이기는 하지만 먼 미래의 일이다. 그는 이것을 '선건설 후통일'론으로 정립했다. '실력배양론', '준비론' 등의 다양한 표현으로 나타나는 이 논리에 따르면 앞의 국민교육헌장처럼 '영광된 통일 조국의 앞날을 내다보며' 현재는 조국 근대화를 해야 할 시기이고, 따라서 통일은 조국 근대화보다 먼 궁극적 사명이라고 할 수 있다.[161]

박정희는 이승만의 무력통일론을 평화통일론으로 전환했고, 선통일론을 후통일론으로 전환했다는 점에서 이승만과 차이가 난다. 그러나 여전히 이승만식의 '자유기지론'에 입각하고 있다는 점에서 연속성이 있을 뿐만 아니라 북한의 '민주기지론'과도 연속성을 보여 준다.

박정희의 자유기지론은 다음의 인용문에서 명확히 드러난다.

우리는 밖으로 공산침략을 당하고 있는 나라에 대해서는 반공대의 밑에 이를 지원하고, 안으로 근대화작업에 박차를 가함으로써 국토통일의 민족적 기지를 공고히 하여 승공한국의 역사적 사명을 다해야 하겠습니다[162]

박정희는 민족적 기지, 힘의 기지, 통일기지 등 다양한 표현으로 '자유기지론'을 보여 주는데, 박정희의 통일 담론이 이승만과 또 다른 점은 박정희가 통일을 이용해 정권을 재생산하려 했다는 점이다.

---

161. 이런 의미에서 즉각적인 무력통일 담론을 구사한 이승만에 비해 박정희는 통일보다는 경제발전을 주장함으로써 통일 담론을 부차화시켰다는 비판을 받는다. 전재호, 「박정희 체제의 민족주의 연구: 담론과 정책을 중심으로」, 서강대학교 대학원 정치외교학과 박사학위논문, 1998.
162. 「피압박민족해방운동 주간 제8주년 담화문」 1967. 7. 16., 대통령비서실, 앞의 책, 1973c, 12쪽.

박정희는 1969년 재집권을 위해 '2차 연임제'이었던 제3공화국의 「헌법」을 개정하고 1971년 김대중과의 치열한 대결 끝에 삼선에 성공한다. 그런데 박정희는 삼선에 만족하지 않고 영구집권을 추진하기 위해 1972년 12월 유신헌법에 따른 유신체제를 만들어냈다. 그런데 박정희는 같은 해 5월 당시 중앙정보부장이었던 이후락을 비밀리에 방북시켜 남북 간 최초의 합의서인 7.4남북공동선언을 발표하였다. 그런데 박정희는 통일이라는 민족의 염원을 정권을 재생산하는 데 활용한다. 박정희는 7.4남북공동선언의 성과를 바탕으로 남북 대화와 통일을 위해 유신헌법을 지지할 것을 호소했던 것이다.[163]

> 그러나, 만일 국민여러분께서 헌법개정안에 찬성치 않는다면 나는 이것을 남북대화를 원치 않는다는 국민의 의사표시로 받아들이고 조국통일에 대한 새로운 방안을 모색할것임을 아울러 밝혀두는 바입니다.[164]

위 인용문은 박정희가 10월 17일 비상계엄령 선포로 국회해산과 정당 및 정치 활동 금지 등 민주적 절차를 완전히 정지시키고 '평화통일과 한국적 민주주의'를 추진한다는 유신헌법을 제안한 특별 선언 가운

---

163. 박정희가 장기집권을 위해 통일 담론을 꺼내 든 것은 당시 산업화의 진전으로 인한 사회적 갈등이 심화되면서 정권에 대한 불만이 표출되었기 때문이다. 1970년 와우 아파트 붕괴사건, 1971년 7월 사법부 파동, 1971년 8월 10일 광주 대단지 사건, 1971년 8월 서울대 및 지방 국립대 교수들의 '자주선언', 1971년 9월 15일 파월노동자 KAL 빌딩 습격 사건 등 다양한 영역에서의 위기 징후들은 발전 담론만으로 정권을 유지하기에는 역부족임을 느끼게 했고, 이것이 통일 담론의 활용으로 나타난 것으로 판단된다.
164. 「특별선언」 1972. 10. 17., 대통령비서실, 앞의 책, 1973c, 300쪽.

데 한 문구다. 여기서 잘 알 수 있듯이 박정희는 거의 협박성으로 남북대화와 통일을 위해 영구집권을 받아들여야 한다고 주장함으로써 통일을 정권의 재생산을 위한 도구로 활용하였던 것이다.

박정희에게 민족은 유기체였다. 따라서 그에게 개인은 국가의 이익에 봉사하는 존재에 불과했다. 그는 또한 북한의 주체사상처럼 지도자-국가-대중이 일체라는 담론을 만들어 냈고, 이를 통해 개인의 자유와 시민사회의 자율성을 철저히 억압하였다. 이렇게 식민지적 행위양식은 우리 손에 의해 자발적으로 재생산되었다.

박정희의 공과에 대한 다양한 논란이 있듯이 박정희가 민족주의자였는지 아닌지에 관해서도 다양한 논란이 있다. 그러나 수많은 논란에도 불구하고 분명한 것은 박정희가 민족주의 담론을 다양하게 생산했고, 그것을 활용했다는 사실이다. 또한, 박정희가 종족적 민족주의에 기반해 국가주의적 민족주의를 재생산했으며, 이러한 민족주의가 해방기에 우리가 합의했던 '민주주의적 민족주의'와는 대단히 거리가 멀다는 사실 역시 분명하다. 그 먼 거리만큼, 박정희의 민족주의는 식민지적 공론장에서 생성된 식민지적 행위양식을 재생산했다.

VI. 새로운 주체의 발견과 민중민족주의

이승만 시기와 박정희 시기는 권위주의의 시기였고, 종족적 민족주의의 시기였다. 국가에 의한 공식 민족주의는 식민지 시기의 식민지적 공론장을 독재적 공론장으로 재생산했으며, 이를 통해 권위주의, 연고주의, 집단주의, 실용주의적 행위양식이 지속적으로 재생산되었다. 만약 한국에 이러한 민족주의밖에 존재하지 않았다면 한국 사회의 민주화는 대단히 지체되었을 것이다.

한국 사회가 4.19혁명, 광주민주화운동, 6.10민주화운동으로 이어지는 지속적인 대중적 민주화운동을 성공시킬 수 있었던 것은 한국 민족주의가 그 형성기부터 단순히 종족적 민족주의가 아니라 시민적 민족주의를 포함하고 있었으며, 일제에 맞선 독립운동 기간에 '민주주의적 민족주의'를 발전시켜 왔기 때문이다. 식민지 시기 '민족적 공론장'을 통해 형성된 한국 민족주의, 즉 '민주주의적 민족주의'는 권위주의 정권의 물리적 억압과 담론적 통제에도 불구하고 꺼지지 않는 불꽃이 되어 한국 민주화를 추진하는 원동력이 되었던 것이다.

식민지 시기 민족적 공론장에서 형성된 민주주의적 민족주의는 해방 당시 헤게모니 담론이 되었지만, 분단과 전쟁을 거치면서 영향력을 점차 상실하게 된다. 독재 권력이었던 이승만, 박정희 정권은 식민지적 근대화 메커니즘을 재생산하였고, 이는 자율적이어야 할 시민사회와 공론장을 다시 한번 권력의 통제 아래에 두는 결과를 낳았다. 이승만과 박정희는 이러한 구조적 억압뿐만 아니라 식민지적 행위양식을 재생산하는 민족주의 담론을 생산함으로써 시민사회를 통제했다. 이들은 통일을 위해 반공을 하고 분단 정권을 수립해야 한다고 주장했으며, 통일과 조국 근대화를 위해 산업화와 반공을 해야 한다고 주장했다. 또한,

이들은 전근대적인 행위양식을 전통이라는 이름으로 발명하여 민주주의를 왜곡시켰다.

정권의 구조적 억압과 담론적 동원에도 불구하고 시민들의 자발적인 힘은 지속되었다. 3.1운동을 통해 대중화되고, 상해 임시정부의 「헌법」을 통해 명문화된 '민주주의적 민족주의'는 앞에서도 인용했던 건준의 강령으로 나타났고, 제헌헌법에 보통선거권뿐 아니라 토지분배의 원칙을 각인하였다. 또한, 남북협상파 및 중도파의 불참 속에서 치러진 1대 국회의원 선거인 5.10선거에서는 이승만의 의도와 달리 무소속이 85명이나 당선되어 이승만파인 대한독립촉성국민회의 55명보다 많이 당선되었고, 1950년 모든 정파가 다 참여한 2대 국회의원 선거인 5.30선거에서는 무소속이 126명이 당선되어 60%가 넘는 의석수를 차지했다. 이는 정권의 압박에도 불구하고 민족적 공론장을 이은 민주적 공론장이 튼튼한 대중적 토대를 갖고 있었다는 사실을 잘 보여 준다.

억압에도 존재를 드러냈던 민주적 공론장은 한국전쟁으로 결정적 타격을 받았다. 한국전쟁이 낳은 공포의 정치는 한국 시민사회의 자율성을 극도로 억압하였다. 정치적 대항 세력에 대한 무자비한 탄압은 시민사회의 민주적 공론장을 극도로 축소시켰고, 이로 인해 '막걸리 선거', '준봉 투표' 같은 행위들이 나타나기 시작했다.[165] 그러나 이승만 정권

---

165. 이런 현상들은 한국 민주주의를 미국에 의해 '주어진 민주주의'로 보는 근거이다. 이 관점에 따르면 한국은 준비 없이 민주주의를 미국으로부터 선물 받았기 때문에 유권자들은 민주주의 의식이 매우 낮았고, 그래서 유권자들이 막걸리 선거와 같이 돈에 매수되거나, 준봉 투표와 같이 토호나 엘리트에 부화뇌동하는 현상이 일어난 것이다. 그러나 이런 관점은 식민지 시기에 형성된 한국 민주주의의 뿌리, 즉 '민주주의적 민족주의'의 영향력을 간과한 데 기인한 것으로, 이 관점에 따르면 왜 해방 시기에 왕정복고 운동이 없었는지, 왜 제헌헌법에 보통선거권이 만장일

의 탄압에도 불구하고 민주주의를 향한 열망들은 지속적으로 분출되었다. 특히 조봉암 사건은 민주주의적 민족주의를 향한 대중적 열망이 꾸준히 지속되고 있음을 잘 보여 주는 사건이다.

조봉암은 사회주의 계열 독립운동가로 해방 후 사회민주주의자로 변신한 후 이승만 정권에서 초대 농림부 장관과 2대 국회부의장을 지낸 인물이다. 조봉암은 2대, 3대 대통령 선거에서 차점자로 낙선할 만큼 유력한 정치가였다. 특히 1956년에 있었던 3대 대통령 선거에서는 216만 표로 30%의 득표율을 얻어 이승만의 강력한 도전자로 등장하였고, 이는 장기집권에 혈안이 된 이승만에게 중요한 위협이 되었다.

조봉암은 1956년 책임 있는 혁신정치, 수탈 없는 계획경제, 민주적 평화통일을 3대 정강으로 내걸고 사회민주주의적 성향의 진보당[166]을 장당했는데, 이승만 정권은 1958년 4대 총선을 앞두고 「국가보안법」 위반 혐의 등으로 진보당을 해산하고, 조봉암을 비롯한 간부들을 기소하였다.

치로 채택될 수 있었는지, 왜 전쟁의 폐허 속에서도 4.19민주혁명이 가능했는지, 나아가 한국이 왜 빠른 민주화에 성공할 수 있었는지를 설명하지 못한다.

166. 진보당의 강령은 사회민주주의 성향을 명백히 보여 주는데, 특징적인 점은 이승만의 통일정책인 무력통일에 반대하여 평화통일을 주장했다는 점이다. 이는 진보당이 북한의 통일노선에 호응했다는 정권의 억지 주장의 빌미가 되었다. 진보당 강령은 다음과 같다. 1. 우리는 원자력 혁명이 재래할 새로운 시대의 출현에 대응하여 사상과 제도의 선구적 창도로써 세계 평화와 인류복지의 달성을 기한다. 2. 우리는 공산 독재는 물론 자본가와 부패분자의 독재도 이를 배격하고 진정한 민주주의 체제의 확립하여 책임 있는 혁신정치의 실현을 기한다. 3. 우리는 생산분배의 합리적 계획으로 민족자본의 육성과 농민·노동자, 모든 문화인 및 봉급 생활자의 생활권을 확보하여 조국의 부흥번영을 기한다. 4. 우리는 안으로 민주 세력의 대동단결을 추진하고 밖으로 민주 우방과 긴밀히 제휴하여 민주 세력이 결정적 승리를 얻을 수 있는 평화적 방식에 의한 조국통일의 실현을 기한다. 5. 우리는 교육체계를 혁신하여 점진적으로 국가 보장제를 수립하고 민족적 새 문화의 창조로써 세계 문화에의 기여를 기한다. 정태영, 『한국 사회민주주의 정당사』, 세명서관, 1995, 464쪽.

조봉암은 대법원에서 간첩, 「국가보안법」 위반, 무기불법소지 등이 유죄로 인정되어 사형을 선고받았고, 결국 법살되었다.[167] 조봉암의 법살은 이승만 정권의 반민주적 성격을 명확히 보여 주는 사건이지만, 다른 한편으로는 조봉암이 이승만 정권에 강력한 위협이 되었다는 점에서 한국에서 아래로부터의 민족주의가 내단히 뿌리 싶다는 점을 보여 주었다.

4.19혁명은 한국 민족주의의 또 한 번의 폭발이지만, 5.16군사쿠데타로 다시 억압되었다. 진보당 사건으로 지하로 스며들었던 혁신계들은 4.19혁명을 계기로 다시 분출했지만 쿠데타 세력에 의해 철저히 탄압당했고,[168] 민주주의적 민족주의를 명확히 보여 주는 1960년대 최대의 대중운동이었던 6.3한일국교정상화반대시위 역시 박정희의 물리적 억압에 봉쇄되면서 아래로부터의 민족주의는 긴 침묵에 들어가게 된다.

독립운동 시기에 뿌리를 두고 면면히 이어졌던 혁신 운동은 박정희의 탄압과 인구학적 한계로 사라지게 되지만, 민족해방기부터 이어져 온 정신은 지속적으로 이어졌다. 잠시 잠복했던 사회운동은 삼선개헌반대투쟁, 반유신투쟁, 그리고 광주민주화운동으로 이어지면서 드디어 1987년 6월 민주항쟁을 통해 민주화의 꽃을 피우게 된다. 이러한 긴 과정 동안 민주주의는 항상 민족주의를 소환했고, 이것은 한국 민족주의, 즉 민주주의적 민족주의가 시대를 통해 스스로를 실현해 가는 과정이었다.

---

167. 조봉암에 대한 판결은 재심이 이루어져 2011년 대법원에서 무죄로 선고되었다.
168. 독립운동 시기부터 이어져 왔던 혁신계 중심의 사회운동은 4.19 혁명 이후 공개적 활동을 하다가 군사쿠데타 세력에 의해 철저히 억압되면서 역사 속에서 사라지게 된다. 5.16 이후의 혁신 세력의 역정에 관해서는 정태영, 「5.16쿠데타 이후 혁신 세력은 어떻게 존재하였나」, 『역사비평』 계간18호, 1992. 참조.

1. 민족주의의 주체, 민중의 발견

　민족주의는 민족을 규정한다. 종족적 민족주의는 혈연이나 언어와 같은 객관적 조건으로 민족을 규정하고, 시민적 민족주의는 동등한 권리와 정치적 자격으로 민족을 규정한다. 민족은 종족적 민족주의의 규정에 따르면 특정한 조건을 가진 모든 사람이고 구성원 내부의 차이가 없지만, 시민적 민족주의의 정의에 따르면 일정한 영토 안의 모든 사람이 동일한 권리를 가진 사람들로 인정되고, 따라서 민족주의는 현재 권리를 갖지 못한 사람들이 권리를 주장할 수 있는 근거로 작동할 수 있다. 민족이 '우리'라면 우리는 동등한 권리를 가져야 하기 때문이다. 이런 의미에서 민족주의는 정치적 민주주의의 확대, 즉 신분이나 남녀에 상관없이 모든 사람이 선거의 권리를 갖는 보통선거권을 추동하는 이념이면서 나아가 사회적 시민권으로의 확대, 즉 모든 사람이 인간으로서 행복하게 살 수 있는 권리를 정당화하는 이념이었다.

　앞에서 언급했듯이 한국 민족주의는 종족적 민족주의와 시민적 민족주의의 성격을 동시에 갖고 있었다. 오랜 정치공동체의 경험 위에 자주독립 국가를 수립하기 위한 저항민족주의적 성격은 종족적 민족주의를 발전시켰지만 바로 그 독립을 추구하는 시기에 독립을 추구하던 사람들이 형성했던 민족적 공론장에서는 시민적 민족주의가 성장했다. 민주주의적 민족주의는 종족적 민족주의와 시민적 민족주의가 한국 민족주의 내에 공존했음을 잘 보여 준다.

　해방 이후 한국의 아래로부터의 민족주의 혹은 대중 민족주의는 시민적 민족주의를 지속적으로 추구했다. 시민적 민족주의의 추구, 즉 민주화에 대한 요구는 정권의 물리적 억압과 담론적 훼손 속에도 끈질기게 살아남았다. 그것은 무엇보다 민주주의가 국제적으로 그리고 국내적으로 헤게모니 담론이었기 때문이다.

2차 세계대전 이후 사회주의 국가들조차도 민주주의라는 말을 사용할 정도로 민주주의는 전 세계적인 헤게모니 담론이 되었다. 또한, 대한민국이 냉전체제 속에서 자유 진영에 속했고 지배 세력에서조차 공산주의와 민주주의의 대립 구도 속에서 정권의 정당성을 민주주의에서 찾았기 때문에 민주주의는 국내에서도 헤게모니 담론이었다. 따라서 한국에서 민주화의 과정은 적어도 담론적으로는 민주주의를 인정하는 세력과 그것을 부인하는 세력 간의 갈등이 아니라 민주주의를 인정한 가운데 가짜 민주주의를 주장하는 세력과 진짜 민주주의를 주장하는 세력의 대결이었다.

한국에서 민주주의가 헤게모니 담론이 된 내적 원인은 식민지 시기 독립운동, 즉 신국가 건설운동을 했던 세력이 '민주주의적 민족주의'를 주장했기 때문이다. 해방 정국에서 독립운동 세력은 국민적 지지와 정당성을 받았기 때문에 이들이 주장한 민주주의는 헤게모니 담론이 될 수 있었다.

해방 이후 권위주의 정권이 재생산되면서 '민주주의적 민족주의' 세력, 다시 말해서 아래로부터의 민족주의 세력은 민주화를 위해 꾸준히 노력했지만 민족주의의 주체라는 측면에서는 지배 세력이 구성했던 '국민' 민족주의를 넘어서는 담론을 만들어 내지는 못했다. 지배 세력은 종족적 민족주의를 활용한 국민 만들기를 지속적으로 추구한 반면, 저항 세력들은 종족적 민족주의에 물든 국민을 대체할 새로운 담론을 구성하지는 못했다. 특히 '민주주의적 민족주의'를 실현할 수 있는 주체를 현실에서 발견하지 못했다. '인민'이 '빨갱이'의 언어로 낙인 찍힌 후 저항 세력들은 독자적인 집단적 주체 개념을 발견하지 못했고, '국민', '시민', '대중' 등의 집단적 주체 개념을 활용했다.

'민중(民衆)'은 한국 저항 세력이 지배 세력의 민족주의 담론에 대항하면서 독자적으로 개발한 담론이다. 기존의 집단적 주체 개념들이 모두 서구에서 수입된 개념이라면 민중은 우리나라에서 발명된 독자적인 사회적 정체성이고 집단 주체의 개념이다.[169] 민중은 근대 초기부터 사용되었지만, 1960년대 후반기부터 대안적 주체개념으로 본격적으로 등장하기 시작하여 1970년대 비판적 지식인 사회의 화두가 되었으며, 1980년대에 이르면 저항운동의 정체성을 드러내는 단어로 그 의미가 확대된다.

우리나라의 근현대사에서 민중 개념은 동학농민전쟁에서 시작되었다고 한다. 1894년 3월 동학농민군은 격문에서 "양반과 부호의 앞에 고통을 받는 민중들과 방백과 수령의 밑에 굴욕을 받는 소리(小吏)들은 우리와 같이 원한이 깊은 자라, 조금도 주저하지 말고 이 시각으로 일어서라."라고 민중의 궐기를 촉구하였다.[170]

동학농민전쟁 이후 민중이 저항의 주체이며 혁명의 주체로 명확하게 등장한 또 하나의 사례는 신채호의 '조선혁명선언'에서 나타난다. 일제

---

169. 전근대 시기에 중국에서 민중이란 단어를 사용하기는 하였지만, 근대 사회과학 개념으로 민중 담론을 정립한 것은 우리나라에서다. 따라서 민중은 번역할 때 발음대로 minjung으로 번역한다.
170. 이돈명, 『범하 이돈명선생 회갑기념논문집』, 범하 화갑기념논문집 편집위원회 편, 두레, 1882. 정창렬, 「백성의식·평민의식·민중의식」, 한국신학연구소 편, 『한국민중론』, 한국신학연구소, 1984에서 재인용

강점 이전에 일제의 침략으로부터 독립을 유지하기 위해 민족사를 재정립하고, 민족의 계몽에 집중했던 신채호는 일제 강점 이후에는 사회진화론적 한계를 깨닫고, 당시에 애국계몽주의 계열에서 주장했던 문화 운동과 자치론, 외교론과 준비론을 강력히 비판하면서 민중에 의한 직접 혁명을 호소하게 된다. 신채호는 조선혁명선언(1923)에서 "우리 조선 민족 생존의 적인 강도 일본을 구축하는 방법은 민중 직접 폭력 혁명뿐"이라고 주장하면서 "민중은 우리 혁명의 대본영(大本營)이다."라고 선언한다.[171]

신채호는 민중에 의한 직접 혁명으로 파괴해야 할 목표를 일본의 식민 통치, 특권계급, 경제약탈 제도, 사회적 불균형, 노예적 문화 사상으로 정의하면서 "'고유적 조선의' '자유적 조선 민중의' '민중적 경제의' '민중적 사회의' '민중적 문화의' 조선을 건설하기 위하여 '이민족 통치의' '약탈 제도의' '사회적 불평등의' '노예적 문화 사상의' 현상을 타파"하자고 주장한다. 이러한 그의 주장에 따르면 민중은 단순히 무산계급만은 아닌 것으로 보인다. 무산계급은 일제 식민지에 협조하지 않는 정치적, 경제적 사회적, 문화적 피억압자 전부를 포괄하는 것으로 보인다.[172]

---

171. 신채호, 「선언문/조선혁명선언」, 한국신학연구소 편, 같은 책, 1984. 399-411쪽.
172. 신채호가 구상한 민중은 무산계급과 애국적 자본가의 연합으로 보인다. 안병직, 「단재 신채호의 민족주의」, 한국신학연구소 편, 같은 책, 1984. 원래 출처는 윤병석, 신용하, 안병직, 『한국근대사론 Ⅲ, 일제식민지시대의 사회문화운동』, 지식산업사, 1978. 여기서 무산계급은 당시 조선의 다수였던 농민을 비롯한 어민, 노동자를 의미한다. 신채호의 다음과 같은 주장은 이를 잘 보여 준다. "민중이란 무엇인가? 민중이기 때문에 관리 기타 특권계급일 수는 없다. 즉 민중의 첫째 특징은 관리가 아닌 것이다. 다음에 민중이기 때문에 소수 계급일 수는 없을 것이다. 그러므로 소수인 자산계급은 민중이 아니요, 소수의 지식계급은 민중이 아니요, 소수인 자유업자는 민중이 아니다. … 그것은 다수라야 할 것이니 그런 의미로 보아 조선의 민중은

신채호 이후 민중이 식민지 시기에는 국민, 대중, 인민 등의 개념들과 함께 사용되었으나, 해방 이후에는 우익이 국민을, 좌익이 인민을 독점적으로 사용하면서 민중은 사용 빈도가 상당히 떨어진다. 해방 이후 좌익은 '인민군'이라는 말에서 알 수 있듯이 '인민'이라는 개념을 독점적으로 사용하고, 우익은 「헌법」의 국민이라는 말에서 알 수 있듯이 '국민'이라는 개념을 주로 사용하면서 민중은 남북한 공식 민족주의 담론에서 사라져갔다.

민중이 지배 담론에서 완전히 사라지게 되고, 저항 세력의 개념이 된 것은 1965년 이후라고 할 수 있다. 당시 야당 세력이 박정희의 공화당에 대응하기 위해 1965년 '민중당'을 창당하고, 잇달아 '민중대회'를 개최하면서 정부를 비롯한 공식 담론에서 민중은 사라지게 된다.[173]

'민중'이라는 단어가 공식 담론에서는 사라져갔지만, 대중적 용어로는 꽤 친근하게 사용되었던 것으로 보인다. 민중이 좌익의 용어가 아니었기 때문에 지금도 경찰을 '민중의 지팡이'라고 부르는 데에서 알 수 있듯이 민중은 대중적으로 사용되었다. 이러한 용례를 반영하듯 4.19 혁명 선언문에도 민중이 국민, 민족과 함께 사용되고 있다.[174]

농민·어민·노동자를 말한 것이라 할 것이다. 그중에 가장 다수를 점령한 것이 전 인구의 10분의 8강(强)이나 되는 농민인즉 조선 민중의 중심은 농민에 있을 것이다", 동아일보, 1924. 2. 6., 안병직, 같은 논문, 392쪽에서 재인용.

173. 박정희는 민중 개념을 1965년까지는 자주 사용했는데 민중당 창당 이후 더 이상 사용하지 않았다고 한다. 민중 개념의 역사적 활용에 대해서는 황병주, 「1960년대 비판적 지식인 사회의 민중인식」, 『기억과 전망』 제21호, 2009; 허수, 「식민지기 '집합적 주체'에 관한 개념사적 접근: 『동아일보』 기사제목 분석을 중심으로」, 『역사문제연구』 통권23호, 2010.

174. 4.19시기 민중의 등장은 뒤에서 언급할 함석헌의 영향도 있는 것으로 보인다.

Ⅵ. 새로운 주체의 발견과 민중민족주의

우리의 지성은 암담한 이 거리의 현상이 민주와 자유를 위장한 전제주의의 표독한 전횡에 기인한 것임을 단정한다. 무릇 모든 민주주의의 정치사는 자유의 투쟁사다. 그것은 또한 여하한 형태의 전제로 민중앞에 군림하든 '종이로 만든 호랑이'같이 헤슬픈 것임을 교시한다. 한국의 일친힌 대학사가 직식진제에의 과감한 투쟁의 거획을 장하고 있는데 크나큰 자부를 느끼는 것과 꼭 같은 논리의 연역에서, 민주주의를 위장한 백색전제에의 항의를 가장 높은 영광으로 우리는 자부한다. …

민주주의와 민중의 공복이며 중립적 권력체인 관료와 경찰은 민주를 위장한 가부장적 전제권력의 하수인으로 발 벗었다. 민주주의 이념의 최저의 공리인 선거권마저 권력의 마수앞에 농단되었다. 언론, 출판, 집회, 결사 및 사상의 자유의 불빛은 무식한 전제권력의 악랄한 발악으로하여 깜박이던 빛조차 사라졌다. 긴 칠흑같은 밤의 계속이다.[175]

위 인용문에서 민중은 국민과 거의 같은 의미로 사용되고 있다. '민중 앞에 군림하는 백색전제', '민주주의와 민중의 공복인 관료와 경찰'이라는 표현에서 알 수 있듯이 여기서 민중은 철저히 자유주의적 관점에서 정의되고 있으며, 이런 의미에서 '민중의 지팡이'처럼 국민과 같은 의미로 사용되고 있다.

4.19혁명기에 민중이 가끔 등장하기는 하지만 역시 핵심적인 집단적 주체의 개념으로 사용된 것은 민족이었다. 혁명의 과제가 혁명 초기의 자유민주주의 회복과 '가자 북으로, 오라 남으로, 만나자 판문점에서'

---

175. "자유의 종을 난타하는 타수의 일익을", 서울대학교 학생회 4월혁명 제1선언문, 1960. 4. 19. 김삼웅 편, 『민족·민주·민중선언』, 일원서각, 1984, 19쪽.

라는 혁명 후기의 구호에서 잘 알 수 있듯이 통일로 전환되면서 민주와 함께 민족은 4.19혁명기를 규정하는 개념이었다. 더구나 박정희가 한일 국교정상화 협상을 시작하면서 이를 굴욕 회담으로 여긴 저항 세력들은 박정희가 주장한 민족적 민주주의에 반대하면서, 아래로부터의 민주주의적 민족주의 담론을 펼쳐 낸다. 한일굴욕회담반대 학생총연합회가 "민족적 민주주의를 장례한다"는 제목으로 1964년 5월 20일에 발표한 선언문은 이를 잘 보여 준다.

> 민족사는 바야흐로 위대한 결단을 요구하는 전환기에 섰다. 4월 항쟁의 참다운 가치성은 반외세·반매판·반봉건에 있으며 민족 민주의 참된 길로 나아가기 위한 도정이었으나 5월 군부 '쿠테타'는 이러한 민족 민주이념에 대한 전면적인 도전이었으며 노골적인 대중탄압의 시작이었다. 민족적 민주주의는 수렵적 정보정치를 합리화하기 위한 행상적 탈춤으로 변장됐고 굶주린 대중의 감각적 해방을 위한 독화(毒花)의 미소를 띠었다".[176]

위 인용문에서 알 수 있듯이 4.19혁명 시기까지는 담론적으로도 식민지 공론장에서부터 형성된 '민주주의적 민족주의'의 흐름이 지속되었고, 저항 담론은 항상 민족과 민주를 중심으로 이루어졌다.

민족과 민주를 중심에 둔 담론은 1970년대 초까지 대중적인 차원에서는 그대로 유지된다. 유신체제 이후 처음 나타난 저항인 1973년 10월 2일 서울대학교 문리대 시위[177]의 선언문은 당시의 의식을 잘 보여 준다.

---
176. 김삼웅 편, 같은 책, 41쪽.
177. 이 시위를 계기로 반유신 민주화운동은 '개헌 청원 100만인 서명운동'으로 이어져 1974년 1월에 이르면 서명자가 30만 명에 이르게 된다. 이에 대해 군사 정권은

학우여, 자유와 정의 그리고 진리는 대학의 생명이다. 오늘 우리는 너무도 비통하고 참담한 조국의 현실을 직시하며 사회에 만연된 무기력과 좌절감, 불의의 권력에 비굴하게 목숨을 구걸한 모든 패배주의, 투항주의, 무사안일주의와 모든 굴종의 자기기만을 단호히 걷어치우고 의연하게 악과 불의에 항거히어 이 땅에 정의, 자유, 그리고 진리를 기어이 실현하려는 역사적인 민주 투쟁의 첫 봉화에 불을 붙인다. … 우리의 투쟁은 더없이 뜨거운 정이의 불꽃이며 더없이 고귀한 민족생존의 활로이다.[178]

정의와 자유를 향한 대학생들의 순수한 열망이 잘 드러나는 위 선언문은 민주주의에 대한 열망이 나타나기는 하지만 민족생존의 활로를 뚫을 새로운 주체에 대한 인식은 나타나지 않는다.

1970년대 전반까지 대중적 차원에서 새로운 집단적 주체에 관한 담론들이 확산되지는 않았지만, 민중을 중심으로 새로운 집단적 주체를 구성하려는 노력은 1950년대 후반부터 간헐적으로 나타났다. 신채호 이후 민중 담론의 맥은 함석헌으로 이어졌다. 1950년대와 1960년대 시

서명을 금지하는 '긴급조치 1호'를 발동하고, 1974년 4월 민청학련 및 인민혁명당 재건 위원회(2차 인혁당)사건을 발표함으로써 학생운동 세력을 학원에서 추방하려 했다. 또한, 같은 해 월남이 패망한 이후 반공규율 사회를 더욱 강화하려는 목적으로 '긴급조치 9호'를 선포했다. 긴급조치 9호는 이전의 대통령 긴급조치를 집약한 것으로 국민의 기본권을 완전히 봉쇄한 것은 물론 유신체제에 대한 논의 자제를 금지한 것이었다. 이러한 정부의 강력한 억압으로 반유신 운동은 일시적으로 소강 상태에 빠진다. 이에 관해서는 조희연, 『현대 한국 사회운동과 조직: 통혁당·남민전·사노맹을 중심으로 본 비합법 전위조직 연구』, 한울, 1993.
178. 서울대학교 문리대 선언문, 「양심의 명령에 분연히 일어서라」, 김삼웅 편, 앞의 책. 167쪽.

민사회의 '민주적 공론장'의 핵심적인 역할을 하였던 잡지 『사상계』[179]의 주요 논자 중의 하나였던 함석헌은 1950년대 후반 국가주의적인 일제 식민주의의 잔재들과 서구 자본주의 및 근대성에 대한 비판을 결합하여 이승만 정권에 대항하는 '민중 담론'을 구성하였다. 함석헌의 민중론은 한편으로는 식민잔재인 국가주의와 다른 한편으로는 자본주의적 근대성에 대한 비판을 결합한 것으로 당시로는 보기 드물게 사회과학적 인식하에서 담론을 구성한다는 점에서 중요한 의미가 있다. 함석헌에게 민중은 다음과 같다.

> 이 민족이 착해도 이 민중이 의기가 약해도 그래도 사람이요, 산 이상은 생존권을 주장할 것이다. 눌리는 날까지 눌리지만 터지는 날이 있다. 반드시 있다. 민초가 아닌가? 풀씨가 없어지는 법은 없다. 양반, 신사, 지배자, 벼슬아치는 씨가 없어지는 날이 와도 민은 씨알이 없어지는 날이 오지 않는다. … 이 어리석은 정치가들이 지금 그 최후선을 침범하고 있지 않나? … 그래서 너와 나를 아끼기 위해 이 나라의 씨를 위해 제발 그날이 오기 전에 네 착취의 발톱을 늦구어라.[180]

---

179. 사상계는 1952년 9월 문교부 산하 '국민사상연구원'의 기관지로 창간된 『사상』이 전신으로, 편집을 맡았던 장준하가 1953년 4월 『사상계』로 재창간하여 1970년 5월호 김지하의 담시 '오적'이 문제가 되면서 폐간된 월간 잡지이다. 사상계는 1950년대 말에서 1960년대까지 한국 지식인들의 공론장 역할을 하였는데 당시 일간지의 발행부수가 8만 부 내외였던 데에 비해, 평균 4-5만부, 4.19때는 8만부를 발행할 정도로 지식인 사회에 강력한 영향을 미쳤다. 사상계는 민족의 통일문제, 민주사상의 함양, 경제발전, 새로운 문화의 창조, 민족적 자존심의 양성이라는 편집방침 아래에 인문과학과 사회과학을 포괄하는 다양한 담론을 소개했을 뿐 아니라 함석헌 필화사건에서 알수 있듯이 정권에 대한 비판을 서슴치 않았으며, 세대논쟁, 참여문학 논쟁 등 당대의 논쟁을 주도하였다. 사상계에 관한 약사로는 최강민, 「근대담론의 전도사: 사상계를 말한다」, 『오늘의 문예비평』 통권 제56호, 2005.
180. 함석헌, 『우리가 어찌할꼬』, 일심프린트사, 1958. 윤상현, 「1950년대 후반~1960년

위 인용문은 지배/피지배의 이항 대립 속에 민중을 규정하고 있다. 지배의 편에 양반, 신사, 지배자, 벼슬아치, 어리석은 정치가를 넣고, 피지배의 편에 민중, 민, 민초를 대립시키면서 민중을 씨를 가진 존재로 규정하고, 씨를 위한 그 날을 경고한다. 다시 말해 민중이 역사의 주체이며 혁명의 주체임을 주장하고, 그 혁명의 날을 경고하는 것이다. 그의 역사 인식은 냉전체제에 갇힌 한반도의 현실에 대한 냉철한 시각을 보여 준다.

우리가 일본에서는 해방이 됐다 할 수 있으나, 참 해방은 조금도 된 것이 없다. 도리어 전보다 더 참혹한 것은 전에 상전이 하나였던 대신 지금은 둘 셋이다. … 남한은 북한을 쏘련, 중공의 꼭두각시라 하고, 북한은 남한을 미국의 꼭두각시라 하여, 있는 것은 꼭두각시뿐이지 나라가 아니다. 우리는 나라없는 백성이다. 六二五는 꼭두각시의 노름이었다. 민중의 시대에 민중이 살았어야 할 터인데 민중이 죽었으니 남의 꼭두각시밖에 될 것이 없지 않은가?[181]

위 인용문은 남북한의 공식민족주의인 반공민족주의와 반미민족주의를 정면으로 겨냥하고 있다. 이승만은 북한 정권을 소련의 괴뢰로 주장하고 민족독립을 위해 남한 정권을 지지해야 한다고 하였고, 김일성 역시 남한 정권을 미국의 괴뢰로 주장하고 민족의 해방을 위해서는 북한 정권을 지지해야 한다고 주장하였다. 함석헌은 이러한 남북한 정권

대 초 함석헌의 주체형성 담론의 변화」, 『사학연구』 제112호, 2013b, 383쪽에서 재인용.
181. 함석헌, 「생각하는 백성이라야 산다: 6.25 싸움이 주는 역사적 교훈」, 『사상계』 8월호, 1958. 윤상현, 같은 논문, 2013b, 385-386쪽에서 재인용

의 정권 정당화 담론을 직접적으로 비판하면서 정권의 반민족성을 폭로할 뿐 아니라 나라의 주인이 민중임을 명확히 주장함으로써 정권의 반민중성 역시 폭로하였던 것이다.

정권의 핵심 이데올로기를 폭로한 이 글로 함석헌은 「국가보안법」으로 구속되었다. 그러나 함석헌은 구속과 무관하게 4.19 이후에는 국가에 대한 생각을 변화시킨다. 4.19 이후 장준하 등 사상계 편집부 인물들이 제2공화국의 사업에 참여하는 와중에 함석헌도 국가에 대한 관점이 바뀌면서 민중 개념을 버리고 국민과 민족 개념으로 옮아간다.[182]

함석헌이 민중 담론을 통해 4.19혁명에 영향을 미쳤다면, 4.19혁명의 영향 아래에서 새로운 민중 담론이 자라났다. 황병주의 연구에 따르면, 1960년대 진보적 잡지였던 『청맥』에서 1965년 말부터 '민중'이 표제어로 등장하고, 1966년 7월호부터는 「민중과 문화창조」라는 시리즈물이 나온다. 또한, 1966년 8월호에서는 창간 2주년을 기념하여 「민중의식의 현재화」라는 대담이 게재되었다.

『청맥』에서 민중 개념을 가장 명확히 제기한 인물은 이진영이었다. 그는 1965년 『청맥』 11월호에 게재한 「민족운동의 담당자」라는 글에서 민중을 민족주의 운동의 핵심 역량으로 강조했다. 그는 아시아 민족주의 운동의 경우 시민 계급을 배제하고 직접적으로 광범한 민중이 민족주의 운동의 담당자가 될 수 있음을 역설했다.[183] 이러한 이진영의 글은 신채호로부터 발생한 역사 주체로의 민중 개념을 복원한 것이라 할 수 있다. 이런 관점에서 볼 때 1960년대는 민중 개념의 전환기라 할 수 있

---

182. 함석헌의 민중 개념과 그 변화에 관해서는 윤상현, 같은 논문, 2013b 참조.
183. 황병주, 앞의 글, 2009.

다. 지배층이 민중 개념을 거부하고, 보수 야당뿐만 아니라 공론장에서 저항적 주체로서 민중을 사용하면서 민중은 새로운 저항의 주체로 부활할 준비를 하게 된다.

민중 개념의 본격적인 등장은 1970~80년대 지식인들의 필독서였던 잡지 『상식과 비평』(이하 『창비』)에 의해 주도되었다. 『창비』는 문학작품이나 평론뿐만 아니라 다양한 인문사회과학 논문을 게재하여 당시 지식인들의 공론장이 되었는데, 『창비』의 주간이었던 백낙청[184]은 1974년 7월 발표된 「민족문학 개념의 정립을 위해」라는 글을 통해 민중 개념을 전면화한다.[185] 1970년에 발표된 김지하의 「풍자냐 자살이냐」와 1973년에 발표된 신경림의 「문학과 민중: 현대한국문학에 나타난 민중의식」[186]에

---

184. 창비는 1960년대 시민문학론, 1970년대 민족문학론, 1980년대 민중문학론, 1990년대 분단체제론 등 시대 변화에 따라 민주화와 통일을 위한 이론적 변화를 모색하는데, 백낙청은 이러한 시도 가운데 중심적 역할을 했다.
185. 민중 개념에 관해서는 다음을 참조하라. 성민엽, 「민중문학의 논리」, 성민엽 편, 『민중문학론, 문학과지성사, 1984; 장상철, 「1970년대 '민중' 개념의 재등장: 사회과학계와 민중문학, 민중신학에서의 논의」, 『경제와 사회』 통권74호, 2007; 강정구, 「진보적 민족문학론의 민중시관 재고: 신경림의 시를 중심으로」, 『국제어문』 제40호 2007; 강정구, 「1970년대 민중-민족문학의 저항성 재고」, 『국제어문』 제46호, 2009; 박은숙, 「동도서기론자의 '민부국강'론과 민중 의식: 『한성주보』를 중심으로」, 『한국근현대사연구』, 제47집, 2008; 전명혁, 「'민중사'논의와 새로운 모색」, 『역사연구』 제18호, 2008; 장훈교, 「공간적 은유의 전환: '구성적 외부'에서 바라본 민중과 민중사에 대한 연구노트」, 『역사연구』 제18호, 2008; 허영란, 「민중운동사 이후의 민중사: 민중사 연구의 현재와 새로운 모색」, 『역사문제연구』 통권 제15호, 2005.
186. 김지하의 글에서 민중은 폭력의 피해자로, 신경림의 글에서 민중은 명확히 정의되지는 않지만 억압받는 평범한 사람들로 규정된다. 이들에게 문학은 이러한 억압받는 사람들의 한을 드러내고, 이들의 삶을 개선하는 데 기여하는 것이다. 김지하, 「풍자냐 자살이냐」, 『시인』, 1970년 7월호; 신경림, 「문학과 민중: 현대한국문학에 나타난 민중의식」, 『창작과비평』 통권27호, 1973.

영향을 받아 발표된 이 글에서 백낙청은 민중을 '민족문학'의 주체로, 역사의 주체로 정립한다.

민족주의란 관점에서 민중문학론의 정립이 중요한 점은 우선 민중문학론이 관변단체에 의한 '민족주의 문학'과의 대결에서 형성되었다는 점이다. 박정희 정권은 한편으로는 비판적 지식인들을 탄압하면서 다른 한편으로는 '민족문학'을 장려했다. 이것은 앞에서도 설명했듯이 전형적인 동도서기론에 입각해 유신체제를 정당화하려는 작업의 일환이었다. 이러한 정부의 시책에 따라 한국문인협회, 펜클럽 한국지부와 같은 단체들은 민족문학 관련 심포지움을 개최하여 반공민족주의적 담론을 생산해 내었다.[187] 이러한 '독재적 공론장'의 '민족주의' 전유에 대해 백낙청은 민중주의적 민족문학론을 제기함으로써 민족주의에서 반공주의와 권위주의를 제거하고, 민중을 통해 민족주의를 재창조하려는 작업을 시도한 것이다. 이는 해방 이후 지배 세력의 민족주의를 해체하고, 아래로부터의 민족주의를 재구성하려고 했다는 점에서 중요한 의미가 있다.

다음으로 민중문학론은 비서구 사회의 특수성을 반영한다는 점에서 의미가 있다. 백낙청은 처음에는 전형적인 시민문학론자였으나 민중문학론에 이르면 서구적 주체와는 다른 주체인 '민중'을 발견하게 된다. 그에게 민중이 역사의 주체일 수밖에 없는 이유는 다음과 같다.

---

187. 1974년 4월 한국문인협회와 펜클럽 한국본부는 '문예중흥과 민족문학에 대한 심포지움'을 공동개최했다. 여기에는 박종화, 백철, 박목월, 서정주, 모윤숙, 박영준 등이 참여하여 민족문학과 국민문학을 찬양하고 계승하는 글들을 발표했다. 송은영, 「민족문학이라는 쌍생아: 1970년대 창작과 비평의 민중론과 민족주의」, 『상허학보』 46집, 2016.

민족문학이란 그 어느 시기에건 민족구성원의 대다수를 이루는 민중을 외면할 수 없지만, 우리나라의 경우 항일 민족운동의 시발점이 종래 지도계급의 이념적·실천적 파산기와 겹침으로써 민족문학이 민중에 바탕을 두어야 할 필요성이 더욱 가중되었다 즉 일본 제국주의의 침략에 대해 민족주권을 수호하는 일은 양반에서 기대할 수 없음이 너무 명백해진 결과 그 대안으로서는 민중 스스로 이 과업을 떠맡는 길밖에 없고 이러한 역사적 사명이 안겨진 민중의식을 표현하고 일깨우는 문학만이 참다운 민족문학이 될 수 있다는 논리가 한국의 근대문학을 지배하게 된 것이다.[188]

백낙청은 『청맥』의 이진영과 같이 한국에서는 시민 계급이 미성숙하거나 변질되었기 때문에 시민 계급을 대신하여 민중이 시민혁명의 주체가 되어야 하며, 민족주의의 주체가 되어야 한다고 주장하는 것이다.

1970년대 민중 담론은 단지 문학을 넘어 다양한 영역으로 확장되었다. 민중 담론은 민중신학, 민중사학, 민중경제학 등의 민중적 사회과학으로 확산되어 '민주적 공론장'의 핵심 담론으로 자리 잡게 된다. 그런데 중요한 점은 민중 담론의 확산은 단지 지식인들의 학문적 작업의 결과만이 아니라는 점이다. 1960년대의 급속한 산업화로 인한 문제와 산업화의 피해자들이 발생하면서 민중 담론의 확산이 가속화하였다.

1970년대 민중 담론 확산의 역사적인 계기는 '전태일의 분신'이라고 할 수 있다. 전태일은 1970년대 경공업 중심의 수출 주도 산업화의 가장 큰 역군이며 희생자라고 할 수 있는 소위 여공, 즉 여성 노동자의 권

---

188. 백낙청, 「민족문학의 개념정립을 위하여」, 『민족문학과 세계문학』, 창작과비평사, 1978, 129-130쪽. 장상철, 앞의 글에서 재인용.

리를 위해 싸웠으며, 그들의 권리를 지키기 위해 "「근로기준법」을 준수하라."는 구호를 외치며 분신했다. 전태일의 분신은 당시 지식인들에게 엄청난 충격을 주었다. 지식인들은 전태일을 통해 노동자라는 새롭게 형성된 계층을 인식하기 시작했고 이들의 고통에 공감하는 동시에 이들의 잠재력에 주목하게 되었다.

전태일의 분신을 계기로 학생운동 세력은 정치 민주화 투쟁을 넘어서 야학, 위장 취업 등의 형태로 민중의 삶 속으로 뛰어들게 되었다. 특히 종교에 기반한 사회운동 세력은 도시산업선교회, 카톨릭노동청년회, 기독청년회 등을 만들어 민중적 사회운동을 확대하기 시작했다. 이러한 민중운동은 1978년 동일방직사건, 1979년 4월의 크리스챤 아카데미 사건, 그리고 유신체제 종말의 계기가 되었던 YH사건으로 이어진다.

민중 담론의 발생과 민족주의 담론과의 결합은 1970년대 말에 이르면 민주화운동 세력에게는 하나의 상식이 된다. 민주주의와 민족주의의 주체로서 민중이 명확히 제시된 것이다.

> 한민족이 2차대전 후 초강대국 외세에 의해 분단된 위에, 반민중적 집단은 분단을 고착화시켜 분단시대의 특권과 이익을 향유해 왔다. 그들은 냉전논리를 무기로 민중적 자유와 권리를 말살하고, 민주제도를 거부해 왔다. 그들은 민족간의 긴장과 불신을 고조시켜 한반도와 아시아의 평화를 위협하고, 민중의 인간으로서의 권리와 민족으로서의 열망을 폭력으로 유린해 왔다.
>
> 우리는 민중의 창의와 참여가 보장되는 민주주의의 회복만이 민족, 민주, 평화의 3.1정신을 선양할 수 있는 길임을 선포한다.[189]

---

189. 민주주의와 통일을 위한 국민연합 의장, 윤보선·함석헌·김대중, 「민주구국선언:

위 인용문은 '반민중 세력=분단 세력=반민주 세력=반민족 세력'이라는 등식과 '민중=민족주의=민주주의=평화'라는 등식에 기반하여 역사 주체로서 민중의 권리 회복과 민중이 주인 되는 민주주의의 회복을 주장하고 있다. 민중 담론이 지식인의 담론을 넘어 대중적 선언문에 명시적으로 드러났다는 것은 1970년 말에 이르러 민중 담론이 지식인들의 민주적 공론장을 넘어서 대중적인 민주적 공론장의 화두가 되었다는 사실을 보여 준다.

민족주의 관점에서 '민중민족주의'는 공식 민족주의가 종족적 민족주의 담론을 통해 봉쇄하려고 했던 시민적 민족주의 담론의 부활을 의미한다. 시민적 민족주의가 민족 구성원 간의 동일한 권리와 의무를 의미한다면, 민중민족주의는 민족 내에 종족적 민족주의에 의해 봉쇄되었던 민족 내부의 갈등, 즉 억압자와 피억압자 간의 갈등을 폭로함으로써 양자 사이의 동일한 권리와 평등을 요구하기 때문이다. 4.19혁명으로 분출되었던 시민적 민족주의는 5.16쿠데타로 침묵을 강요당했지만, 1970년대 이르러 새로운 시민적 민족주의의 주체를 발굴해 냄으로써 새로운 발전의 계기를 맞게 된 것이다.

3.1 운동 60주년에 즈음한」, 1979년 3월 1일, 김삼웅 편, 앞의 책, 309-310쪽.

2. 민중민족주의의 성공과 빠른 소멸

영원할 것 같았던 유신체제는 1979년 10월 26일, 박정희의 심복이었던 중앙정보부장 김재규의 총탄에 무너졌다. 그러나 김재규라는 개인의 행동 이전에 YH사건, 부마항쟁으로 이어지는 대중적 저항은 유신체제의 종말을 예고하고 있었다.

박정희 정권의 종말은 한국 민주화의 출발점으로 보였다. 그러나 민주화의 기대로 가득했던 1980년 '서울의 봄'은 12.12군사쿠데타로 집권한 전두환을 필두로 한 신군부 세력에 의해 가혹하게 진압되었다. 그리고 그 진압의 끝은 서울이 아니라 광주였다. 당시에는 '광주사태'로, 지금은 '광주민주화운동'으로 불리는 광주 시민들의 저항과 군부의 유혈 진압은 신군부라는 독재 세력의 재등장을 알리는 사건이면서 동시에 새로운 민주화운동의 출발을 알리는 사건이었다.

'광주민주화운동'은 한국 민주화운동의 획을 긋는 사건이지만, 한국 민족주의 담론의 역사에도 중요한 의미가 있는 사건이다. 광주민주화운동을 계기로 민주화운동이 급진화했을 뿐 아니라 민족주의 담론 역시 급진화했기 때문이다. 광주를 통해 지배 집단과 군인들이 동족인 시민들을 무참히 학살하는 것을 본 사람들은 군부독재에 저항하기 위해 새로운 이념을 찾기 시작했고, 분단체제 때문에 금기시되었던 '마르크스주의'가 군사독재를 물리칠 혁명의 사상으로 민주화운동의 이념으로 수용되기 시작했다. 공개적으로는 민주화를 주장할 수조차 없고, 민주화운동이 발각될 시에는 무자비한 고문과 투옥에 노출되었던 당시의 민주화운동 세력은 공포정치 속에서도 민주화운동을 할 수 있는 이념, 반합법적인 지하운동을 할 수 있는 이론으로서 다양한 마르크스주의 이론을 섭렵해 갔다.

'광주민주화운동'은 민족주의 이론의 급진화에도 기여했다. 그것은 무엇보다도 광주민주화운동 시기에 미국의 역할에 대한 의문이 제기되었기 때문이다. 4.19혁명 당시 미국은 이승만 하야를 적극적으로 추진했기 때문에 당시 국민이 환영을 받았고, 이는 미국이 한국 민주화의 친구라는 인상을 남겼다. 그러나 광주민주화운동 당시에는 달랐다. 광주에서 시민들은 미국이 민주주의의 친구로서 군사독재정권과 시민들을 중재해 주기를 바랐다. 그러나 한국군의 작전통제권이 미국에 있음에도 불구하고 한국군은 광주 시민들을 무참하게 진압했고, 이 사건을 겪은 민주화운동 세력들은 광주의 무자비한 진압에 적어도 미국의 묵인이 있었을 것으로 의심하기 시작했다. 민주주의의 친구에서 제국주의 세력으로 미국을 보는 인식의 변화는 반미라는 새로운 민족주의적 경향을 낳았던 것이다.

광주민주화운동 이후 민중, 민주, 민족은 삼위일체가 되었다. 민중이 민주화와 민족주의를 추구하는 주체가 된다는 점에서는 1970년대와 큰 차이가 없었지만, 이 세 개념의 내적 의미는 급격하게 변했다. 민중은 1970년대의 '정치적, 경제적, 사회적 피억압자 집단'이라는 막연한 규정에서 마르크스주의의 영향을 받아 노동자, 농민, 도시 빈민으로 계급적으로 규정되었고 특히 노동자는 민중의 핵심으로 정의되었다. 또한, 민주화는 정치적 의미의 민주화를 넘어 사회경제적 의미의 민주화로 확대되었다. 다시 말해서 '주기적이고 자유로운 선거'의 부활이라는 정치적 의미의 민주주의를 넘어서 민중이 참여하고 민중의 삶을 직접적으로 향상시킬 수 있는 사회적 의미의 민주주의로 확대되었다.

민족주의의 의미 역시 근본적 변화를 겪었다. 해방 이후 1970년대까지 민족의 통일을 지향하는 민족주의였다면, 1980년대의 민족주의는 식민지 시대의 민족주의를 연상시키는 민족의 '자주'라는 의미를 첨가했다. 광주에서의 미국 행동에 대한 책임을 묻는 동시에 마르크스주의적 관점으로 국제관계를 인식함이 드러난 것이었다. 이런 의미에서 1980년대의 민족주의는 식민지 시기 민족주의의 부활이라는 의미가 있다. 물론 민중은 이렇게 변화된 민주주의와 민족주의를 실현할 혁명의 주체로 규정되었다.

광주민주화운동을 통한 민중민족주의 담론의 급진화는 조직의 급진화로 나타난다. 민주화운동의 핵심이었던 학생운동 세력은 준비론과 선도투쟁론(무림-학림)의 논쟁에서 시작하여 결국 NL(민족해방파)과 PD(민중민주파)의 논쟁으로 이어가면서 자신들의 변혁론에 적합한 조직들을 만들어 냈다. 학생운동 조직은 기본적으로 정권의 탄압에 대비하여 핵심조직은 지하조직으로 구성하면서, 대중 투쟁을 위해 학생대의 조직을 활용했는데 이것이 학교 단위의 총학생회, 그리고 서울지역대학생대표자협의회(서대협), 전국대학생대표자협의회(전대협) 등으로 대표되는 총학생회 연합단체들이었다.

NL계열의 학생운동 세력은 1987년 6월 민주화운동을 서대협과 같은 광역 단위 총학생회 연합으로 이끈 후 8월 19일 전대협을 출범시켰는데, 전대협은 발족선언문에서 자신들을 '조국의 자주화, 민주화, 민족통일' 운동의 연장선에 위치시켰다.

보라!

압제자를 단칼에 베었던 서슬 푸른 비수가 어떻게 이승만 정권을 무너뜨리고, 어떻게 박정희 정권의 가슴에 꽂혔는가를, 6.10 투쟁의 전 과정에서 조국의 민주화를 위해 일어섰던 저 위대한 민중의 민주역량은 이제 이 땅에 더 이상 폭압이 불가능함을 세계만방에 고하였다. 어두운 골방에서 번민하는 평범한 소시민들이 용기를 내어 거리로 나서는 모습, 노동자의 팔뚝에 솟는 검푸른 힘줄과 농민들의 고함소리, 포크레인에 찍히며 몸부림치는 도시빈민들의 절규속에서 우리 애국청년들은 분연히 일어난다.[190]

위 인용문에서 알 수 있듯이 이들이 인식하는 민중은 노동자, 농민뿐만 아니라 소시민까지 포괄하는 광범위한 피억압 계급이다. 이는 한편으로 전대협이 노동자 중심성을 주장하는 PD계열과 달리 다양한 계층을 포괄하는 대중 노선을 표방했던 NL계열의 운동 조직이라는 점을 보여 주지만, 다른 한편으로는 1970년대 형성된 정치, 경제, 사회, 문화적 피억압 계층이라는 민중 정의와 유사함을 보여 준다.

전대협은 궁극적 목표로 민족해방과 조국 통일을 제시하고, 이 목표를 달성하기 위해 외세 배격과 독재 종식을 통한 자주적 민간정부 수립, 조국의 자주적 평화통일에 기여, 민중이 주인 되는 세상을 향한 연대, 학문 사상의 자유 쟁취, 전국대학생총연합 건설의 토대 마련 등을 활동목표로 제시하였다. 전대협의 민중 개념은 1970년대와 유사한 측면이 있지만, 이들의 운동목표는 1970년대에 비해 훨씬 급진적이었다. 민족, 민주, 민중이 삼위일체를 이룬다는 점에서는 연속성을 갖지만, 이

---

190. 전대협, 「전대협 발족 선언문」, 1986. 8. 19., 민주화운동기념사업회 오픈 아카이브.

들은 궁극적 목표를 민족해방과 조국 통일로 설정함으로써 반미민족주의적 성향을 명확하게 보여 주었다.

학생운동과 함께 1980년대 민주화운동을 이끌었던 중심 세력을 재야세력이라 할 수 있는데 이 재야세력을 대표하는 조직으로는 1985년 3월 서울을 시작으로 결성된 민주통일민중운동연합(민통련)을 들 수 있다.[191] 민통련은 20여 개 사회운동 단체가 가입된 '협의체'적 수준의 '연대 조직'으로 특이한 점은 정권의 억압에도 불구하고 '공개운동 조직'을 표방했다는 점이다. 1980년대 대표적인 조직인 민통련의 발기문에서도 급진화된 민족, 민주, 민중 담론을 발견할 수 있다.

1. 민족분단이 외세에 의한 내정간섭과 군부독재통치의 근원이며 명분이기에 진정한 민주주의의 실천은 오로지 민주사회 속에서만 자유로운 민중에 의해서만 가능하고 이는 곧 민족통일로서 완성된다.
2. 현 단계에서 가장 긴요한 민족사의 과제는 자주적 민주정부를 국민의 힘으로 세우는 것이다. 이승만 독재정권, 박정희 군부독재정권, 현 군부 독재정권에 짓밟혀 온 민족사의 발전을 바로잡는 길은 모든 외세로부터 자주적이며 국민에 의해 선택되는 민주정부를 수립하는 것이며, 자주적, 민주적 정부의 수립은 곧 민족통일의 첫걸음이다.[192]

---

191. 민통련은 1983년 말 민청련을 필두로 한 재야 민주운동단체들이 협의체 형식으로 만든 민중민주운동협의회(民民協; 1984년 6월 출범)와 1984년 10월 출범한 민주통일국민회의가 모체가 돼 1985년 3월에 발족한 재야세력의 연합체이다.
192. 「민통련 의장단 공동기자 회견문」, 1987. 7. 10., 민주통일민중운동연합 기자회견문, 민주화운동기념사업회 오픈 아카이브.

위 인용문은 현재적 고통의 원인을 외세에 의한 내정간섭과 군부독재통치로 보고, 이를 극복할 주체로 민중을 설정한다. 따라서 현 단계의 과제, 즉 민족의 이익을 단순한 민주정부가 아니라 '자주적' 민주정부로 규정하고, 이를 통해 민족의 사명이 민족통일을 이루자고 주장한다. 위 인용문을 통해 전내협 출범선언문과 마찬가지로 1980년대 민주화 담론이 대단히 급진화되었으며, 동시에 급진화의 기반이 민족주의임을 발견할 수 있다.

1980년대 민주화운동의 담론이 대단히 급진화된 것은 분명하지만, 이 담론이 일반 시민들까지 깊숙이 확산했는지에 대해서는 의문의 여지가 있다. 민중, 자주 등의 개념들이 정작 1987년 6월민주화운동을 이끈 민주헌법쟁취 국민운동본부(국민운동본부)[193]의 발기문에서는 나타나지 않기 때문이다.

> 민주화는 이 땅에서 그 어느 누구도 거역할 수 없는 도도한 역사적 대세가 된 것이다. 이제 우리는 지금까지 고립분산적으로 표시되어 오던 호헌반대 민주화운동을 하나의 큰 물결로 결집시키고, 국민을 향하여 국민속으로 확산시켜 나가야 한다는데 뜻을 모았다. 우리들 사제, 목사, 승려, 여성, 민주정치인, 노동자, 농민, 도시빈민, 문인, 교육자, 문화예술인, 언론출판인, 청년 등 민주시민들은 하나되어 이 땅의 민주화를 위해 몸바쳐야 한다는 뜻에서 '민주헌법쟁취 국민운동본부' 설

---
193. 민주헌법쟁취 국민운동본부(民主憲法爭取國民運動本部)는 1987년 5월 27일, 민통련과 당시 야당인 통일민주당이 주축이 되어 각 사회운동 세력과 종교계, 학생운동 조직 등이 광범위하게 연합하여 결성한 정치-사회단체이다. 국민운동본부 또는 국본으로 줄여 부르기도 한다. 건국 이후 최대 규모의 반독재 연합전선을 구축함으로써 6월 항쟁을 주도적으로 이끌었으며 민주화 세력을 결집시켜 정치적 구심체의 역할을 하였다.

립을 발기하는 바이다. 이를 통하여 우리는 대통령 중심 직선제를 비롯하여, 진정 국민이 주인이 되는 민주사회를 건설하고 민족통일을 성취하는 길로 나아가야 한다고 선언한다.[194]

위 인용문에는 민중, 자주 등 1980년대의 급진화된 개념들이 빠져 있다. 이는 국민운동본부가 제도권 야당인 통일민주당까지 참여한 광범위한 연합체라는 점과 당시 민주화운동의 목표가 '직선제 쟁취'[195]라는 점 등에 비추어 전 국민과 함께하기 위해 표현의 수위를 낮추었다고 볼 수 있다. 그러나 바로 이러한 사실은 1980년대 민중, 민주, 민족의 개념이 민주화운동 세력에게는 상당히 보편화되어 있음에도 불구하고 그것이 모든 국민이 자연스럽게 수용할 만큼 대중적으로 확산되었다고 보기는 힘들다는 점을 알려준다. 민중 담론은 여전히 대학생과 지식인들의 범위에 한정된 개념이었을 뿐 아니라, 반미민족주의는 대중적으로 수용되기에는 너무 급진적인 개념이었다고 할 수 있다.

식민지 시기 '민족적 공론장'에서 자생적으로 형성되었던 '민주주의적 민족주의'는 1960년대의 암흑기를 거쳐 1970년대 민중을 발견하면서 해방 이후 처음으로 공개적으로 재등장했다고 할 수 있다. 단지 담론적으로 민족과 민주를 활용하는 것이 아니라 실질적으로 민족과 민주를 추구하고, 억압받는 사람들의 해방을 추구했던 이념으로서 민족

---
194. 민주헌법쟁취 국민운동본부, 「민주헌법쟁취 국민운동본부를 발기하면서」, 1987. 5. 27., 민주화운동기념사업회 오픈 아카이브.
195. 당시 국민운동본부가 제안한 6월 민주화운동의 구호는 영화 「1987」에서 잘 보았듯이 '호헌철폐, 독재타도', '직선제로 민주정부' 등 정치적 민주화를 촉구하는 구호였다.

주의는 민중민족주의라는 이름으로 부활하였고, 1987년 주도 세력의 민주화 담론이 됨으로써 절정에 이르렀다.

해방 이후 정권에 의해 억압당했던 아래로부터의 민족주의는 한국의 민주화를 주도한 가장 강력한 힘이었고 정부 수립 이후 불과 40여 년 만에 민주화를 끌어냈을 뿐 아니라 최근에는 민주주의가 위기에 처할 때마다 촛불시위로 시민들의 뜻을 표출하게 한 거대한 뿌리였다. 그리고 아래로부터의 민족주의는 학생, 종교인, 지식인 등 근대적 분화를 통해 탄생한 시민사회의 주체들에 의해 이루어졌고, 이들이 일군 '민주적 공론장'은 정권의 지속적인 억압에도 독재적 공론장에 맞서 아래로부터의 민족주의를 소중하게 키워낸 민주주의의 원천이었다.

한국 민족주의의 과제를 산업화, 민주화, 통일이라고 한다면, 1980년대 민족주의는 산업화와 민주화의 과제를 동시에 이루어냈고, 통일의 과제만을 남겨두게 되었다. 따라서 '임수경 방북'이 상징하듯이 민주화 운동 세력이 1987년 민주화 이후에 통일운동에 적극적으로 나선 것은 어쩌면 당연한 일이라 할 수 있다. 또한, 이러한 노력은 김대중 대통령의 2000년 6.15남북공동선언, 노무현 대통령의 2007년 10.4남북공동선언, 그리고 2018년 4월 27일 문재인 대통령의 판문점 선언으로 이어졌다. 그러나 민주화의 성공과 민주정부의 수립, 그리고 한반도 평화체제 정착의 긍정적 영향에도 불구하고 1980년대의 민족주의는 짧은 절정의 순간 이후 급격히 소멸했다.

1980년대 민중민족주의는 민족적 공론장에서 민주적 공론장으로 이어진 '민주주의적 민족주의'의 적통이라고 할 수 있지만, 어쩌면 바로 그 사실 때문에 1990년대 들어 급속히 쇠퇴했다. 민중민족주의 쇠퇴는 무엇보다 시대가 변화했기 때문이다. 다시 말해서 민중민족주의가 근대의 산물이라면 1990년대 한국 사회는 본격적인 탈근대 사회로 접어들었기 때문이다. 학문적으로는 탈근대 사조들이 유입되어 민족주의라는 근대적 담론을 공격했으며, 사회경제적으로는 정보화로 인해 산업사회적 행위양식이 무너졌을 뿐 아니라 세계화로 인해 민족의 경제마저 희미해졌다.

행위양식의 관점에서 보면 이러한 변화는 무엇보다 집단적 정체성을 해체하고 개인주의적 정체성을 강화하는 것이었다. 개인들은 점차 거시 담론보다는 미시 담론에 집착해 갔고, '진리의 공동체'보다는 '취향의 공동체'를 지향했다. 명분보다는 '자기만족'이 중요해지는 시대가 도래하면서 민족주의는 낡은 이념으로 인식되었다.[196]

이러한 구조적인 변화와 함께 민중 담론이 주도했던 '민주적 공론장' 역시 분화되었다. 민주화운동은 민주노총, 전농과 같은 민중운동과 참여연대, 경실련과 같은 시민운동으로 분화되었다. 사회운동 세력 내에서도 민중은 '신성'을 잃었고, 통일은 긴급히 성취해야 할 목표에서 제외되었다. 이들은 민주화를 진전시켜야 한다는 점에서는 대의를 공유했지만, 무엇이 민주화인지, 어떤 민주화를 먼저 해야 하는지에는 다른 견해를 갖게 되었고, 그런 의미에서 민중민족주의는 더 이상 민주화와 통일의 힘으로 작동하지 못했다.[197] 정보화와 세계화가 더 진전되고, '소확행'으로 상징되는 개인화가 더 심화된 지금 민족주의가 다음 세대를 이끌

---

196. 1990년대 이후의 개인화 진전에 관해서는 김정훈, 「개인화의 양면성과 새로운 정치의 가능성」, 『동향과 전망』 통권94호, 2015 참조.
197. 사회운동의 분화에 관해서는 조희연 외, 『거대한 운동에서 차이의 운동들로: 한국 민주화와 분화하는 사회운동들』, 한울, 2010.

어갈 이념인지에 대해서는 다양한 견해가 나오고 있다. 그럼에도 한국의 근대화와 함께했으며 한국의 근대화가 만들어 낸 '민주주의적 민족주의'는 민주화를 통해 현실화되었고, 식민지적 메커니즘에 의해 재생산되었던 연고주의와 집단주의는 개인주의와 평등주의를 추구하는 새로운 시민에 의해 서서히 사라지고 있다. 과거의 민족주의는 해체되었지만, 그 이상은 실현되고 있는 것이다.

of # VII. 보편적 인권과 공존에 기반한 민족주의를 위하여

이 책은 한 나라의 민족주의가 하나가 아니며, 모든 민족주의가 규범적으로 올바른 것은 아니라는 전제에서 출발했다. 민족주의는 다양한 사람들이 '민족의 전통, 이익, 역사'를 상상함으로써 만들어지며, 이 마법의 발명품은 두 얼굴을 가진 야누스적 성격을 가졌다는 것이 이 글의 이론적 전제이다.

또한, 한국 민족주의도 민족주의의 이러한 성격과 다르지 않다고 주장했다. 한국 민족주의 역시 많은 민족주의'들'로 이루어졌고, 한국 사회에 긍정적, 부정적 영향을 미쳤다. 한국 민족주의는 민족 구성원의 인권과 평등을 보장하고, 그것을 대내외적으로 확대하는 데 기여한 중요한 이념이었지만, 다른 한편 기득권 집단이 비기득권 집단과 사회적 약자를 지배하고 동원하는 이데올로기적 역할을 하였다. 한국 민족주의는 위로부터의 종족적 민족주의와 아래로부터의 시민적 민족주의의 갈등 속에서 결국 민주화를 통해 아래로부터의 '민주주의적 민족주의'가 주류가 된 역사를 가졌고, 그래서 대단히 역동적인 과정이었다. 민족주의의 출발점이며 완성점인 근대화의 과제를 분단이라는 한계 속에서도 어느 정도 마친 지금, 한국 민족주의는 세계화, 정보화라는 새로운 조건에서 근본적인 변화를 겪고 있다.

행위양식의 측면에서 보면, 한국 민족주의는 위로부터의 민족주의가 만들어 낸 집단주의와 연고주의에 대응하여 아래로부터의 민족주의가 형성시킨 개인주의와 평등주의가 갈등하는 과정이었다. 한국 민족주의는 외세에 대한 대응으로 출발한 저항 민족주의였기 때문에 내적 갈등보다는 단결을 강조할 수밖에 없는 조건에 처해 있었다. 따라서 수직적 동질성을 강조하기 위한 종족적 민족주의가 발전했고, 자유로운 개인의 연대를 가능하게 하는 개인주의와 평등주의는 상당 부분 제약될 수밖에 없었다.

여기에 지배 세력은 전근대적 행위양식을 지속적으로 강화함으로써 자유로운 개인의 발전을 막았다. 식민지 시기에는 식민지적 공론장을 통해, 해방 후에는 독재적 공론장을 통해 충, 효와 같은 전근대적 가치가 재생산되었고, 연고주의적, 집단주의적 행위양식이 재생산되었다. 결국, 한국 지배 세력의 민족주의는 전근대적인 집단주의 및 연고주의를 강화하고, 경제적 합리성만을 일방적으로 강요하는 한국형 실용주의를 창조한 민족주의였고, 이는 자유로운 민족공동체라는 꿈과는 먼 것이었다. 간단히 말해서 한국 지배 세력의 민족주의는 규범적으로 나쁜 민족주의였다.

지배 세력의 억압에도 인권과 평등주의를 강조하는 민족주의는 자라났다. 그것은 조선 말 한국 민족주의 형성기에 공화주의를 도입한 데서 시작되어 3.1운동을 통해 우리 사회에 확고하게 자리 잡게 되었다. 그리고 민주주의는 일제 강점기의 독립운동가들이 지속적으로 추진했고, 이는 해방 후 모든 국민이 찬성하는 민주공화국의 수립으로 귀결되었다. 식민 시기를 통해 민족적 공론장에서 형성된 '민주주의적 민족주의'가 왕정복고가 아닌 민주공화국을 성립하게 한 담론적 토대였다.

독립운동가들이 염원했던 시민적 민족주의, 즉 '민주주의적 민족주의'의 꿈은 민주화운동으로 연결되었고, 1987년 민주화는 이러한 꿈을 실현했다. 이러한 한국 민족주의의 힘은 민주적 공론장에서 형성된 행위양식에 힘입은 바 크다. 민주적 공론장에서는 '우리 의식'의 근대적 바탕이 되는 개인의 자유과 인권을 소중히 여기는 민주적 정체성을 형성시켰을 뿐 아니라 평등주의적 행위양식을 발전시켰다. 문화적 동질성에 바탕을 둔 평등주의는 누구나 잘살 수 있다는 열망을 낳아 산업화의 대중적 토대를 이루었으며, 자유와 인권을 향한 열망은 군사독재의 유혈적 억압 속에서도 민주화의 동력이 되었다.

결과론적으로 보면, 한국의 민족주의, 더 정확히 아래로부터의 민족주의는 성공한 민족주의였고, 규범적으로 올바른 민족주의였다. 일제의 억압에도 대한민국이라는 민주공화제의 독립국가를 건설하는 데 성공하였고, 민족적 동질성에 바탕을 두어 급속한 산업화를 이루는 데 기여하였다. 또한, 민주화를 이루는데 핵심적인 동력이 되었을 뿐 아니라 민주화 이후에도 금 모으기 운동, 촛불시위에서 알 수 있듯이 민족의 자존과 민주주의를 공고히 하는 데 중요한 자원이 되었다.

이 책에서 다루지는 못했지만 이렇게 성공한 한국 민족주의는 민주화, 세계화, 정보화의 조건에서 급격한 변동을 겪고 있다. 1980년대 민주화의 주역이었던 민중민족주의는 급속히 소멸되었을 뿐 아니라 금단의 영역이었던 '민족'이라는 개념조차 의심에 부쳐지고 있다. 중요한 점은 이러한 변화가 근대에 형성된 한국 민족주의가 실패했기 때문이 아니라 오히려 현실적으로 성공했기 때문에 발생했다는 것이다. 민주주의적 민족주의의 성공으로 인해 민족주의라는 집단적 정체성을 해체하는 개인주의가 전면화되었기 때문이다.

개인주의가 성공의 결과이며 위기의 원인인 이유는 민족주의가 근대의 발명품이지만 대단히 모순적인 발명품이기 때문이다. 근대는 집단에서 개인으로의 전환을 핵심으로 하는 거대한 사회변동이었지만, 민족주의라는 또 다른 근대의 발명물이 분산되어 가던 개인을 민족이란 이름으로 다시 통합했다. 따라서 근대 사회에서 사람들은 한편으로 민족국가라는 거대 정치공동체의 품 안에서 존재론적 안정감을 느낄 수 있었지만, 다른 한편, 민족 및 국가의 이름으로 행해지는 사회적 약자와 개인에 대한 물질적, 정신적 억압을 묵묵히 견뎌낼 수밖에 없었다.

민주주의와 복지국가로 상징되는 근대 민족주의 및 민족국가의 성공은 한편으로 근대적 개인주의가 해체된다는 것을 의미하고, 다른 한편으로는 민족공동체가 해체된다는 것, 즉 근대의 특성인 개인주의가 더 강화되어 민족주의라는 방파제를 넘어서까지 실현된다는 것을 의미한다. 다시 말해서 근대가 만들어 낸 보편적 개인으로서 개인주의는 해체되고 있지만 정보화, 세계화가 만들어 낸 개인주의, 즉 정체성의 다원성을 인정하면서 자기만족과 자기실현을 주장하는 개인주의는 더 강화되고 있고, 따라서 민족주의라는 집단적 정체성은 변화 혹은 약화되고 있는 것이다.

세계화되고 정보화된 세상에서 개인들은 점점 더 민족의 구성원 혹은 집단의 구성원이 아니라 '네트워크된 개인'으로 존재하게 된다. 근대 사회까지 인간의 경험과 인식에 가장 강력한 영향을 미쳤던 장소의 구속성은 점점 사라지고 네트워크에 어떻게 접속되느냐에 따라 경험과 정체성이 형성되는 세상으로 변화하는 것이다.[198]

요즘 우리는 같은 공간에 있더라도 같은 경험을 하지는 않는다. 친구들과 커피숍에서 수다를 떨고 있더라도 모두 같은 이야기에 집중하는 것이 아니라 핸드폰을 하면서 이야기를 한다. 그런데 누군가 핸드폰을

---

198. Rainie, L. & Barry Wellman, *Networked-The New Social Operating System*, Cambridge: MIT Press, 2012.

하는 순간 그는 다른 장소, 다른 인물과 접속하는 것이고 그런 의미에서 같은 공간에 있더라도 다른 경험을 하게 된다. 이것을 민족국가 단위로 확대하면, 예를 들어 축구를 좋아하더라도 과거에는 대부분 우리나라 축구팀을 좋아했지만, 요즘은 영국리그, 스페인리그 등 다양한 국가의 팀을 좋아한다. 서울에 사는 젊은이라면 시골에 사는 어르신들보다 뉴욕에 사는 젊은이들과 문화적 취향이 더 가깝다. 개인이 사는 장소가 아니라 네트워크로 연결된 취향따라 개인이 영향을 더 받는 사회가 되고 있는 것이다.

네트워크된 개인들의 사회에서 민족주의는 어떻게 될까? 먼저, 네트워크된 세계가 민족국가에 결박된 정체성을 해체하고 있지만, 민족주의는 적어도 당분간은 사라지지 않을 것이다. 이는 지금 세계를 둘러보면 명확해진다. 현재 세계는 과거의 맹주 미국과 떠오르는 강국 중국 사이에 무역분쟁을 비롯한 다양한 갈등이 벌어지고 있고, 미국과 유럽에서는 살기 위해 몰려드는 난민 문제로 민족주의 세력이 득세하는 경향도 나타나고 있다. 2010년 아랍의 봄으로 민주화의 희망을 보였던 중동지역은 종족 및 종교 갈등으로 끔찍한 참상이 벌어지고 있고, 오래된 팔레스타인과 이스라엘의 분쟁은 해결되지 않은 채 무죄한 희생자만 양산하고 있다. 더구나 지역통합의 상징이었던 유럽연합(EU)까지 영국의 탈퇴 문제로 해체 위기가 논의되는 것을 보면 세계화·정보화로 인해 민족주의가 사라지는 것이 아니라 오히려 번성하고 있는 듯한 느낌마저 든다. 1990년대 동구 사회주의의 몰락으로 민족주의가 부흥했듯이 민족주의는 끈질긴 생명력을 가지고 지속적으로 부활하고 있다. 민족 간의 불평등이 존재하는 한 민족주의는 사라지기는커녕 더 확산될 가능성도 있다는 점에서 적어도 당분간 민족주의가 해체되기는 힘들 것으로 예측된다.

다음으로, 민족주의는 '혼종성'을 띨 것이다. 다양한 문화의 융합을 의미하는 '혼종성'은 근대 이전에도 발생한 현상이지만, 네트워크된 세계는 '혼종화'를 더욱 확대할 것이다. 예를 들어 '김치'를 생각해보자. 한국을 상징하는 음식인 김치를 생각할 때 우리는 '빨간 김치'을 생각한다. 그런 의미에서 우리 음식의 또 하나의 특징은 '매운맛'이다. 그러나 매운맛을 가능하게 하는 고추는 우리나라에 임진왜란 이후에 전해졌다. 우리가 지금 생각하는 김치는 그리 오래된 음식이 아니고 우리 음식을 상징하는 매운맛 역시 그리 오래되지 않은 것이다. 물론 임진왜란 이전에 채소를 절인 음식이 있었고 그것을 김치라고 불렀지만, 적어도 그것은 현재 우리가 생각하는 '빨간 김치'는 아니었다. 김치는 외국 문화와 융합된 '혼종' 음식인 것이다. 이렇게 생각하면 지금 우리가 찾는 다양한 '퓨전 음식' 중 어느 것이 어느 시점에는 짜장면처럼 우리 음식으로 인식될 것이고, 더 시간이 지나면 김치처럼 우리를 상징하는 음식이 될 수 있을 것이다.

세계화·정보화로 네트워크된 세계에서 혼종화 현상은 더욱더 많아질 것이고, 민족주의 역시 마찬가지일 것이다. 이 글이 전제하는 민족주의의 정의, 즉 '민족의 전통, 이익, 사명을 구성하는 담론'으로서 민족주의는 그 내용을 혼종된 것 중에서 새롭게 구성할 것이다. 김치가 지금은 우리 음식인 것처럼 우리의 것은 영원불멸하지 않는다. 민족주의 역시 마찬가지다. 민족주의가 당분간 유지된다고 하더라도 그것은 과거의 민족주의와는 다른 민족주의일 것이고, 우리의 행위양식 역시 새롭게 혼종적으로 구성될 것이다.

 우리의 민족주의 역시 최근의 일본상품 불매운동에서 알 수 있듯이 쉽게 사라지지 않을 것이다. 또한, 지속적인 혼종화 과정이 의식적, 무의식적으로 이루어질 것이고 이를 통해 새로운 민족주의, 새로운 민족 정체성이 형성될 것이다. 앞으로 형성될 한국 민족주의가 구체적으로 무엇일지에 관해 섣불리 예단할 수는 없지만, 희망적으로 예측하자면 두 가지를 말할 수 있을 것이다.

 첫째, 한국의 민족주의는 과거의 종족적 민족주의로 회귀하지는 않을 것이다. 민주주의적 민족주의의 성공, 그리고 개인주의의 전면화로 인해 민족주의의 구성 주체는 이제 특정 권력 집단이 아니라 시민으로 넘어갔기 때문이다. 과연 새로운 시민 혹은 자유로운 개인들이 어떤 민족주의를 구성할지 단정할 수는 없지만, 이제 누구도 민족 담론을 독점할 수 없다는 사실은 우리의 민족주의가 더 이상 종족적 민족주의 혹은 권위주의적 민족주의로 쉽게 역전될 수 없다는 사실을 알려준다.

 이런 의미에서 한국에서는 현재의 서구와 같이 인종주의적 포퓰리즘이 나타날 가능성도 작다. 무엇보다 포퓰리즘을 동원할 세력이 부재하기 때문이다. 한국의 우익 세력은 '우익 민족주의적 포퓰리즘'을 구성하기에 현실적, 담론적으로 민족적이지 못하다. 현실적으로, 우익집회에 태극기와 성조기가 동시에 나타나고, 담론적으로 일본의 식민침탈을 노골적으로 정당화하는 주장을 하는 것으로 볼 때 이들이 대중을 민족주의 담론으로 동원하기에 한계가 있는 것으로 보인다. 또한, 한국의 좌파 역시 포퓰리즘적 동원에는 한계가 있다. 1980년대의 성공 이후 급속히 쇠퇴한 한국의 좌파 민족주의는 급격한 분화를 겪고 있다.

1980년대의 '민족=민중'은 이미 해체되었을 뿐 아니라 급진세력들은 환경, 여성, 소수자 등 다양한 운동으로 분화하고 있다. 이 후자의 흐름은 민족주의적 동원과 공존하기 힘든 흐름이라는 점에서 좌파 포퓰리즘적 동원은 불가능할 것으로 보인다.

넷째, 우리의 민족주의는 더 '보편적 민족주의'가 될 것으로 예측할 수 있다. 보편적 민족주의란 '보편적 인권에 기반하면서 민족 간 공존을 추구하는 민족주의'를 의미한다. 민족주의가 갈등과 불평등에 의해 재생된다고 할 때, 보편적 민족주의는 자신의 민족 이익을 민족의 특수 이익에 근거하여 주장하는 것이 아니라 '보편적인 인권'에 근거해 주장한다. 또한, 보편적 민족주의는 민족 간의 불공정 경쟁을 거부하고 공정한 경쟁과 공존을 주장한다.

우리는 이러한 민족주의를 최근 일본의 수출 규제에 대한 대응에서 발견할 수 있다. 일본이 일제 강점기 강제동원에 대한 대법원 판결에 대한 대응으로 우리의 주력 상품인 반도체 핵심 소재에 대한 수출규제를 발표하자 주지하다시피 전국민적인 불매운동이 일어났고, 그 운동의 핵심은 '노재팬(No Japan)'으로 상징되는, 일본에 대한 반대였다. 그러나 운동이 벌어진 지 얼마 지나지 않아 노재팬은 노아베(No Abe)로 변화되었고 국민들이 반대하는 목표는 일본인이 아니라 아베 정부, 더 정확히 말해서 아베 정부의 반역사적이고 불공정한 행위에 집중되었다. 더구나 가장 핵심적인 불매운동이 과거식의 '국산품 애용 운동'이 아니라 다양한 대체품을 소개하는 방식으로 이루어졌다는 사실은 현재의 민족주의가 과거의 민족주의와는 근본적으로 차이가 있음을 보여 준다.

이제 위안부 문제는 '민족의 처녀'가 일본군의 '노리개'가 되었기 때문에 분노하는 것이 아니라 어린 소녀가 일제에 의해 반인륜적인 전시 '성노예'가 되었기 때문에 분노하게 되었다. '강제동원'도 일제에 의해 민족적 수탈을 받았기 때문이 아니라 일본의 전쟁범죄 피해자이기 때문에 배상받아야 한다. 이제 일제 침략기의 일본 행위는 단순히 일본민족이 한국민족에 행한 부당한 행위 때문이 아니라 그것이 반인륜적, 반인권적 범죄이기 때문에 비난받고 있다. 한국 민족주의는 배타적 민족주의가 아니라 인권에 기반한 '보편적 민족주의'로 전환하고 있다.

한국 민족주의가 권위주의적 민족주의로 회귀하지는 않고, 보편적 민족주의를 지향한다고 하더라도 그 미래가 꼭 밝은 것은 아니다. 과거의 민족주의는 사라질지라도 그것이 만들어 낸 행위양식은 쉽게 사라지지 않기 때문이다. '민족의 소멸'을 이야기할 정도로 심각한 '저출산 문제'는 한편으로 과거의 힘이 얼마나 강력한지, 다른 한편으로 과거로의 회귀가 얼마나 불가능한지를 보여 주면서 이러한 과도적 국면 혹은 가치의 접합이 마냥 행복한 것만은 아님을 잘 보여 준다.

저출산 현상의 가장 근본적인 원인은 개인주의의 확산이다. 우리 국민 가운데 둘 중 하나가 결혼의 필요를 못 느낀다는 사실[199]에서 알 수 있듯이 젊은 세대는 이미 '자기만족'과 '자기실현'을 핵심으로 하는 개인주의 가치를 내면화하고 있음에도 불구하고, 여성의 '독박육아'와 '시월드'라는 전통적인 가족주의는 결혼에의 의욕을 더욱 반감시키고 있다.[200] 여기에 기성세대들은 '출산이 애국'이라는 과거의 담론으로 저출

---

199. 통계청, 『한국의 사회지표』, 2019.
200. 서구에서는 개인주의 확산이 동거문화를 낳았고, 동거를 통한 비혼 출산 비율이 획기적으로 높아짐으로써 출산율 하락을 막았지만, 한국에서는 동거의 확산에

산 문제를 해결하려 하니 문제는 오히려 심각해지는 것이다. 이렇게 과거의 가치와 규범은 사라지지 않고, 새로운 가치에 맞는 제도도 정착되지 않았기 때문에 우리는 세계에서 가장 낮은 출산율이라는 문제에 봉착하게 되었다. 따라서 해결책은 애국주의라는 과거로의 회귀가 아니라 '자기실현'으로서 '출산'을 가능하게 해야 하며, 그것은 출산, 육아부터 취업에 이르기까지 여성들의 자기실현이 가능할 수 있는 제도를 구축하는 것이다.

　과거와 현재의 불행한 접합으로 나타난 '저출산 문제'에 대해 그나마 희망을 품을 수 있는 것은 이제 더 이상 과거의 가치가 재생산될 수 있는 메커니즘이 작동하지 않는다는 사실이다. 그것은 앞에서 설명했듯이 민주화로 인해 한국 사회의 특징이었던 '비동시성의 동시성'을 재생산하는 메커니즘이 해체되었기 때문이다. 과거의 것이 여전히 남아있기는 하지만 과거 권위주의 정권 시기와 달리 '분화와 탈분화의 동시 진행'이라는 식민지적 메커니즘은 더 이상 작동하지 않는다. 민주화와 함께 식민지적 재생산 메커니즘이 사라짐에 따라 '비동시성의 동시성'은 문화 지체 현상으로 변화되었고, 문화 지체는 시간이 지나면 자연스럽게 해결될 것이다. 그러나 문화 지체가 해결된다고 하더라도 새로운 가치에 맞는 제도가 형성되지 않는 한 문제해결은 요원할 것이다.

　비록 과도기의 고통이 있더라도 한국 민족주의가 위의 예측처럼 희망적일 수 있다면, 우리는 한국 민족주의의 미완의 과제인 통일도 민족주

도 불구하고 비혼 출산이 늘어나지는 않고 있다. 한국에서 동거는 결혼 전에 하는 것이거나 결혼의 대안이라고 하더라도 아이를 갖지 말아야 한다는 인식이 강하기 때문이다. 이 역시 개인주의적 사고를 하는 젊은이들이 어른들이 만들어 낸 문화적 환경에서 자기만족과 자기실현을 위해 합리적인 선택을 한 결과일 것이다.

의란 틀 안에서 맞이할 수 있을 것이다. 우리의 민족주의가 '보편적 민족주의'라면 과거식으로 혈연에 의존하지 않고도 인권과 공존의 바탕 위에서 평화와 번영을 찾아가는 지혜를 찾아낼 수도 있을 것이다. 보편적 민족주의는 과거의 종족적 민족주의에 입각한 감정적 통일지상주의가 아니라 느리지만 더불어 잘 살 수 있는 공존의 방법을 찾아갈 수 있을 것이다.

한국 민족주의가 위의 희망적 예측처럼 바람직한 방향으로 전개될지는 아직 유동적이다. 그러므로 여기서 주장한 민족주의는 주어지는 것이 아니라 우리가 만들어가는 것이라는 사실을 상기할 필요가 있다. 우리의 현명한 선택만이 민족주의뿐만 아니라 우리의 일상을 더욱더 바람직한 방향으로 바꾸어 나갈 수 있기 때문이다.

참고 문헌

강만길. 1978. 『분단시대의 역사 인식』. 창작과비평사.
_____. 1982. 「독립운동 과정의 민족국가 건설론」. 송건호, 강만길 편. 『한국민족주의론 I』. 창작과비평사.
강일국. 2002. 「해방 이후 초등학교의 교육개혁운동과 반공교육의 전개과정」. 『교육사회학연구』 12권 2호.
강정구. 2007. 「진보적 민족문학론의 민중시관 재고: 신경림의 시를 중심으로」. 『국제어문』 제40집.
_____. 2009. 「1970년대 민중-민족문학의 저항성 재고」. 『국제어문』 제46집.
강해수. 2016. 「'도의국가'로서의 만주국과 건국대학· 사쿠다 소이치·니시 신이치로·최남선의 논의를 중심으로」. 『일본공간』 통권20호.
고정휴. 1995. 「독립운동기 이승만의 외교 노선과 제국주의」. 『역사비평』 계간31호.
공보실. 1959. 『(우리 대통령)리승만박사』.
_____. 1960. 『대통령리승만박사담화집 제3집』.
공보처. 1953. 『대통령이승만박사담화집』.
_____. 1956. 『대통령이승만박사담화집 제2집』.
국사편찬위원회. 1968. 『(자료)대한민국사. 1』.
권보드래. 2003. 「'동포'의 역사적 경험과 정치성: 『독립신문』의 기사분석을 중심으로」. 『근대계몽기 지식개념의 수용과 그 변용』. 소명출판.
_____. 2005. 「'동포'의 수사학과 '역사'의 감각: 1900~04년 '동포' 개념의 추이」. 『한국문학논총』 제41집.
_____. 2007. 「근대 초기 '민족' 개념의 변화: 1905~1910년 『대한매일신보』를 중심으로」. 이화여대 한국문화연구원 편. 『근대계몽기 지식의 굴절과 현실적 심화』. 소명출판.
권오영. 1990. 「동도서기론의 구조와 그 전개」. 『한국사시민강좌』 7.
권용기. 1999. 「'독립신문'에 나타난 '동포'의 검토」. 『한국사상사학』 제12집.

권혁범. 1994. 「'민족주의, 국가, 애국심'과 보편적 이성: 《무궁화 꽃이 피었습니다》에 대하여」, 『녹색평론』통권19호.
_____. 1995. 「90년대의 충돌, 민족주의와 보편적 이성」, 『대화』 6호.
_____. 2000. 『민족주의와 발전의 환상』. 솔.
_____. 2014. 『민족주의는 죄악인가』. 아로파.
김경일. 1995. 「해방 50년 기념 특집. 굴절된 근대화 50년 풍세의 징신, 근대의 '문명'」, 『역사비평』 계간29호.
김광섭 편. 1950. 『이대통령 훈화록』. 중앙문화협회.
김광억. 1989. 「정치적 담론기제로서의 민중문화운동: 사회극으로서의 마당극」, 『한국문화인류학』 제21집.
김동성. 1995. 『한국민족주의 연구』. 오름.
김동춘. 1994. 「'국제화'와 한국의 민족주의」, 『역사비평』 계간27호.
_____. 1996a. 「사상의 전개를 통해 본 한국의 근대 모습」. 역사문제연구소 편. 『한국의 '근대'와 '근대성' 비판』. 역사비평사.
_____. 1996b. 「1980년대 한국의 민족주의—고도산업화시대의 때늦은 민족주의」. 한국현대사연구회 편. 『한국현대사와 민족주의』. 집문당.
_____. 1997. 『분단과 한국사회』. 역사비평사.
김동택. 2002. 「근대 국민과 국가개념의 수용에 대한 연구」, 『대동문화연구』 제41권.
김명섭. 1998. 「남북한 관계에 대한 문명론적 조망」, 『열린지성』 4호.
김삼웅 편. 1984. 『민족·민주·민중선언』. 일월서각.
_____. 1987. 『서울의 봄 민주선언』. 일월서각.
김성례. 1993. 「탈식민시대의 문화이해: 비교방법과 관련해서」, 『비교문화연구』 1호.
김성배. 1993. 「지구화시대의 민족주의」, 하영선 편. 『탈 근대지구 정치학』. 나남.
김세중. 1996. 「박정희의 통치이념과 민족주의」. 한국현대사연구회 편. 『한국현대사와 민족주의』. 집문당.
김연철. 1998. 「냉전기 통일론 극복과 탈냉전시대의 새 패러다임」, 『역사비평』 통권44호.
김영작. 1989. 『한말 내셔널리즘 연구: 사상과 현실』. 청계연구소.
김영작. 1990. 「한국 민족주의의 사상사적 갈등구조(개국에서 해방전까지)」, 한국정치외교사학회 편. 『한국민족주의와 민주주의의 갈등구조』. 평민사.
_____. 2003. 「초기 개화파의 '내셔널리즘'의 사상적 구조」, 『한국동양정치사상사연구』 제2권 2호.

김예림. 2007. 「1960년대 중후반 개발 내셔널리즘과 중산층 가정 판타지의 문화정치학」, 『현대문학의 연구』 제32집.

김용직. 1995. 「민족주의, 국제관계, 근대성」. 김달중, 박상섭, 황병무 공편. 『국제정치학의 새로운 영역과 쟁점』. 나남.

김용현. 1996. 「통일, 북한문제 바로보기와 새로운 접근법 모색: 통일연구의 현황과 과제」, 『통일문제연구』 제8권 2호.

김정기. 1988. 「청의 조선 종주권문제와 내정간섭: 제국주의의 조선침략과정과 그 성격」. 『역사비평』. 계간3호.

김정렴. 1997. 『아, 박정희』. 중앙M&B.

김정오 외. 2006. 『한국사회의 정체성과 글로벌 표준의 수용』. 서울대학교출판부.

김정인. 2013. 「해방 전후 민주주의'들'의 변주」, 『개념과 소통』 제12호.

_____. 2017. 『독립을 꿈꾸는 민주주의: 민주주의 개념으로 독립운동사를 새로 쓰다』. 책과함께.

김정훈. 2010. 『87년 체제를 넘어서』. 한울.

_____. 2015. 「개인화의 양면성과 새로운 정치의 가능성」, 『동향과 전망』 통권94호.

김지하. 1970. 「풍자냐 자살이냐」, 『시인』 1970년 7월호.

김학준. 1983. 『한국민족주의의 통일논리』. 집문당.

_____. 1994. 「국제화시대의 통일이념으로서의 민족주의: 통일이념으로서의 한국민족주의」, 『통일문제연구』 제6권 1호.

김현숙. 2006. 「한말 '민족'의 탄생과 민족주의 담론의 창출: 민족주의 역사서술을 중심으로」, 『한국동양정치사상사연구』 제5권 1호.

노태돈. 1992. 「한국민족의 형성 시기에 대한 검토」, 『역사비평』 계간19호.

대통령비서실 편. 1973c. 『박정희대통령연설문집 3: 제6대편』.

_____. 1973e. 『박정희대통령연설문집 5: 제8대편 상』.

박노자. 2005. 『우승열패의 신화』. 한겨레신문사.

박동국·박병철. 2012. 「신채호의 역사인식과 민족주의」, 『민족사상』 6권 1호.

박명규. 1994. 「민족사회학: 국제화 시대의 민족과 민족문제」, 한국사회학회 편. 『21세기의 한국 사회학』. 문학과지성사.

_____. 1996. 「한국 민족주의의 역사적 전개와 특성」, 『세계의 문학』 80호.

_____. 1997. 「민족과 민족문제」, 『열린지성』 2호.

박은숙. 2008. 「동도서기론자의 '민부국강'론과 민중 의식: 〈한성주보〉를 중심으로」, 『한국근현대사연구』 제47집.

박정희. 1962. 『우리 민족의 나아갈 길: 사회재건의 이념』. 동아출판사.
_____. 1963. 『국가와 혁명과 나』. 향문사.
_____. 1971. 『민족의 저력』. 광명출판사.
_____. 1978. 『민족중흥의 길』. 광명출판사.
박종철. 1993. 「한국민족주의의 특성과 통일이념으로서의 과제」, 『통일연구논총』 2권 1호.
박찬승. 1996. 「한말·일제시기 사회진화론의 성격과 영향」, 『역사비평』 계간 32호.
_____. 2002. 「20세기 한국 국가주의의 기원」, 『한국사연구』 117집.
_____. 2008a. 「한국근대국가 건설운동과 공화제」, 『역사학보』 제200집.
_____. 2008b. 「한국에서의 '민족'개념의 형성」, 『개념과 소통』 제1호.
_____. 2016. 『민족·민족주의』. 소화.
박태균. 2005. 「1960년대 중반 안보 위기와 제2경제론」, 『역사비평』 통권72호.
박호성. 1989. 『사회주의와 민족주의』. 까치.
_____. 1992. 「유럽 근대민족 형성에 관한 시론」, 『역사비평』 계간19호.
_____. 1997. 『남북한 민족주의 비교연구: '한반도 민족주의'를 위하여』. 당대.
방기중. 2004. 『일제 파시즘 지배정책과 민중생활』. 혜안.
_____. 2005. 『일제하 지식인의 파시즘체제 인식과 대응』. 혜안,
_____. 2006. 『식민지 파시즘의 유산과 극복의 과제』. 혜안.
백낙청. 1978. 「민족문학 개념의 정립을 위해」, 『민족문학과 세계문학』. 창작과비평사.
_____. 1994. 『분단체제 변혁의 공부길』. 창작과비평사.
백동현. 2001. 「러·일전쟁 전후 '민족' 용어의 등장과 민족인식: 『황성신문』과 『대한매일신보』를 중심으로」, 『한국사학보』 제10호.
서중석. 1989. 「이승만 대통령과 한국 민족주의」. 송건호, 강만길 편. 『한국민족주의론II』. 창작과비평사.
_____. 1991. 『한국현대민족운동연구: 해방후 민족국가 건설운동과 통일전선』. 역사비평사.
_____. 1995. 「이승만과 북진통일」, 『역사비평』 계간29호.
_____. 1996. 『한국현대민족운동연구2: 1948~1950 민주주의·민족주의 그리고 반공주의』. 역사비평사.
_____. 1998. 「이승만 정권 초기 일민주의와 파시즘」. 역사문제연구소 편. 『1950년대 남북한의 선택과 굴절』. 역사비평사.
성민엽 편. 1984. 『민중문학론』. 문학과지성사,
손세일. 1983. 「한국 민족주의의 과제」. 노재봉 편. 『한국민족주의와 국제정치』. 민음사.
손호철. 1995. 『해방 50년의 한국정치』. 새길.

송은영. 2016. 「민족문학이라는 쌍생아: 1970년대 『창작과비평』의 민중론과 민족주의」, 『상허학보』 46집.
신경림. 1973. 「문학과 민중: 현대한국문학에 나타난 민중의식」, 『창작과비평』 통권27호.
신기욱. 2009. 『한국 민족주의의 계보와 정치』. 이진준 옮김. 창비
신문학회 편. 1957. 『한국의 백서: 대통령 이승만 박사 정책교서—반공통일편』.
신복룡. 1996. 「해방정국에 있어서의 우파민족주의」, 한국현대사연구회 편. 『한국현대사와 민족주의』. 집문당.
신용하. 1977. 「신민회의 창건과 그 국권회복운동(상)」, 『한국학보』 제3집 3호.
_____. 1985. 「민족 형성의 이론」. 신용하 편. 『민족이론』. 문학과지성사.
_____. 1987. 『한국 근대민족주의의 형성과 전개』. 서울대학교 출판부.
양호민 외. 1977. 『한국민족주의의 이념』. 아세아정책연구원.
오성철. 2003. 「박정희의 국가주의 교육론과 경제성장」, 『역사문제연구』 통권11호.
오유석. 1996. 「1950년대 남한에서의 민족주의」, 한국사회학회 편. 『한국현대사와 민족주의』. 집문당.
옥태환. 1993. 「한국 근대민족주의 발생의 역사적 배경 및 전개과정」, 『통일연구논총』 2권 1호.
유영렬. 2003. 「한국에 있어서 근대적 정체론의 변화과정」, 『국사관논총』 제103집.
윤대원. 2001. 「한말 일제 초기 정체론의 논의 과정과 민주공화제의 수용」, 『중국현대사연구』 제21집.
윤상현. 2013a. 「1950년대 엘리트 지식인들의 국가주의적 민족주의 담론」, 『한국근현대사연구』 제66집.
_____. 2013b. 「1950년대 후반~1960년대 초 함석헌의 주체 형성 담론의 변화」, 『사학연구』 제112호.
윤해동. 2000. 「한국 민족주의의 근대성 비판」, 『역사문제연구』 통권4호.
_____. 2005. 「'국체'와 '국민'의 거리: 탈식민시기의 식민주의」, 『역사문제연구』 통권15호.
은정태. 2005. 「박정희시대 성역화사업의 추이와 성격」, 『역사문제연구』 통권15호.
은희녕. 2016. 「안호상의 국가지상주의와 '민주적 민족교육론'」, 『중앙사론』 제43집.
이국영. 1993. 「박정희정권의 지배구조」, 『역사비평』 계간21호.
이동헌. 2008. 「1950년대 국민화 담론 연구: '도의'교육을 중심으로」, 『한국학논집』 제43집.
이수훈. 1996. 「세계체제의 재편과 남북한 사회의 변화 전망」. 경남대학교 극동문제연구소 편. 『분단 반세기 남북한 사회와 문화』. 경남대학교 극동문제연구소.
이승만. 1949. 『일민주의개술』. 일민주의보급회.
_____ 1993. 『독립정신』. 정동출판사.

이승현. 2006. 「신민회의 국가건설사상: 공화제를 향하여」, 『정신문화연구』 통권102호.
이영호. 1989. 「한국근대 민족문제의 성격」, 『역사와 현실』 1호.
이완범. 1999. 「경제개발5개년 계획의 입안과 미국의 역할」. 한국정신문화연구원 편. 『1960년대의 정치사회변동』. 백산서당.
이용희. 1975. 「한국 민족주의의 제문제」. 이용희 외. 『한국의 민족주의』. 한국일보사.
이우영. 1991. 「박정희 통치이념의 지식사회학적 연구」. 연세대학교 대학원 사회학과 박사학위논문.
이유리. 2009. 「1950년대 '도의교육'의 형성과정과 성격」, 『한국사연구』 144집.
이종석. 1998. 『분단시대의 통일학』. 한울
이준형. 1991. 「제3·4공화국 지배세력의 민족주의에 관한 비판적 연구」. 서울대학교 대학원 국민윤리교육과 박사학위논문.
이하나. 2014. 「유신체제 성립기의 '반공' 논리의 변화와 냉전의 감각」, 『역사문제연구』 통권 32호.
이황직. 2007. 『독립협회, 토론공화국을 꿈꾸다: 민주주의 실험 천 일의 기록』. 프로네시스.
임성모. 2005. 「대동아공영권 구상에서의 '지역'과 '세계'」, 『세계정치』 제26집 제2호.
임지현. 1994. 「한국사학계의 '민족'이해에 대한 비판적 검토」, 『역사비평』 계간26호.
_____. 1999. 『민족주의는 반역이다: 신화와 허무의 민족주의 담론을 넘어서』. 소나무.
임현진·송호근. 1994. 「박정희체제의 지배이데올로기」. 역사문제연구소 편. 『한국정치의 지배 이데올로기와 대항이데올로기』. 역사비평사.
장상철. 2007. 「1970년대 '민중' 개념의 재등장: 사회과학계와 민중문학, 민중신학에서의 논의」, 『경제와 사회』 통권74호.
장영숙. 2003. 「동도서기론의 연구동향과 과제」, 『역사와 현실』 통권50호.
장훈교. 2008. 「공간적 은유의 전환: '구성적 외부'에서 바라본 민중과 민중사에 대한 연구 노트」, 『역사연구』 제18호.
전명혁. 2008. 「'민중사'논의와 새로운 모색」, 『역사연구』 제18호.
전상인. 1993. 「민족주의의 형성과 전개과정에 관한 일고」, 『통일연구논총』 2권 1호.
_____. 1994. 『북한 민족주의 연구』. 민족통일연구원.
전재호. 1995. 「민족주의 연구의 현황」, 『통일문제연구』 23호.
_____. 1998a. 「박정희 체제의 민족주의 연구: 담론과 정책을 중심으로」. 서강대학교 대학원 정치외교학과 박사학위논문.
_____. 1998b. 「민족주의의 역사적 이용: 박정희의 전통문화정책」, 『사회과학연구』 7집.

정상호. 1998. 「유산된 민주화, 경쟁의 부재와 통합의 빈곤」. 한국정치연구회 편. 『박정희를 넘어서』. 푸른숲.
정영태. 1992. 「일제말 미군정기 반공이데올로기의 형성」. 『역사비평』 계간16호.
정영훈. 2012. 「삼일운동과 단군민족주의」. 『한국동양정치사상사연구』 제11권 2호.
_____. 2013. 「한민족의 정체성과 단군민족주의」. 『민족문화논총』 제55집.
정종현. 2005. 「식민지 후반기(1937~1945) 한국문학에 나타난 동양론 연구」. 동국대학교 대학원 국어국문학과 박사학위논문.
_____. 2006. 「국민국가와 '화랑도': 애국계몽기-대한민국 건국기의 '화랑'담론과 활용양상을 중심으로」. 『정신문화연구』 제29권 4호.
_____. 2011. 『동양론과 식민지 조선문학: 제국적 주체를 향한 욕망과 분열』. 창비.
정태영. 1992. 「5·16쿠데타 이후 혁신세력은 어떻게 존재하였나」. 『역사비평』 계간32호.
_____. 1995. 『한국 사회민주주의 정당사』. 세명서관.
정해구. 1994. 「미군정기 이데올로기 갈등과 반공주의」. 역사문제연구소 편. 『한국정치의 지배이데올로기와 대항이데올로기』. 역사비평사.
_____. 1996. 「분단과 이승만: 1945~1948」. 『역사비평』 계간32호.
조민. 1994. 『한국민주주의 연구』. 민족통일연구원.
조혜정. 1998. 「반공·반제 규율사회의 문화·권력」. 『통일연구』 제2권 제2호.
조희연 외. 2010. 『거대한 운동에서 차이의 운동들로: 한국 민주화와 분화하는 사회운동들』. 한울.
조희연. 1993. 『현대 한국 사회운동과 조직: 통혁당·남민전·사노맹을 중심으로 본 비합법 전위조직 연구』. 한울.
_____. 1998. 『한국의 국가·민주주의·정치변동: 보수·자유·진보의 개방적 경쟁구도를 위하여』. 당대.
중앙일보사. 1975. 『광복 30년 중요자료집』. 『월간중앙』 1월호. (별책부록)
지수걸. 2010. 「지방유지의 식민지적 삶」. 『역사비평』 통권90호.
차기벽. 1978. 『한국 민족주의의 이념과 실태』. 까치.
최강민. 2005. 「근대 담론의 전도사, 《사상계》를 말한다」. 『오늘의 문예비평』 통권 제56호.
최장집. 1996. 『한국민주주의의 조건과 전망』. 나남출판.
통계청. 2019. 한국의 사회지표.
한국교육문화협회. 1954. 『반공독본 4』. 박문출판사.
한국기독교사회문제연구원 통일연구위원회 편. 1994. 『분단 50년의 구조와 현실』. 민중사.

한국신학연구소 편. 1984. 『한국민중론』. 한국신학연구소.
함택영. 1993. 「경제·국방건설 병진노선의 문제점」. 경남대학교 극동문제연구소 편. 『북한사회주의 건설의 정치경제』. 경남대학교 출판부.
허수. 2010. 「식민지기 '집합적 주체'에 관한 개념사적 접근: 『동아일보』 기사 제목 분석을 중심으로」. 『역사문제연구』 통권23호.
허영란. 2005. 「민중운동사 이후의 민중사: 민중사 연구의 현재와 새로운 모색」. 『역사문제연구』 통권15호.
홍석률. 1999. 「1960년대 지성계의 동향: 산업화와 근대화론의 대두와 지식인 사회의 변동」. 한국정신문화연구원 편. 『1960년대 사회변화연구: 1963~1970』. 백산서당.
홍정완. 2008. 「전후 재건과 지식인층의 '도의' 담론」. 『역사문제연구』 통권19호.
_____. 2017. 「한말 '동양'·'아시아' 담론과 '민족'의 발견」. 『동방학지』 제180집.
황병주. 2005. 「국민교육헌장과 박정희 체제의 지배담론」. 『역사문제연구』 통권15호.
_____. 2008. 「박정희체제의 지배담론: 근대화담론을 중심으로」. 한양대학교 대학원 사학과 박사학위논문.
_____. 2009. 「1960년대 비판적 지식인 사회의 민중인식」. 『기억과 전망』 제21호.
후지이 다케시. 2013. 「1950년대 반공 교재의 정치학」. 『역사문제연구』 통권30권 2호.

그레고리 헨더슨. 2008. 『소용돌이의 한국정치』. 박행웅, 이종삼 옮김. 한울아카데미.
로버트 T. 올리버. 1982. 『이승만비록』. 박일영 옮김. 한국문화출판사.
마루야마 마사오. 1997. 『현대정치의 사상과 행동』. 김석근 옮김. 한길사.
스콧 래시. 1993. 『포스트 모더니즘의 사회학』. 김재필 옮김. 한신문화사.
스탈린 I. V. 1989. 『마르크스주의와 민족문제』. 이명운 옮김. 『노동계급의 민족이론』. 형성사.
앙드레 슈미드. 2007. 『제국 그 사이의 한국 1985~1919』. 정여울 옮김. 휴머니스트.
에드워드 사이드. 1991. 『오리엔탈리즘』. 박홍규 옮김. 교보문고.
에르네스트 르낭. 2002. 『민족이란 무엇인가』. 신행선 옮김. 책세상.
에릭 홉스봄. 1994. 『1780년 이후의 민족과 민족주의』. 강명세 옮김. 창작과비평사.
울리히 벡. 1997. 『위험사회: 새로운 근대(성)를 향하여』. 홍성태 옮김. 새물결.
위르겐 오스터함멜. 2006. 『식민주의』. 박은영, 이유재 옮김. 역사비평사.
위르겐 하버마스. 2006. 『의사소통행위이론 1』. 장춘익 옮김. 나남.
_____. 2006. 『의사소통행위이론 2』. 장춘익 옮김. 나남.
유진 카멘카. 1986. 『민족주의』. 문학과사회연구소 옮김. 청하.

찰스 틸리. 1994. 『국민국가의 형성과 계보: 강압, 자본과 유럽국가의 발전』. 이향순 옮김. 학문과 사상사.
피에르 부르디외. 1995. 『자본주의의 아비투스: 알제리의 모순』. 최종철 옮김. 동문선.

전대협, "전대협 발족 선언문", 1986. 8. 19. 민주화운동기념사업회 오픈 아카이브.
"민통련 의장단 공동기자 회견문", 1987. 7. 10. 민주통일민중운동연합 기자회견문. 민주화운동기념사업회 오픈 아카이브.
민주헌법쟁취 국민운동본부, "민주헌법쟁취 국민운동본부를 발기하면서", 1987. 5. 27. 민주화운동기념사업회 오픈 아카이브.

Anderson, Benedict. 1983. *Imagined Communities—Reflections on the Origin and Speread of Nationalism*. London: Verso.
Armstrong, John. 1995. "Towards a Theory of Nationalism: Consensus and Dissensus". Sukumar Periwal (ed.). *Nations of Nationalism*. Oxford: Oxford University Press.
Bellah, Robert et al.. 2007. *Habits of the Heart—Individualism and Commitment in American life*. Berkeley: University of California Press.
Calhoun, Craig (ed.). 1992. *Habermas and the Public Sphere*. Cambridge: The MIT Press.
Calhoun, Craig. 1997. *Nationalism*. Minneapolis: Unviersity of Minnesota Press.
Chatterjee, Partha. 1986. *Nationalist Thought and the Colonial World: A derivative Discourse?*. London: Zed Press.
Chen, Xiaomei. 1995. *Occidentalism: A Theory of Counter-Discourse in Post-Mao China*. New York: Oxford University Press.
Eley, Geoff. 1992. "Nations, Publics, and Political Cultures: Placing Habermas in the Nineteenth Century". Craig Calhoun(ed.). *Habermas and the Public Sphere*. Cambridge: The MIT Press.
Gellner, Ernest. 1964. *Thought and Change*. London: Weidenfeld & Nicolson.
_____. 1983. *Nations and Nationalism*. Oxford: Blackwell.
Gramsci, Antonio. 1995. *Further Selections from the Prison Notebooks*. Minneapolis: University of Minnesota Press.

Hechtor, Michael. 1975. *Internal Colonialism: The Celtic Fringe in British National Development, 1536~1966*. Berkeley: University of California Press.

Mamdani, Mahmood. 1996. *Citizen and Subject: Contemorary Africa and The Legacy of Late Colonialism*. Princeton: Princeton University Press.

Mann, Michael. 1993. *Source of Social Power*, Vol. 2. Cambridge: Cambridge Univ. Press.

Rainie, Lee & Barry Wellman. 2012. *Networked: The New Social Operating System*, MIT Press:Cambridge,

Richmond, Anthony. 1994. "Ethnic Nationalism and Post-Industrialism". Hutchinson, John & Anthony Smith (eds.). *Nationalism*. Oxford: Oxford University Press.

Smith, Anthony. 1995. *Nations and Nationalism in a Global Era*. Cambridge: Cambridge University press.

Therborn, Göran. 1995. *European Modernity and Beyond: The Trajectory of European Societies, 1945~2000*. London: Sage Publications.

Wallerstein, Immanuel. 1995. *After Liberalism*. New York: The New Press.

찾아보기

ㄱ

가족주의　21
가토 히로유키(加藤弘之)　86
간접 지배　67
개인　15
개인주의　16, 18, 22
개인주의적 민족주의　70
개인주의적 정체성　225
개인화　22, 225
객관주의　37
겔너　31
경제와 국방의 병진 노선　179
경제적 합리성　109
계급　22
공과 사의 미분리　191
공동체　97
공론장　100
공사 구분　98
공식 민족주의　69
공화제　116
공화주의　115
관료-유지 지배　110
광주민주화운동　197
괴뢰　145

교육칙어　188
구성주의　47
국가 만들기(state-making)　38
국가와 시민사회　17, 100
국가주의　141
국가주의적 민족주의　189
국민　88, 205
국민교육헌장　176, 184
국민도의　113, 184
국민 민족주의　202
국민윤리　142
국민총화　178
국체(國體)　111
국체 이데올로기　111
국토완정론　156
권위주의　24
근대적 인간　15
근대주의　41
김구　119
김규식　153

ㄴ

나쁜 민족주의　50

내적 동질성　24
네트워크된 개인　232

ㄷ

다신교 사회　16
단군　92
단군민족주의　40
단군 숭배　92
단일민족　43, 75
단일 민족국가　75
단일민족 신화　46
단정 운동　146
담론　23
담론구성체　27
담론적 접근　44
대중 민족주의　127
대중 종교　51
대한민국임시헌장　117
대한제국　81, 91
도의(道義)　111
도의교육론　142
독립신문　83
독립협회　84
독사신론　93
독재　23, 131
독재적 공론장　141
동도서기　21
동도서기론　166
동/서 이분법　177
동양 담론　168

동양론　111
동양적 도의　168
동양=정신　171
동포　82
동학농민전쟁　203

ㄹ

르낭　38

ㅁ

마르크스주의　217
마음의 습관　35
마지막 수업　38
만국공법　80
만민공동회　83
모방　19
모스크바 삼상회의　152
무비판적 사고　183
무책임 정치　149, 191
문명과 야만　137
문명의 사명론　137
문화 전승　34
민족　16, 22
민족국가　16
민족 담론　15
민족 동질감　32
민족 만들기(nation-building)　38
민족문학론　213
민족성　46

민족연합전선　121
민족의 사명　34, 187
민족의식　81
민족의 이익　33, 178
민족자결　53
민족자결주의　53
민족적 공론장　101
민족적 동질성　76
민족적 민주교육　142
민족적 민주주의　68, 170
민족적 정체성　22, 60
민족정신　94
민족주의　15, 17
민족주의 담론　23
민속수의 분학　213
민족주의의 규범적 양면성　52
민족주의의 수직적 측면　24
민족주의의 수평적 측면　24
민족중흥　166, 187
민주공화제　119
민주기지론　154
민주적 공론장　161
민주적 민족주의　129
민주주의　21, 53
민주주의적 민족주의　25
민주화　25, 44
민중(民衆)　203
민중 담론　209
민중문학론　213
민중민족주의　216

ㅂ

박정희　166
반공규율 사회　181
반공민족주의　144
반공발전주의　178
반공주의　130
반미　218
반미민족주의　221
반탁 운동　146
발명　23, 82
발전민족주의　166
백낙청　212
백성　83
베버　16
베스트팔렌　63
보편적 개인　114
북진통일론　155, 156
분단민족주의　153
분화　16
분화와 탈분화의 동시 진행　105
비동시성의 동시성　98

ㅅ

사대주의　175
사상계　164
사회적 정체성　16
사회진화론　61
사회통합　34
사회화　35

산업화   44
산업화 민족주의   71
상상의 공동체   46
상상의 주체   65
새로운 국민도의   166
시구 수용형   61
시구식 개인   19
서양=물질   171
선건설 후통일   164
세계화   22
소용돌이의 정치   131
수입   82
수직적 동질성   77, 82
수평적 동질성   77, 82
시민   211
시민사회   100, 102
시민적 민족주의   25
식민사관   93
식민지적 공론장   101
식민지적 근대화 메커니즘   106
식민지적 정체성   102
식민지적 행위양식   114
신간회   120
신국가 건설론   103
신분제의 해체   50
신분주의   98
신채호   43, 88
신탁통치   129
신화   55
실력양성론   93, 134
실용주의   109
실학   80

ㅇ

아래로부터의 민족주의   25
아비투스   99
안창호   117
안호상   141
알퐁스 도데   38
애국계몽 운동   93
앤더슨   46
앤서니 스미스   42
야누스   52
양계초   87
억압적 이데올로기   52
연고주의   21
연고주의적 주체   107
연고주의적 행위양식   107
영속주의적   41
영혼 없는 관료   191
오리엔탈리즘   55
왈러스틴   162
왕정복고   62, 69
외교론   135
우리 의식   76
위로부터의 민족주의   25
유교 원리   130
유기체적 민족주의   141, 189
유길준   94
유신체제   176, 193
의사소통적 합리성   109
이광수   135
이데올로기   15

이데올로기적 도구　68
이데올로기적 효과　35
이승만　69
이원적 공론장　103
이중 국가　67
이중적 민족주의　70
이중적 정체성　70
이진영　211
인민　205
인민주권　53, 91
인쇄 자본주의　46
일민주의　141
일원론적 사회　16
일제 식민지　99
입헌국가　62
입헌군주제　117

ㅈ

자기 결정 원리　53
자기만족　232
자기실현　232
자본주의　23
자연화　35
자유기지론　154
자주　222
자치론　135
저항민족주의　25
전두환　217
전체주의　141
전태일　165

전통　19
전통적 가치　24
절충주의　39
정보화　225
정신개조 운동　164, 176
정체성　23
정치공동체　27, 31
제국　17
제국주의　53, 80
제이경제론　182
조국 근대화　164
조봉암　199
조선건국준비위원회　128
조선혁명선언　203
송속　41
종족적 민족주의　25
좋은 애국주의　50
주관주의　38
주권　17
주시경　95
주체적 민족사관　170, 176
지배 이데올로기　64
지수걸　110
직선제 쟁취　223
진보당　199
집단적 개인　70
집단적 정체성　16
집단주의　16, 18
집단 주체　203

찾아보기　**255**

ㅊ

찰스 틸리(Charles Tilly)　75
창작과 비평　212
천황제　62, 104
천황제 민족주의　188
정백　211
청 제국　81
체제 고수형　60
최한기　116
충군애국　84, 91
친목회회보　82
친일적 공론장　101
친일적 정체성　102

ㅌ

탈근대　15
탈근대(post-modern) 이론　44
탈분화　108
탈식민주의(post-colonialism)　57
통일　44
통일민족국가　76

ㅍ

평등권　84
평등주의　21
평화통일론　192
프랑스 혁명　50

ㅎ

하버마스　100
한국 민족　26
한국 민족주의　26, 69
한국적 개인　19
한국적 근대　19
한국적 민주주의　68, 193
한국적 정체성　22
한글　95
한성순보　116
한스 콘(Hans Kohn)　53
함석헌　208
합리성　19
합리적 개인　19, 20
행위양식　18, 23
행정적 민주주의　169
헤게모니 담론　122
혁명 공약　162
혁신 운동　200
현대　15
혈연공동체　41
혼종적　20
혼합형　61
홉스봄　37
흡수통일론　155

기타

3.1독립선언문　95
3.1운동　94

4.19혁명　　161
5.16군사쿠데타　　162
6·3한일국교정상화 반대 시위　　165
6.10민주화운동　　197
7.4남북공동선언　　193

> 이 도서는 한국출판문화산업진흥원의 '2019년 출판콘텐츠 창작 지원 사업'의 일환으로 국민체육진흥기금을 지원받아 제작되었습니다.

이 도서의 국립중앙도서관 출판예정도서목록(CIP)은 서지정보유통지원시스템 홈페이지(http://seoji.nl.go.kr)와 국가자료종합목록 구축시스템(http://kolis-net.nl.go.kr)에서 이용하실 수 있습니다. (CIP제어번호 : CIP2020003475)

역동적 한국인 총서 3 (민주주의연구소 총서 21)

한국인의 에너지, 민족주의
종족에서 시민으로

ⓒ 김정훈, 2020

초판 1쇄 발행 2020년 1월 31일

지은이	김정훈
펴낸이	김명진
기획	성공회대학교 민주주의연구소 · 이건범
편집	김명진, 조한솔 　/ 디자인　 김정환 　/ 인쇄　 재원프린팅

펴낸곳	도서출판 피어나
출판등록	2012년 11월 1일 제2012-000357호
주소	121-731 서울시 마포구 토정로 37길 46, 303호(도화동, 정우빌딩)
전화	02-702-5084 　/ 전송　 02-6082-8855

ISBN 978-89-98408-25-1　　93330
책값은 뒤표지에 있습니다.

* 이 책 내용의 전부 또는 일부를 재사용하려면 반드시 저작권자와 도서출판 피어나의 허락을 먼저 받아야 합니다.

** 이 저서는 2014년 대한민국 교육부와 한국학중앙연구원(한국학진흥사업단)의 한국학 총서 사업 지원을 받아 수행된 연구임(AKS-2014-KSS-1230002).